◆作者像

◆作者与夫人曾景云合影（1949年，南昌）

◆ 作者全家合影（1959年，沈阳）

◆ 作者全家合影（1972年，在插队的内蒙古敖汉旗田野中）

◆ 高中毕业时，与母亲彭刘慕鸿合影
（1947年，鄱阳）

◆ 作者在《东北日报》编辑部时的工作照（1953年）

◆1963年2月，作者（前排左一）与雷锋事迹宣讲团在鞍山活动时的全体合影

1

雪泥集

彭定安文集

彭定安/著

东北大学出版社
·沈 阳·

ⓒ 彭定安　2021

图书在版编目（CIP）数据

彭定安文集.1，雪泥集 / 彭定安著. -- 沈阳：东
北大学出版社，2021.8
ISBN 978-7-5517-2345-9

Ⅰ. ①彭… Ⅱ. ①彭… Ⅲ. ①社会科学—文集②鲁迅
（1881－2019）—人物研究—文集　Ⅳ. ①C53
②K825.6-53

中国版本图书馆CIP数据核字（2020）第030458号

出 版 者：东北大学出版社
　　　　　地址：沈阳市和平区文化路三号巷11号
　　　　　邮编：110819
　　　　　电话：024-83680267（社务部）　83687331（营销部）
　　　　　传真：024-83683655（总编室）　83680180（营销部）
　　　　　网址：http://www.neupress.com
　　　　　E-mail:neuph@neupress.com
印 刷 者：辽宁一诺广告印务有限公司
发 行 者：东北大学出版社
幅面尺寸：170 mm × 240 mm
插　　页：4
印　　张：18.25
字　　数：308千字
出版时间：2021年8月第1版
印刷时间：2021年8月第1次印刷
责任编辑：刘　泉
责任校对：李　佳　邱　静
封面设计：潘正一
责任出版：唐敏志

ISBN 978-7-5517-2345-9　　　　　　　　　　　定价：82.00元

编写说明

《彭定安文集》（以下简称《文集》）共包括22卷，分为专著和论文集两大类。

著者最初拟定28卷。后考虑主客观诸多因素，减去6卷。

《文集》所有著述，除第1卷《雪泥集》中几篇为1978年之前旧作外，均系著者50—90岁期间（1978—2018年）撰著。如此人生轨迹，于优长和缺失两方面均刻下深深的印迹。

孟子说："颂其诗，读其书，不知其人，可乎？"（《孟子·万章下》）鲁迅在《"题未定"草（六至九）》中也说过："我总以为倘要论文，最好是顾及全篇，并且顾及作者的全人，以及他所处的社会状态，这才较为确凿。"以上，除反映著者生平的曲折经历与撰著实况外，亦揭示著述产生之历史和时代背景，以及自身人生行迹。

《文集》研究领域与学术创获，具有"五个'三'"特征：一曰"三研"，即学术视域聚焦研究中国、中国人的现代化与中国文化从传统向现代创造性转换（见《文集》第14、15、20、21卷）。二曰"三文"，其中含引发学雷锋活动的报告文学《永生的战士》（见《文集》第1卷）。三曰"三学"，即《鲁迅学导论》《创作心理学》《文化选择学》（见《文集》第9、10、11卷），此三著均属上述各学科建设的奠基之作，迄今仍保持其首创性和"唯一性"。四曰"三议",即给辽宁、江西和河南三省提出的获得重大经济、社会、文化效益的三项重大决策建议(见《文集》第14卷)。五曰"三性",即著述具有现实性、理论性和可读性。

删去的6卷著作,除长篇小说《离离原上草》3卷外,另3卷著作为:一是《中国的挑战》(约30万字),系1988年某出版社特约稿,试图总结中国改革开放十年的经验及其现实价值与历史意义,由于客观原因未能问世,现因时过境迁而未收入《文集》;二是《鲁迅著〈中国文学史〉拟稿》(30万~40万字),著者与夫人曾景云合作编撰,因属未定稿而未纳入《文集》;三是《天意从来高难问》(约40万字),系著者自述生平与学术研究的自传性文集,因自感平生坎坷愧怍,不足立传,乃剔除。删去的6部著述约300万字,与《文集》合计逾千万字。此外,尚有主编并撰写的小品文集《这不是私人的事情》(北京大众出版社1956年4月第一版),与人合著的报告文学《火》(辽宁人民出版社1955年10月第一版),与著名剧作家李宏林合著的电影文学剧本《雷锋》《鲁迅和日本朋友》(长春电影制片厂、北京电影制片厂开拍之前,均因故停机),以及大量新闻作品,均未纳入《文集》。另外,尚有授课、学术报告详备纲要百余份,计五六十万字,因时间和精力不济,未整理成册。略述撰著概况如上,以观著者著述之全貌。

彭定安

2021年6月

书名《雪泥集》，取自苏轼《和子由渑池怀旧》中的诗句："人生到处知何似，应似飞鸿踏雪泥；泥上偶然留指爪，鸿飞那复计东西。"我数十年治学历程，留下了数量相当多的文字，正是"雪泥鸿爪"，故将收入本卷的早年文字定名为《雪泥集》。不过，这里仅仅是极少一部分，将之纳入文集首卷，其纪念意义比较大，且因蕴含一些历史的、时代的、文化的遗痕与历史信息，而具有一定的价值。例如我的第一篇研究鲁迅的长篇连载文章《鲁迅的一生》，在全国掀起学雷锋热潮的报告文学《永生的战士》，以及颂扬工人阶级先进典型的长篇通讯《工人阶级的好儿子许如意》等，将它们收入文集，以存个人与社会、时代的"鸿爪"遗痕。

此外，还有一些早年的和20世纪80年代留下的文章和学术论文。不过，有的论文虽然是早年撰写的，但均按其内容性质纳入专题论文集，而未收入本卷。

彭定安

2021年7月

引发学雷锋活动的雷锋事迹报道《永生的战士》发表当天的《辽宁日报》（1963年1月8日）；因客观原因，作者使用笔名"波阳"（故乡"鄱阳"的谐音）。

目录

CONTENTS

上部　雪泥鸿爪遗痕

003　　鲁迅的一生

036　　永生的战士

053　　工人阶级的好儿子许如意

072　　电影文学剧本《忠王传》

下部　雪泥鸿爪零散篇

155　　鱼米之乡的鄱阳

156　　谈何绿音的自杀

　　　　——《新闺怨》观后

157　　正确的道路

　　　　——为几张国产片所指向的

159　　《萧红小传》读后

161　　发展人民的电影事业

164　　电影：教育人民的伟大工具

　　　　——看新片展览月映出影片

167　　人民的好儿子彭达

171　　理想与现实

172　　文艺干部必须努力学习政治和文艺知识

176　　对年画创作的几点意见

180　　看纪录影片《闽南傀儡戏》所想起的

182　　读《马克思列宁主义经典作家的
　　　　工作方法》

185　　对怎样学习鲁迅作品的几点体会

　　　　——为纪念鲁迅先生逝世十八周年而作

191   《瞿秋白文集》：革命文学的宝贵遗产

197   这是对建筑艺术的歪曲

198   渐

201   蔷薇开在工人阶级家

203   陈玉成之死（历史小品）

          ——纪念他就义一百周年

207   一朵俏丽的电影艺术之花

          ——看故事片《小花》

话本书目：唐与唐五代目

211   前　言

213   说　明

214   唐　目

231   唐五代目

上部
雪泥鸿爪遗痕

鲁迅的一生

【关于《鲁迅的一生》的说明】

这是为纪念鲁迅逝世20周年，应《辽宁日报》编辑部的安排撰写的连载文章。犹记当年躲进辽宁日报图书馆寂静的里间小屋里闭门写作的情景。那是一次愉快而"富有成效"的学习与写作。我在通读包括中国第一部鲁迅传记、王士菁的《鲁迅传》，以及许寿裳、许广平等有关回忆、记述之后，就开始了初始的学术跋涉，撰写《鲁迅的一生》。完成后，在《辽宁日报》上连载。这是我第一次全面、系统地学习并叙述鲁迅生平与著作，也是我"正式"开始鲁迅研究和学术研究的生活。尔后，我又多次全面系统叙述过鲁迅的一生，它们是《鲁迅评传》《走向鲁迅世界》《鲁迅学导论》等。这里的这篇"开篇之作"是一个多方面的"滥觞"，因此它的纪念意义是多方面的。这是我将它放在《雪泥集》第一篇的原因。（2018年6月4日）

一、少年鲁迅的生活

（1881—1898年）

鲁迅在1881年9月25日（旧历清光绪七年八月初三日）出生在浙江省绍兴县的周家。他儿时的名字叫豫才，后来改名为树人。鲁迅是五四时期才开始用的笔名。

鲁迅在故乡度过了少年时代，直到18岁的时候才离开绍兴，到南京去求学。

热爱大自然

绍兴是一个风景秀丽的古城。在古书上有文称赞它"山水之美，使

人应接不暇"。少年鲁迅对故乡的青山绿水、湖光山色非常热爱。不过，他能经常游玩的地方，还是他家的后园——百草园。他爱园里的各种动物、植物，把时光消磨在这里。

也许是百草园里的花草还不能满足他的爱好吧，他在读书的闲暇，还常自己种花，而且带着研究精神，一株株都插上名签。他也养金鱼，有时还养蟋蟀。有关花草虫鱼的书籍和画谱，他也很爱读、爱看，什么《南方草木状》了，《毛诗草木鸟兽虫鱼疏》了，《海仙画谱》《海上名人画谱》《花镜》了，等等，他都用省下来的压岁钱买来仔细地阅读，读后还用薄纸把图画临摹下来。《中晚唐诗叩弹集》上的百花诗，他也分门别类地抄录下来。

秀丽的故乡风景，百草园里的动植物，带图有画的书籍，这是鲁迅寂寞的儿时的慰藉和伴侣。这些，丰富了他的知识，使他的童稚的爱美的心得到寄托，也培育了他对美的感受力和欣赏力。这一切，是养育他那伟大的爱国主义、人道主义精神的最初的因素。而且，这些少年时候的深刻记忆，成了他后来创作的素材。在鲁迅的小说里，我们常常看到他的故乡的风光；百草园里的生活，更是他那优美的散文集《朝花夕拾》的重要组成部分。

民间艺术的熏陶

少年鲁迅很爱听民间传说和神话故事。起初是祖母和保姆长妈妈给他讲。祖母讲"白蛇传"的故事，长妈妈给他讲百姓愚弄皇帝的故事。他的一个姑母也是讲今说古的能手，在出嫁以前也常给鲁迅讲故事。

后来，他自己能看书了，从书上读了许多神话故事、民间传说，还接触到许多民间绘画艺术。他得到的第一本心爱的书是绘图的《山海经》。这是长妈妈买了送给他的，是一本介绍神鬼怪兽、山岳河川、奇国异城的书，书上有图画，有解说。它那丰富多彩的内容，神奇古怪的记事，简直把鲁迅带进一个神话的世界。从此以后，他就爱上了书籍，阅读、搜集之外，还做影画、抄录的工作。晚上，他常常伏在书桌上，聚精会神、兴趣盎然地抄写、描画。从这时起，他就养成了搜集、抄录书籍的习惯，培养了治学的严谨、细致的精神，为他日后的辑录、校勘古籍工作打下了基础。

看迎神赛会，看地方戏（绍兴戏），是少年鲁迅最高兴的事情了。

这不但是他当时生活中最热闹的时刻，而且使他受到民间神话传说和戏曲艺术的熏陶。在迎神赛会和地方戏里的鬼神里面，鲁迅最喜欢的是反映了劳动人民的思想感情和生活的"无常"和"女吊"。那"鬼而人，理而情，可怖而又可爱"的、"雪白一条莽汉"的"无常"和冤苦的"女吊"（女性吊死鬼）这两个形象，在少年鲁迅的心上留下了深刻的印象。他的"无常"（《朝花夕拾》）和逝世前不久写的《女吊》，就是写这两个鬼的。

这些民间神话故事、戏曲、绘画艺术，丰富了少年鲁迅的知识和精神生活，培养了他的艺术兴趣和才能，更使他受到了人民精神的养育，同劳动人民的思想感情有了血肉的联系。鲁迅的伟大文学作品的民族气派、民族风格，他在中国新兴绘画和木刻艺术方面的伟大贡献，都和他少年时代受到民间艺术的熏陶有着深远的渊源。

"混进了野孩子群里"

鲁迅虽然生长在书香门第的封建大家庭里，可是他儿时的友人却并不局限在家族的书房里。他和农民子弟交了朋友，友谊诚挚而深沉。少年鲁迅最要好的朋友自然要数运水，也就是他在《故乡》这篇小说里寄予深切同情的闰土。在他外婆家的乡村——安桥镇，也有许多农民子弟是他的好友。每逢鲁迅随母亲回外婆家时，这些农村孩子就领鲁迅到河边去钓虾，和他一块儿去放牛，带他坐了航船到外村去看社戏。鲁迅日后曾经在小说《社戏》里，描写了这些农民子弟和同他们在一起的生活。

鲁迅在少年时代"就混进了野孩子群里，呼吸着小百姓的空气"（瞿秋白《〈鲁迅杂感选集〉序言》）。他一生热爱人民，为人民的幸福"鞠躬尽瘁，死而后已"。这种子，是在少年时代就种下了的。

斗争性格的萌芽

在少年时代，鲁迅就逐渐培育、形成了贯穿他一生的，对于一切黑暗现象不妥协的斗争性格。鲁迅喜欢这样两句话："会稽（注：绍兴由原会稽、山阴两县组成）乃报仇雪耻之乡，非藏污纳垢之地。"他认为这是故乡的光荣。的确，绍兴在历史上有过许多极富斗争性的人物，出过不少圣贤俊杰。少年鲁迅在古书史籍里看到这些记载，很是敬仰追慕他们，还寻访凭吊过他们的遗迹。这些前圣先贤的精神品德，在少年鲁迅的思想上产生了很深的影响。

少年鲁迅有几个流露了他那富有正义感的斗争性格的故事。

在他的亲戚里，有一个比他大几岁的名叫八斤的孩子。八斤常常欺侮比他小的孩子，手拿竹做的大刀，对着别的孩子，口里喊着："戳伊杀！戳伊杀！"这很使少年鲁迅不满，但是父亲向来禁止他和别的孩子打架，少年鲁迅气无可出，就画了一张漫画，向八斤表示抗议。画上画了一个小孩躺在地上，胸前刺了一支箭，旁边写了四个字："射死八斤"。

少年鲁迅在那儿读书的三味书屋，对学生没有什么严格的惩罚制度。可是邻近有一家私塾，先生的绰号叫"矮癞胡"，他对学生们很严厉，学生们上厕所还要领个竹签，像小犯人似的。这激起了三味书屋的小学生们的义愤。少年鲁迅和几个见义勇为的同学，便决定要惩罚这"矮癞胡"。这一天，他们冲进了"矮癞胡"的家里，正好他不在家。他们就把竹签折断，把"矮癞胡"桌上的东西全扔在地上。

少年鲁迅和他的小伙伴们还有一次同贺家武秀才的"战斗"。他们听伙伴们报告，有同学从贺家门口过的时候，受了他的侮辱。"打倒武秀才！"他们这样决定了。大家就约好到武秀才家门口守候，只要他一出来，就给他个厉害。少年鲁迅为了"战斗"，还从楼上把祖父的一把腰刀带去。可是，不知贺家武秀才是事先得了风声，闻风而逃了呢，还是真不在家，这一天他们始终没有等到他。

《二十四孝图》是少年鲁迅爱好的一本绘图的书。可是这里的"郭巨埋儿"和"老莱娱亲"两个孝子的故事，却很使他反感。他觉得郭巨活埋亲生儿子，太残酷，又是多么虚伪。所以每次读到这几页，他便带着憎恶的心情翻过去。在少年鲁迅童稚的心里，已经萌生了憎恶、反抗那残酷而虚伪的封建道德的种子。

寻找别样的人们

少年鲁迅亲眼看到他的封建大家庭的没落。他的祖父辈、叔伯辈，一个个都是手无缚鸡之力、肩不能挑手不能提的书生，可是书也读得不通，考不上"功名"，终年过着寄生的生活，有的没得吃了，又没有谋生的本领，就沦为流氓、痞子，或者成天梦想从地下掘出黄金白银来。他的一个名叫子京的堂祖父，考秀才尽写些"梅开泥欲死"这类不通的诗句，后来被禁止应考。在家教书，又尽写别字，来学的人少。生活艰难。他于是成天梦想从地下掘出白银来，掘过几次都失败了。（当然是掘不出来的！）以后发疯了，用剪刀自杀，在胸前刺了五六个小孔，又用纸浸煤油点火，伏在上边烧，还没有死，跑出去跳河，口里高叫"老牛落水哉！"他这种极悲惨的下场，给少年鲁迅以很深刻的印象。后来鲁迅便用来作小说《白光》的素材。其他许多家族里的长辈的荒唐、卑劣行径和凄惨下场，也深深地印在少年鲁迅的脑海里。这使他逐渐感到封建士大夫家族的没落，在他幼小的心灵里，种下了"憎恨这熟识的本阶级，毫不可惜它的溃灭"的种子。

鲁迅13岁的时候，祖父因为给亲友考"功名"说情而被告发了，丢了官职，还被关进了监牢。因为怕受牵连和生活艰难，鲁迅被送到住在乡下的舅舅家去寄住。寄人篱下的生活，很是寂寞和苦闷，而且被别人耻笑为"乞食的人"。这很伤他的心，他决心回家来。这时，父亲又得了病，他时常要到当铺去典当东西。在当铺里，从人们轻蔑的眼光中接过钱来，再到药铺去给父亲买药。拖了4年多，父亲终于在庸医的耽误下死去了。这连续的家族大变故，不但使家族生活更加穷苦，使少年鲁迅感情上受了很大的刺激，而且由于家族的突然中落，还招来许多欺凌。当铺里的人且不说，就连族中长辈，有些曾经和少年鲁迅要好的，也成了欺凌他的人。父亲死后，他常到住在邻近的衍太太家里闲谈，有时谈起家境的穷困，衍太太就说他母亲有私房钱，教他去偷。少年鲁迅听了很不舒服。可是，过了不久，就在家人中流传鲁迅偷了家中的东西去变卖了。这就是鲁迅最痛恨的"流言"。他知道流言是从哪里来的，那些人是多么阴险！

他忍受不住这样的生活。他越来越厌恶憎恨故乡的人们——那些封建人物和市侩小人。他自己说过："有谁从小康人家而坠入困顿的么，我以为在这途路中，大概可以看见世人的真面目。"家族的变故，使少年鲁迅看透了世人的嘴脸，甚至连心肝也有些了然了。他决心要离开他心爱的故乡，去寻找别样的人们，去走别样的道路。鲁迅是抱着断然决绝的态度出走的，就像他以后自述的那样。他当时下了这样的决心："总得寻别一类人们去，去寻为S城人所诟病的人们，无论其为畜生或魔鬼。"（S城即绍兴——作者注）于是，他和母亲告别，去到南京，走上人生的征途。

二、求学南京
（1898—1902年）

鲁迅决心要离开故乡，去"寻别一类人们去"了，但是到哪儿去呢？家庭的穷困，使他一定得进不要学费的学校。这学校在南京有，而且那儿有他的一位家族长辈在，于是他决定到南京去。母亲只能凑满8块钱给他作为路费。1898年四五月，鲁迅到了南京，考进了江南水师学堂。因为这个学校乌烟瘴气，第二年他就转入江南陆师学堂附设的矿路学堂，在这里一直读到1902年毕业。

在南京的4年，鲁迅的生活是清苦的，因为家里不能给什么接济。冬天了，他还只能穿着夹衣，不得不靠吃辣椒来逐寒。物质生活虽说清苦，可是新的知识却给他无穷的乐趣。他上的两个学校，都是当时的所谓新式学堂，学外文，还学他在故乡从未听说过的历史、地理、算术、地学（地质学）、金石学（矿物学）等。全新的知识宝库展现在勤奋好学的鲁迅面前。他对自然科学发生了浓厚的兴趣，做化学反应的笔记，阅读宣传进化论的《天演论》，他如饥似渴地吸食知识的乳汁。因为优良的学习成绩而得到的奖金，他都用来买书读。

鲁迅到南京的这一年，正是康有为、梁启超等人领导的维新运动发展到高潮的时候，学校的阅览室里放着《时务报》《译学汇编》这些宣传维新的书刊。他为这些新书刊所吸引，同样如饥似渴地阅读，思想上渐渐地起了变化。如果说，在离开故乡的时候，鲁迅主要还是由于家道的中落，感到世态炎凉，要"逃异地，走异路"，寻找当幕僚和商人之外的新路；那么，现在他已经是忧国忧民，并且开始探索救国救民的真理了。他的变化很显著，在矿路学堂当学监的一位家族长辈，因此把他找来斥责道："你这孩子变了！"并且拿了一份反对维新运动的文章给他看。可是鲁迅对这个训斥不予理睬，照旧读《天演论》，看《时务报》。

戊戌变法很快就失败了，证明自上而下的改良主义并不能救中国，而只是康、梁等"秀才"们的幻想。不过由于当时历史的限制，鲁迅还不可能认识到这一点，而且以孙中山为代表的资产阶级旧民主革命思想当时还只在酝酿中，他也不可能有更新的思想来接受。因此，维新思想的影响还是不能出现在他的身上。1900年义和团反帝运动形成高潮，八国联军侵入北京。1901年订立了丧权辱国的《辛丑条约》。这一连串的事件，更激发了青年鲁迅反对清朝统治和帝国主义侵略的民族革命思想。

1902年1月，鲁迅从矿路学堂毕业了。封建官僚办的学校能给他什么呢？先后学了4年，学问如鲁迅日后说的，是"上穷碧落下黄泉，两处茫茫皆不见"（这引用的是白居易《长恨歌》中的诗句，因为水师学堂要爬很高的桅杆，矿路学堂要下很深的矿井，所以这样比喻）。为了学到更多的学问，得到救国救民的本领，他便决定到日本去留学。而因为维新思想的影响，他决心去学医，这是为了"救治像我父亲似的被误的病人的疾苦，战争时候便去当军医，一面又促进了国人对于维新的信仰"，于是，带着"美满的梦"，1902年3月，他告别了祖国到日本去。

三、留学日本
（1902—1909年）

"我以我血荐轩辕"

1902年鲁迅到了东京，在东京弘文学院里学习了两年。除了学习日文和保持着对自然科学的兴趣，他还博览哲学、历史、文艺书籍，学问向深广方面发展了。在弘文学院里，他最要好的同学和朋友是1948年在台湾被杀害了的许寿裳先生。鲁迅经常同他谈起改造国民性的问题。——怎样才是最理想的人性？它的病根何在？这时虽然他还是一心想学医，但是已经注意到人的精神、思想改造问题了。

东京当时不但是中国留学生的聚集地，而且是革命的中心。在东京的留学生印制了许多宣传革命的杂志、书籍，举行许多革命的集会、活动。不少留学生中的革命志士，先后回国从事推翻清朝政府的革命活动。鲁迅所敬慕的"有学问的革命家"章太炎在上海因"《苏报》案"入狱；徐锡麟因刺杀安徽巡抚恩铭被惨杀，女革命家秋瑾也被杀害。在这"山雨欲来风满楼"的辛亥革命的前夕，鲁迅的爱国主义民族革命思想进一步发展了。1903年他在赠给许寿裳的照片后面，题上了这样慷慨激昂的献身诗：

灵台无计逃神矢，风雨如磐暗故园。

寄意寒星荃不察，我以我血荐轩辕。

许寿裳先生这样解释这四句诗："首句说留学外邦所受刺激之深；次写遥望故国风雨飘摇之状；三述同胞未醒，不胜寂寞之感；末了直抒怀抱，是一句毕生实践的格言。"

他当然不能关在屋里读书了。他参加东京的革命活动，"跑书店，往集会、听讲演"，便是当时鲁迅积极参加革命活动的写照。他还在杂志上发表文章——发表在《浙江潮》上的《斯巴达之魂》宣传革命精神；《说钼》（钼即镭）传布科学知识。

1904年夏天，弘文学院学习结束。秋天，他就到仙台进了医学专门学校，准备完成学医的志愿。

仙台学医

仙台是一个比较偏僻的地方，这里的中国留学生不像东京那么多，只有鲁迅一个中国留学生。他受到了不算坏的待遇，特别是这里的一位教师藤野先生对他在学业上的关怀，是他终生不忘的。可是同学中却有许多人歧视他。因为他的成绩不错，有人就说是藤野在他的笔记上做了记号，泄露了考试题目，而且写了一封侮辱他的信，劈头一句就是"你改悔罢！"鲁迅感到受了极大的侮辱。难道一个落后的弱国的人，连学习成绩好都不可能吗？这侮辱不只是对他一个人的，而是对整个民族的轻蔑。

不久，鲁迅又在课堂上看了一个幻灯片：在日俄战争中，有一些中国人给俄国当间谍，被日军抓住了，遭到砍头的极刑。在他们被杀头的时候，还有一群中国人若无其事地围着看。而银幕下面是日本学生对他们的胜利的欢呼。这个表现了愚弱国民的麻木状态的突出场面，动摇了鲁迅学医以拯救祖国的理想。他想：国民身强力壮却精神麻木，仍然不能使祖国富强起来，首要的不是身体的强健，而是精神上的觉醒。于是，他决心放弃学医的志愿，而要去从事他当时认为最能促人觉醒、改造国民精神的文艺运动了。

青年时代的鲁迅

当然，这转变不是偶然的、突然发生的，这里有更深刻的原因。鲁迅在仙台学医时，正是孙中山领导的资产阶级革命高涨时期，新的革命高潮已经临近。正是这个时期，以孙中山、章太炎为代表的革命派和以康有为、梁启超为代表的改良派已经分道扬镳，革命派在1905年提出了资产阶级革命的纲领。这个新的高涨的革命形势，激荡了鲁迅，引起了他的思想上的重大变化，改良主义在他心目中彻底地破产了，他走上了资产阶级民主革命的道路。这表现，就是放弃学医，而从事革命的文艺运动。

1906年春天，他便毅然离开了仙台医学专门学校，回到东京，专门从事文艺运动。

启蒙运动的失败

回到东京，鲁迅和友人在一起学习德文和俄文，后来又师从革命家章太炎学《说文解字》，并且参加了章太炎领导的革命组织光复会。他这一时期主要研究文学，从事文艺启蒙运动。他所最注意和热爱的，是俄罗斯和其他被压迫民族的作家的作品。像普希金、果戈理、契诃夫、安特列夫、高尔基和波兰的显克微支、匈牙利的裴多菲等作家的作品，都是他所喜爱的。这些作家的作品，特别是俄国作家的作品使他"从那里面，看见了被压迫者的善良的灵魂，的酸辛，的挣扎"；而且从中"明白了一件大事，是世界上有两种人：压迫者和被压迫者！"（《南腔北调集·祝中俄文字之交》）

在实际的行动上，他首先是约集了几位志同道合者，创办一个名叫《新生》的杂志，但是在临近问世的时候，由于人走钱缺，"流产"了。"流产"的更深刻的原因是：在当时，人们（连那些革命者在内）对文艺启蒙运动都等闲视之，不给予关怀和支持。这样，鲁迅只好写了文章送到别的杂志上去发表，继续自己的工作。《人之历史》《科学史教篇》《文化偏至论》《摩罗诗力说》这些辉煌论著一篇接着一篇地在《河南》杂志上发表了。在这些论文里，表现了他的战斗的进化论思想。他坚信人类社会必然"自卑而高，日进无既"地进化；他大声疾呼，中国要新生，就必须努力革新，日求进步，而不能"抱残守阙，以底于灭亡"。

革新进步之途，就是提倡科学和文艺，这两样可以"致人性于全，不使之偏倚"；为此，首先就要求有伟大的科学家和文学家出现，要求有"精神界之战士"出现。他对当时的保守顽固派、立宪民主的改良派固然给予抨击，就是对于主张革新的人们也给予了批判，指出这些人中，有的是只知"竞言武事"的"轻才小慧之徒"，有的是以"钩爪锯牙，为国家首事"的浅薄的革新论者，还有的更是"假力图富强之名，博志士之誉"的"干禄之色，固灼然现于外"的假革新者。他的这些论文，表现出他已是一个激进的民主主义者，他在思想上已经远远超出当时的革命思想界了。但是，就像瞿秋白所说："他的这些呼声差不多完全沉没在浮光掠影的粗浅的排满论调之中，没有任何的回响。"

他这几篇早期的论著（后来都收集在《坟》里），不但是这时期的重要革命历史文献，而且是研究他的前期思想的宝贵资料。在《人之历史》《科学史教篇》《文化偏至论》中，他论述了人类历史和科学、文化的发展历史。在《摩罗诗力说》中，他介绍了"立意在反抗，指归在动手"的各国革命诗人、作家，如拜伦、雪莱、歌德、裴多菲、显克微支等人。在这几篇文章中，一方面表现了他的革命激情、战斗的进化论思想和朴素的唯物观点；另一方面，明显地表露出他的基本思想是唯心主义的。

除了写作论文，他还从事翻译。他搜求到许多东欧被压迫民族的作家的作品，精心地翻译出来，在1909年印成了一本翻译小说集《域外小说集》。他想用这些作品，来唤起国民的觉醒和反抗精神。可惜只出了两集，在东京和上海寄卖的情况都很冷漠，卖出了不多本，就无人问津了。

中国软弱的资产阶级所领导的资产阶级革命，是先天不足、不彻底的革命，它没有形成一个伟大的革命启蒙运动。鲁迅的努力，"命里注定"地遭到冷遇，"生人并无反应，既非赞同，也无反对"，这使他感到"如置身毫无边际的荒原"，感到难耐的无聊和寂寞。就在这时候，由于他的家族和兄弟需要经济上的帮助，他就决定返回祖国了。

四、寂寞和沉默

（1909—1918年）

只是我自己的寂寞是不可不驱除的，因为这于我太痛苦。

（《呐喊·自序》）

沉默而苦痛，然而新的生命就会在这苦痛的沉默里萌芽。

（《华盖集·忽然想到》）

从1909年回国以后到1918年这段时间里，鲁迅一直处在寂寞和沉默中。辛亥革命的胜利，曾经使他振奋和鼓舞，但是这时间是那么短暂。

1909年夏天，他从日本回到祖国，先在杭州的浙江两级师范学堂当了一年生理学和化学教员。后回到故乡，当绍兴中学堂的教员兼监学、绍兴师范学校的校长。

1911年辛亥革命爆发，近三百年的清朝封建统治被推翻，中国存续了几千年的君主专制制度从此永远结束了。这巨大的胜利给了鲁迅极大的鼓舞，他认为革命以后"的确长出了先前所没有的花果来"；"觉得中国的将来很有希望"。1912年1月南京临时政府成立，他就应教育总长蔡元培的邀请，到南京临时政府的教育部去工作。

辛亥革命胜利所给鲁迅的振奋和希望很快就消逝了。清朝政府是被推翻了，但是一切还是老样子："满眼是白旗，然而貌虽如此，内骨子是依旧的。因为还是几个旧乡绅所组织的军政府。"（《朝花夕拾·范爱农》）而且软弱的资产阶级很快就向封建军阀势力妥协投降了，让投机起家的袁世凯窃取了政权，"狐狸方去穴，桃偶已登场"（《悼范爱农》），中国从此又一天一天沉入黑暗中。辛亥革命胜利初期所"涂饰的新漆剥落已尽，于是旧相又显了出来"（《两地书》）。鲁迅"觉得革命以前，我是做奴隶；革命以后不多久，就受了奴隶的骗，变成他们的奴隶了"（《华盖集·忽然想到》）。他于是感到极大的失望。这是对软弱的资产阶级的失望，对这个阶级领导的不彻底的、妥协的革命的失望。然而当时他还看不到新的力量、新的希望，于是陷入痛苦的沉默中。他住在北京的绍兴会馆里，白天到教育部去办公，晚上和其他闲暇时间就读佛经、抄古碑，抄录、校勘古籍，以此来排除心头的苦痛和寂寞。工作的成绩是很大的，在这期间，他辑录、校勘了《会稽郡故书杂集》《嵇康集》《古小说钩沉》《六朝造像目录》《六朝墓志目录（未完稿）》等书；但是，伟大的爱国主义者鲁迅，却难耐这沉默的煎熬。他不能真像他在《自嘲》一诗中所写的那样："躲进小楼成一统，管它冬夏与春秋。"他在内心里燃烧着爱国的热情，又以冷静的态度，总结他所亲见的教训，观察时势的变化，摸索、寻求中国革命的出路和救国救民的真理。他这时的观察所得，都记录在他后来所写的作品中：他的小说《阿Q正传》《风波》，反映了辛亥革命的失败和其根源；著名的杂文《论"费厄泼赖"应该缓行》，是总结了辛亥革命以后革命者因为宽恕敌人而遭杀害这个血的教训写成的。

沉默，沉默，他在沉默中度过了七八个年头；但是他没有在沉默中灭亡，而是在沉默中爆发。当1919年到来前夕，他又投身到新的革命激流中去了。

五、文化新军的伟大旗手
（1918—1926年）

在"五四"以后，中国产生了完全崭新的文化生力军，……鲁迅，就是这个文化新军的最伟大和最英勇的旗手。鲁迅是中国文化革命的主将，他不但是伟大的文学家，而且是伟大的思想家和伟大的革命家。

——毛泽东《新民主主义论》

打破沉默

鲁迅在寂寞地抄古碑期间，偶尔来谈天的有他的好友钱玄同。他是《新青年》的编者之一，当时（1918年初），五四运动还在酝酿中，由于赞成者少而反对者多，他们正在争取更多的同志和朋友。

"你抄了这些有什么用?""我想,你可以做点文章……"他这样鼓动鲁迅。

"假如一间铁屋子,"鲁迅回答说,"是绝无窗户而万难破毁的,里面有许多熟睡的人们,不久都要闷死了,然而是从昏睡入死灭,并不感到就死的悲哀。现在你大嚷起来,惊起了较为清醒的几个人,使这不幸的少数者来受无可挽救的临终的苦楚,你倒以为对得起他么?"

历次失败的革命,使他产生了这种几乎是绝望的看法。长期以来,鲁迅几经失望的痛苦。他亲见中国近代历史中的几次伟大事件:戊戌变法、义和团反帝运动、辛亥革命、反袁世凯斗争。他亲见这些革命斗争的兴起和失败,看来看去,渐渐地,悲观、绝望的情绪爬上了心头。虽然,进化论思想支持他坚信人类社会必然要不断进化,中国不应例外,因而怀着一线希望,但是他却看不到新的社会力量,希望无所寄托,显得渺茫。

终于,历史的发展,又临到一个新的革命高潮的前夕。虽然他用了那绝望的话回答了朋友,但是,由于友人的几经催逼,他终于提笔了,他决定发出战斗的"呐喊",以慰革命者的寂寞,使他们"不惮于前驱"。当然,他挺身而出,参加战斗,不只是因为朋友的邀请和催逼。我们记得,还在20世纪初,他就从事过文学活动,提出过和五四运动的精神基本上相合的启蒙主义的纲领。而且,在革命高潮来临的前夕,他看见了逐渐在形成的、由共产主义知识分子和资产阶级、小资产阶级知识分子组成的革命联盟的力量,特别是看到出现在战斗的前列的几十万青年学生这支新的革命生力军。正是新的革命形势的高涨和新的社会力量的出现,给了鲁迅以推动和鼓舞,使他终于打破了长久的沉默,坚定地投入新的战斗。他的看法改变了,他相信,如果人们都从昏睡状态中觉醒过来,未尝不可以冲破这黑暗的铁屋子。于是,他参加到以《新青年》为中心的革命前驱者的行列,和他们一起战斗了。

文学革命的主将

1918年5月,鲁迅在《新青年》上发表了他的第一篇创作小说《狂人日记》。他以深远的激愤和哀痛,揭露、批判了封建家族制度和礼教的狰狞面目;他揭出往昔的历史是一部吃人的历史,喊出了"救救孩子"的呼声。这是当时最猛烈而深刻地抨击封建社会的檄文,也是我国新文学的第一篇奠基作品。在这之前，倡导文学革命的《新青年》上，除了关于文学革命的论文之外，在创作方面只是发表了胡适等人的许多没有摆脱旧诗词束缚的所谓新诗。《狂人日记》在这上面发表以后，才显示了文学革命的实绩。

《狂人日记》的发表，是鲁迅作为伟大文学家的开端。从此以后，他就"一发而不可收"了。接着，他连续发表了《孔乙己》《药》《明天》《风波》《故乡》等名篇。

1921年12月，使他获得了世界声誉的不朽名著《阿Q正传》也发表了。

《阿Q正传》在孙伏园主编的《晨报副刊》的《开心话》上连载的时候，比《狂人日记》引起了更大的注意和震动。许多封建人物都疑神疑鬼，以为作者是在讽刺他，揭他的阴私，甚至说小说中的某段某段是他自己的事情；鲁迅所在的教育部里也议论纷纷。因为鲁迅用的是笔名"巴人"，一般人不知作者是谁，有的猜疑，有的打听。虽然这些人把作者的用意看作"揭阴私""报私仇"，十分浅薄，鲁迅也以此为悲哀，但是，这种许多人在《阿Q正传》面前都栗栗危惧的情形，正说明鲁迅作品的高度概括和刻画深刻，使许多人都在这面"镜子"面前，照见了自己的脸相。他的确是完成了自己的任务："写出一个现代的我们国人的魂灵来。"（《集外集·俄文译本〈阿Q正传〉的序及著者自叙传略》）

再以后，《彷徨》中的小说《祝福》《孤独者》《在酒楼上》等，又一篇一篇发表了。这一系列小说，构成了一幅中国从辛亥革命到五四运动前后的广阔的图画，深刻地反映了这一时期的历史状况。鲁迅日后把这些小说称为"遵命文学"，不过，他"遵奉的是那时革命的前驱者的命令"，因此"确可算作那时的革命文学"。他创作的目的是"必须'为人生'，而且要改良这人生"；他的取材"多采自病态社会的不幸人们中"，"揭出社会的痛苦，引起疗救的注意"。他刻画了阿Q、闰土、祥林嫂、孔乙己、魏连殳、吕纬甫这些"病态社会的不幸人们"的形象，描写出了他们被侮辱、被损害的悲惨命运；透过他们的生活和命运，也揭示了封建社会的罪恶；同时，他毫不留情地解剖了他们身上的缺陷和弱点。这些不幸的人们的生活和命运，逼迫他们只能在革命和灭亡两者之间选其一，他们已经不能再照旧生活下去了。在《故乡》中，鲁迅提出了这样深切的革命的愿望："他们应该有新的生活，为我们所未经生活过的。"然而，几千年被压迫、被剥削的生活，在他们身上留下的许多缺陷和弱点，使他们还处在麻木、不觉悟的状态中，这和他们身上背负的历史使命是不相称的；而且，旧生活、旧统治仍然大山似的压在他们身上。鲁迅以他创造的不朽的艺术形象，这样深刻地从人民的底层提出了民主革命的要求；他是真正的"为民请命"者。他以交织着同情和憎恶的心情，深切地解剖了人民身上的弱点，"哀其不幸，怒其不争"。因此他就在革命者面前提出了这样的根本的、迫切的问题：如何"唤醒民众"，除掉他们身上的劣根性，发扬蕴藏在他们身上的革命性，来改革当时的状况，推翻旧统治、旧制度，创造"为我们所未经生活过的"新生活。这一切是作为文学家的鲁迅最卓越的地方，他不愧为革命现实主义的大师。

鲁迅和五四运动

鲁迅创作的启蒙主义、为了现实斗争的目的和他作品的内容，决定了他的创作的深厚民族气派、民族风格。无论是在结构上，在人物的刻画上、风景的描写上，还是他所运用的语言上，他的作品都最具有中国文学、艺术的深厚传统。鲁迅在儿时就受到过民族传统文学和民间艺术的熏陶；在以后又精心地作过研究，他的《中国小说史略》《古小说钩沉》《唐宋传奇集》《小说旧闻钞》等著作和辑录，都表明他在这方面所下的功夫之深和所达到的成就之高。在他的作品中表现出那种深厚的民族性，是很自然的。

19世纪末、20世纪初的时候，鲁迅就说过要"求新声于异邦"，就已深深地热爱俄国文学，并且认为它是"我国文学的导师和朋友"；他广泛地阅读而且翻译过东欧被压迫民族的文学作品，在鲁迅的作品中，明显地表现出受了其他国家特别是俄国文学的影响。他自己说过，在《狂人日记》《药》的创作上，受了果戈理和安特列夫的影响。鲁迅从一开始就表现出他是最善于吸取别国文学中有益的东西的伟大作家。

在写作小说的同时，鲁迅还握起了杂文这个武器。"随感录"、社会政治论文（后来鲁迅一律称为杂文），是为了迫切的战斗需要，出现在《新青年》上的新文体。五四运动时期的许多著名人物如陈独秀、刘半农等都写过许多这样的文章；但是一直坚持写作这种文章，而且把它发展到高峰的却是鲁迅。

五四运动以文化革命为表现形式，向封建文化发动攻势。鲁迅在这个革命的进军中，是一个锐不可当的急先锋。1918年7月、1919年10月，他先后写出了《我之节烈观》和《我们现在怎样做父亲》（见《坟》）这两篇名文，对封建道德、封建礼教作了彻底的揭露和猛烈的抨击。——"要除去虚伪的脸谱，要除去世上害己害人的昏迷和强暴"；"要除去于人生毫无意义的苦痛。要除去制造并赏玩别人苦痛的昏迷和强暴。"这就是鲁迅提出的摧毁封建道德的战斗号召；"要自己和别人，都纯洁聪明勇猛向上"，"要人类都受正当的幸福"；这就是鲁迅发出的革命的呼吁和愿望。同时期接连出现的随感录，是向敌人冲锋陷阵的最锋利的投枪和匕首，这些文字"有的是对于扶乩、静坐、打拳而发的；有的是对于所谓'保存国粹'而发的；有的是对于那时旧官僚的以经验自豪而发的；有的是对于上海《时报》的讽刺画而发的"（《热风·题记》）。所有这些作品，都收集在《坟》和他的第一本杂文集《热风》中。五四时期出现的许多随感录和社会政治论文，至今犹存而且仍然保持着战斗的光芒的，只有鲁迅的作品。

五四运动是彻底的反帝反封建革命，鲁迅的不朽的小说和杂文，充分地表现了这个革命的精神，对五四运动作了伟大的贡献。他是当时文学革命的主将。

"肩扛住了黑暗的闸门，放他们到宽阔光明的地方去"

从1920年到1926年8月，鲁迅在北京大学、北京师范大学、北京女子师范大学、中国大学等大学兼任讲师和教授。从这以后，他不但以他的作品教育、引导青年，而且直接接触青年、教导青年了。青年学生们，在课堂上听他讲课，下课以后又经常去访问他，向他求得文学上、思想上的教诲。鲁迅用了很多时间来接待青年，时常和他们一起谈到深夜。他只能利用有限的睡眠时间来写作，常常到夜深人静时才能握笔为文，直到东方发白，和衣小睡一会儿，又开始第二天的工作。他也用有限的业余时间，为青年们看稿子、改稿子、校稿子。有一次，校改一个青年作者的作品，校到深夜，甚至吐血。发现了好的青年文学作者的作品，为了使它能够问世，他就自己拿出钱来出版，许钦文的小说集《故乡》，就是由鲁迅垫出印费出版的。作为一个战斗者，常常感到人手不够，要培养出大批的新战士，为了这个目的，他培养、扶持了两个文学青年组织的文学团体——"未名社"和"莽原社"，领导他们、帮助他们办杂志、出图书。他在这一时期废寝忘食的工作，就如他自己日后所表白的，是"拼命地做，忘记吃饭，减少睡眠，吃了药来编辑、校对、作文"（《两地书》，192页）。

他把青年当作自己"身外的青春"，他为青年们的今日和未来而斗争，他以伟大的自我牺牲精神，"背着因袭的重担，肩扛住了黑暗的闸门，放他们到宽阔光明的地方去。"当黑暗势力侵袭青年时，他便挺身而出保护他们，极力抗争。当胡适之流摆出教师爷的面孔，劝青年们躲进研究室的时候，他便警告青年不要被挂着金字招牌的"导师"引诱，而鼓励他们"不如寻朋友，联合起来，同向着似乎可以生存的方向走"（《华盖集·"导师"》）。

1925年，发生了当时教育部部长章士钊和他的门徒们非法解散女子师范大学的"女师大事件"。在这次事件中，鲁迅站在青年学生一面，坚决地和所谓正人君子们进行了面对面的斗争。章士钊甚至解除了鲁迅在教育部的职务，想以此打击他；但是他继续和这些摧残青年的"正人君子"们战斗，毫不妥协。他揭露残害青年的反动统治者和其走狗们，都是些"故鬼、新鬼、游魂、牛首阿旁、畜生，化生、大叫唤、无叫唤"；他们在"杯酒间谋害学生"，"于微笑后屠杀百姓"。他无情地撕破这些"正人君子"们的绅士的外衣，打碎了他们"公理"的招牌。他教育学生们要认清敌人的险恶狠毒，作韧性的战斗。

1926年3月18日，段祺瑞军阀政府，在国民政府门前，惨杀了参加爱国游行的青年学生。这给了鲁迅以最大的刺激，引起了他最大的愤怒；因为这还是他第一次看见军阀的毒手，而且遭到惨杀的是他寄予希望的青年，他"不忍见青年的血"。鲁迅把这一天称为"民国以来最黑暗的一天"；为了纪念死者，为了抗议反动政府，他写了那篇不朽的杂文《记念刘和珍君》，表现了他对青年的伟大的爱。作为他这时期战斗的辉煌记录的杂文，都收集在《华盖集》和《华盖集续编》里。

鲁迅一向只愿意脚踏实地、不妥协地战斗，愿作"吃的是草，挤出来的是奶"的牛，愿作桥梁中的一木一石，而从不自诩为青年的导师和范本。但是，在实际上，他却以他的伟大的作品、崇高的品格和彻底的革命精神，成为真正的青年的导师。

彷徨和战斗

两间余一卒，荷戟独彷徨。

路漫漫其修远兮，吾将上下而求索。

真的猛士，将更奋然而前行。

　　五四运动后不久，三个阶级的知识分子的联盟就分裂了，"有的高升，有的退隐，有的前进"，鲁迅又经历了一次同一阵营的战友的分化。他暂时没有和以李大钊为代表的共产主义知识分子一起前进，和工人阶级结合，从激进的民主主义者成为共产主义者；也没有像钱玄同等人一样，从战阵上退隐下来；更没有像资产阶级知识分子的胡适之流那样，向封建文化投降妥协。于是他感到自己"成了游勇"，"布不成阵"，"新的战友在哪里呢？"他这样发问。他处在孤独和彷徨之中。像他在《彷徨》题词中咏叹的，他是"寂寞新文苑，平安旧战场。两间余一卒，荷戟独彷徨"。

　　五四运动以后，中国陷入军阀混战中，工人运动虽然曾经蓬勃发展，但是自从"二七"大罢工遭到打击以后，暂时进入低沉时期，新的高潮还在后面；青年学生的爱国活动虽然不曾间断，但是屡遭摧残，他们正像鲁迅所愤激地说过的，"仅有微弱的呻吟，然而一呻吟就被杀戮！"整个中国是"安排给阔人享用的人肉的筵宴"的厨房。而当时北京正是这"厨房"的中心，是北方军阀们的大本营，鲁迅正是"'我生不辰'，正当可诅咒的时候，活在可诅咒的地方了"（《华盖集·忽然想到（五至六）》）。这怎叫他不感到"眼前充塞着重重的黑云"，心里交织着愤怒、哀伤，要战斗而又感到力量不足的情绪。他这时期的思想、心情，最集中地反映在他1924年、1925年所写的十几篇散文诗中（后来都收在《野草》里）。在《过客》这篇文章里所描写的"过客"的形象，正是当时鲁迅最好的写照：他"脚早已经走破了，有许多伤，流了许多血"；然而他又不愿回去；而前进，又不知迎接他的前途是什么，他只知道是"坟"。但是却又不能、不愿停息，因为"还有声音在前面催促我，叫唤我"。当时的鲁迅在思想情绪上就是这样的矛盾、彷徨而且带着阴郁。作为一个激进的民主主义者和伟大的思想家、文学家，他这时期的思想情绪和作品，正是一面很好的镜子，它照出了当时的历史

情况：历史已经对软弱的中国资产阶级作了判决词，它不能领导完成民主革命；伟大的历史任务已经落在中国工人阶级的肩上，而且它已经有了自己的政党——中国共产党，它已经承担了这个领导任务。只是，工人、农民的革命力量暂时还不够壮大，中外敌人的联合力量还超过了革命的力量。而鲁迅，因为还是信奉进化论，没有接受马克思主义，所以不免夸大了敌人的力量，对工农力量估计不足，还不能完全正确地判明革命的形势和前途，使自己痛苦地陷入矛盾和彷徨的境地。

但是，鲁迅是"荷戟独彷徨"，他并没有放下武器，他继承了"五四"的战斗的传统，继续和封建势力、军阀统治作毫不妥协的斗争。他虽然在主观上感到自己是孤军奋战，但没有丝毫的畏惧和疲惫。且不说《野草》中的文章仍然是不失他一贯的战斗精神的有力证明，同时，他还写了许多战斗的杂文。在这些作品中，他揭露、抨击军阀统治和他们的走狗文人，指出他们都是"民国的敌人""现在的屠杀者"，如果不能推翻他们的统治、摧毁他们的制度，中国就永远是老样子，就不能再在世界上独立地生存。在和章士钊、陈源（西滢）等人斗争的时候，他的像一把把利刃似的杂文《碰壁之后》《并非闲话》《忽然想到》等，一篇接一篇出现，毫不留情地扯下这些"正人君子"的假面具，显出他们帮凶帮闲的狰狞嘴脸。在"三一八"事件以后，他更站在斗争前列，和军阀政权展开了不屈的斗争，《无花的蔷薇》《死地》《空谈》接连发表。他以自己的激愤和哀痛，控诉杀人者，显示了坚强的"战将"和"猛士"的雄姿，向反动统治者抗争、战斗。他，正像他自己所歌颂的战士，"敢于直面惨淡的人生，敢于正视淋漓的鲜血"，"奋然而前行"。他发出了这样彻底的、战斗的号召：

"在这可诅咒的地方击退了可诅咒的时代！"（《华盖集·忽然想到之五》》）

"创造这中国历史上未曾有过的第三样时代。"（《坟·灯下漫笔》）

"我觉得什么都要从新做过。"（《华盖集·忽然想到》）

鲁迅在这时期的战斗，充分地表现了他对反动势力的这样一种坚决、彻底、勇猛斗争的气魄："无论是古是今，是人是鬼，是三坟五典，百宋千元，天球河图，金人玉佛，祖传丸散，秘制膏丹，全都踏倒它。"（《华盖集·忽然想到之六》）这精神，是一个被阴郁、孤独、彷徨压倒了的人所绝不可能表现出来的。

这些杂文，如《灯下漫笔》《春末闲谈》等篇，收集在《坟》里，其余的都收集在《华盖集》和《华盖集续编》里。

从这时期起，杂文已经成为鲁迅手中的投枪和匕首。他运用这个灵活而锐利的武器，向封建社会、封建文化，向反动统治者及其走狗们，冲锋陷阵地战斗，像医生运用解剖刀似的，以杂文来解剖旧社会和国民性；像进军的旗手一样，以杂文为战斗的号角，激励、鼓舞革命者和青年们勇往直前地冲击敌人。由于他的杂文思想深刻而丰厚，艺术上造诣极高，因此已经使我国这个"古已有之"、而被当时人轻视的文体，发展到登峰造极的高度，它不再是一个"小摆设"，也不再是不能登"大雅之堂"、不能入"艺术之宫"的"小玩意"，在鲁迅的手中，它成为了真正的能"和读者一同杀出一条生存的血路"的投枪和匕首；他用这个武器，开辟了一个广阔的战场，"这个战场不仅适合于他作为一个'闯将'和'猛士'的驰骋，而且也适合于他的思想天才和艺术天才的自由驰骋。"（冯雪峰《鲁迅的文学道路》）他的杂文，是诗与政论的高度结合，是他的思想的天才和艺术的天才的结晶。像他这时期写下的《忽然想到》《灯下漫笔》《春末闲谈》《无花的蔷薇》《记念刘和珍君》等杰出的杂文，都是熔铸了思想家和文学家的全部才能的结晶体，喷射出启人的思想和艺术光芒。

奔向革命

1926年下半年，北方军阀统治已经容不得鲁迅留在北京，不断地迫害他，使他几次离寓避难；同时，当时南方革命已经蓬蓬勃勃地开展了，国民革命军已经开始北伐，新的革命高涨又鼓舞和吸引了鲁迅，他于是决定南下。在这之前，他已经逐渐排除了失望、忧郁和彷徨的情绪。在给友人的信中，他说："我近来的思想，倒比先前乐观些，并不怎样颓唐。"（《鲁迅书简》，1926年6月给李秉中的信）在动身南下到厦门去的前几天，他在一次讲演中说："黑暗只能附丽于渐就灭亡的事物，一灭亡，黑暗也就一同灭亡了，它不永久。然而将来是永远要有的，并且总要光明起来；……我们一定有悠久的将来，而且一定是光明的将来。"（《华盖集续编·记谈话》）这里已经扫清了彷徨、失望的情绪，而响起了充满胜利信心的战斗之音。这无异于当他南下投身到大革命的洪流中去时发出的战斗宣言。

六、在大革命的暴风雨中

（1926—1927年）

从梦境里被放逐

从北方军阀的压迫下逃出来，鲁迅于1926年8月到了厦门，在厦门大学当文科教授。他计划在这里住两年，一面是"休息"几时，一面最后完成他的《汉画像考》和《古小说钩沉》两部著作，好印行出版。——这以前，由于现实的战斗的需要，作为学者的鲁迅，一直没能安下心来从事他的研究工作。但是，这里很快就钻来了陈源之流的门徒，在这里钻营、排挤、兴风作浪。这学校的情形就像鲁迅所揭露的，是"中枢是'钱'，随着这东西的争夺、骗取、斗宠、献媚、叩头"（《鲁迅书简》，194页）。学校当局所需要的人物是"学者皮而奴才骨"（《鲁迅全集·两地书》，288页）。而且，许多人都认为鲁迅"被夺掉了笔墨"，放下了武器，再不能写作和战斗了；于是"便即翻脸攻击，想踏着死尸站上来，以显他的英雄，并报他自己心造的仇恨"（《鲁迅全集·两地书》，289页）。鲁迅说："我是不与此辈共事的"，否则何必离开北京，他也不能在敌人的攻击面前沉默而不回击。于是他决定离开厦门到广州去开始新的战斗。

1926年12月，他辞去了厦门大学的职务，离开厦门，到广州中山大学去任教——担任文学系主任和教务主任。1927年1月，到达广州。这里是当时南方革命的中心，工人、农民已经发动起来，显示了巨大的革命力量。革命在蓬勃地发展。鲁迅怀着离京赴厦时同样的幻想和"野心"，想到这革命的中心来继续战斗：一是"对于'绅士'们仍然加以打击"；二是"与创造社联合起来，造一条战线，更向旧社会进攻，我再勉力写些文字"。（《鲁迅全集·两地书》，195页）但是，当时以广州为中心的革命的基础并不牢固，潜伏在革命阵营里的反革命——以蒋介石为代表的国民党反革命派——已经蠢蠢欲动，而且已经开始了叛变革命的阴谋活动，鲁迅看出了这里的阴暗面。他说："我抱着梦幻而来，一遇实际，便被从梦境放逐了。"[《三闲集·在钟楼上》说明：原注页是以当时（1956年）仅有的红皮本《鲁迅全集》为依据；后据2005年

新版《鲁迅全集》作注。] 这一次讲演中，他尖锐地指出，广州"可以做'革命的策源地'，也可以做反革命的策源地"（《鲁迅全集·两地书》，195 页）。然而在革命的广州，他的这些中肯的批评，也没有自由发表的可能。

但他并没有完全放下手中的投枪，仍然断断续续写出了不少杂文。这些作品都收集在《而已集》里。这个集的《题词》，最概括地写出了他在这个革命和反革命斗争最激烈、革命暂时失败了的时期的心情。他写道：

> 这半年我又看见了许多血和许多泪，
> 然而我只有杂感而已。
> 泪揩了，血消了，
> 屠伯们逍遥复逍遥，
> 用钢刀的，用软刀的。
> 然而我只有"杂感"而已。
> 连"杂感"也被"放进了应该去的地方"时，
> 我于是只有"而已"而已！

《而已集》里的许多文章，都是他在白色恐怖下，在没有自由、"没处投稿"的情况中写出的，比之《华盖集》和《华盖集续编》中的文章，勇猛、深刻依旧，但是不免隐晦曲折。在《小杂感》（《而已集》）中他写道："又是讲演录，又是讲演录。但可惜都没有讲明他何以和先前大两样了，也没有讲明他讲演时，自己是否真相信自己的话。"用这样短短的几句，他深刻而含讽刺地勾出了伪装革命者和革命叛徒的嘴脸，他们一反过去的面目，改变了言论，变了声调，屠杀昨天的朋友和同学。在同篇文章中他又写道："凡是当局所'诛'者皆有'罪'。"这显然是对反革命屠杀革命者的比较隐晦的、用反话说出来的揭露和抗议。

这集里的《革命时代的文学》《革命文学》《文艺和革命》等文，表现出他的新思想观点。特别是《答有恒先生》一文，更深刻而直接地表白了他自己的思想观点的转变。在这里，他宣布了和进化论思想的最后决裂。他说："我的一种妄想破灭了。我至今为止，时时有一种乐观，以为压迫、杀戮青年的，大概是老人。这种老人渐渐死去，中国总可比较地有生气。现在我知道不然了，杀戮青年的，似乎倒大概是青年，而且对于别个的不能再造的生命和青春，更无顾惜。"他宣布："现在倘再发那些四平八稳的'救救孩子'似的议论，连我自己听去，也觉得空空洞洞了。"在这篇的末尾他说，对血腥屠杀的恐怖一去，"来的是什么呢，我还不得而知，恐怕不见得是好东西罢。"是的，接着而来的，对反革命和反动政府来说，正是使他们惧怕的"不好的东西"，这就是受马克思主义思想指导的更坚决、更勇猛、更正确的战斗！

"思路被轰毁"

不久，就发生了"四一二"反革命政变，蒋介石叛变了革命，实行血腥的屠杀政策。大批革命者被捕、被杀，其中有些是鲁迅的学生。他竭力营救这些革命青年，但是没有效果，而且连他自己也处在危险中。他于是愤然辞职，搬出中山大学，准备离开广州。

当时，"宁可错杀千百，不可放走一人"，成了蒋、汪向帝国主义献媚的杀人竞赛的口号。摆在鲁迅面前的是极其尖锐、残酷的革命与反革命的斗争：一面是反革命的可耻的叛卖、残酷的屠杀；一面是共产党员和革命群众的从容就义、英勇斗争。鲁迅说，自己"被血吓得目瞪口呆"了，"觉得从来没有经验过"的恐怖了。但是，他是敢于直面惨淡的人生、正视淋漓的鲜血的真的猛士，他遏制住愤怒，看着这一切，深思着自己今后的战斗和中国革命的出路。当然，在这个"历史的大背叛——历史的大血日"面前，当时的鲁迅还不能完全判明革命的形势、看清革命的前途。他说："我现在已经看不见这出戏的收场。"（《而已集·答有恒先生》）但是，"由于事实的教训"，他的"一种妄想破灭了"，他的"思路被轰毁了"，这就是：进化论思想的彻底破产。他原先是深信青年必胜于老人的，他寄希望于青年。而现在，他亲眼看见青年的鲜明的阶级分野：同是青年，有革命的，有反革命的；有为革命英勇就义的，有叛变革命、投敌告密的。进化论是不济了，青年不能一律看待了，那么，取进化论而代之的是什么呢？把希望再寄托在谁的身上呢？同样的是事实的教训：在革命的大风暴中，他亲见了工农群众的革命力量，亲见了中国共产党的英勇不屈的英姿，他们是真正的中国革命的动力，真正的中国革命的领导者。他自己日后曾经几次表白："并非唯物史观的理论或革命文艺的作品蛊惑我的。"（《三闲集·序言》）"即如我自己，何尝懂得什么经济学或看了什么宣传文字，《资本论》不但未尝寓目，连手碰也没有过。然而启示我的是事实，而且并非外国的事实，倒是中国的事实。……"（《鲁迅书简·给姚克的信》）在这段有意强调"事实教训"的表白里，充分说明鲁迅思想的转变是现实生活所影响和促使的；至于马克思主义理论对他思想的影响，他在日后也有很中肯的说明。

鲁迅是革命的现实主义作家，他重视这"事实的教训"；他虽然怀疑群众的力量，但是他一直是真正的"为民请命"者，伟大的爱国主义者，他从不曾在思想情绪上和群众对立；而且在他的思想中早就有着唯物论的成分。这一切，就使他在原先的思路被轰毁以后，在接受了事实的启示以后，能够较容易地在根本上摆脱过去的羁绊，接受马克思主义阶级论和无产阶级的、集体主义的革命论。当然，这在当时还只是一个伟大转变的开端，从这里到达最后的完成，还需要有一个过渡的阶段，有一个自我批判的艰苦过程。不过鲁迅，正像他自己所说，是一个"解剖自己并不比解剖别人留情面"的人，他的自我批判的过程在这以后的两三年中就完成了。因此，应该说1927年是鲁迅思想前期和后期的分水岭。在这以后的几年里，他最后地从激进民主主义者成为共产主义者，由唯心主义进入马克思主义，由封建阶级的逆子贰臣成为不朽的共产主义战士。

血和泪的记录

在厦门期间，他完成了他的连续性回忆散文集《朝花夕拾》。这是在他的小说和杂文之外的奇花异放的作品。在这十篇优美的散文里，他一往情深地，以朴实而优美的笔调，抒写了他的儿时的生活，记叙了他所敬爱的保姆、先生和友人们；透过这些，他也反映出那往时的社会面貌和人民生活。随着《从百草园到三味书屋》《阿长与山海经》《藤野先生》等这些优美的散文，一个有着浓厚情感的诗人的风貌，就会浮现在我们面前。这些有着高度艺术成就的散文，至今还是我们散文的典范。

但是，到广州以后，他经历了血与火的震惊和愤怒，他越过了沉静思索的门槛与回忆的情愫，进入血与火的直面斗争。他迎着"血染的屠刀"，写下了他的檄文和悲愤。他在《而已集》中的《可恶罪》中，揭露道："我先前总以为人是有罪，所以枪毙或坐监的。现在才知道其中的许多，是先因为被人认为'可恶'，这才终于犯了罪。"这直接地揭露了国民党反动派无辜地屠杀革命者和革命群众。

但他又写道：

> 过去的生命已经死亡。我对于这死亡有大欢喜，因为我借此知道它曾经存活。死亡的生命已经腐朽。我对于这腐朽有大欢喜，因为我借此知道它还非空虚。

（《野草·题词》）

他还写道：

> 地火在地下运行，奔突；熔岩一旦喷出，将烧尽一切野草，以及乔木，于是并且无可腐朽。

（《野草·题词》）

这是以诗的语言，直白而又曲折地表达了他的惊悚、愤怒、谴责和醒悟，以及对于未来的冀望。

这些和着血泪的文字，是血和泪的记录，更是他的直接的、愤怒的谴责和醒悟的表白。

七、共产主义的战士

（1927—1936年）

鲁迅从进化论进到阶级论，从绅士阶级的逆子贰臣进到无产阶级和劳动群众的真正的友人，以至于战士，……从痛苦的经验和深刻的观察之中，带着宝贵的革命传统到新的阵营里来。……

（瞿秋白《〈鲁迅杂感选集〉序言》）

鲁迅先生在文化界思想领域内的反帝反封建精神，到了后期更达到了光辉而完全合乎科学的高度。

（1946年10月重庆《新华日报》社论）

还是在厦门、广州的时候，鲁迅就在和许广平的通信中，几次商量今后的战斗方式、生活方式问题。是索性退出战阵、脱离文艺界，到大学里去教书、做研究工作呢，还是像以前一样手持投枪和匕首，继续战斗下去，有时也创作？他究竟是一个不倦的斗士，革命的文学家，虽然在自己的面前提出了这样两条可供选择的道路，他最后还是毅然地走了后一条路。他留恋战斗，他也深知自己作为革命文学家的作用和责任。他说："我如写点东西，也许于中国不无好处，不写也可惜。"（《鲁迅全集·两地书》，201页）1927年10月，他终于选择上海作为战斗的据点，和他的学生、战友和伴侣许广平女士一同来到上海。他谢绝了许多大学的邀请，专心致力于领导革命文学运动和从事著译。

"窃得火来，煮自己的肉"

定居上海以后的最初两年多，是鲁迅从进化论、个性主义进到阶级论、马克思主义，从激进的民主主义者成为共产主义者的转变时期。他来到上海，即刻引起了创造社、太阳社及新月派对他的"围剿"。创造社由于对鲁迅的错误认识和误解，一方面提倡无产阶级革命文学，一方面却攻击革命文学的真正战士鲁迅。为了冲破"围剿"，为了和创造社论战，同时为了自己思想上的需要，鲁迅勤奋地学习马克思主义，特别是马克思主义的文艺理论。他曾说："我有一件事要感谢创造社，是他们'挤'我看了许多科学的文艺论。"他学习马克思主义理论是为了解剖自己的过去，彻底批判已经被"轰毁的思路"。他把这比作"从别国里窃得火来。……煮自己的肉。"旧的"破"了，新的"立"了起来，几篇和创造社论战的文章，无异于他对自己过去的总结。他批判了自己过去"只信进化论的偏颇"，宣布："原先是憎恶这熟识的本阶级、毫不可惜它的溃灭，后来又由于事实的教训，以为唯有新兴的无产者才有将来。"（以上见《三闲集》《二心集》序言）鲁迅不仅自己学习，而且从事马克思主义文艺理论宣传。他翻译了普列汉诺夫的《艺术论》和苏联"文艺政策"，用这些"以救助我"，而且"还因我而及于别人"。他，"带着宝贵的革命传统到新的阵营里来"了。

党给鲁迅以力量

来到上海，鲁迅就展开了对新的反动统治者——国民党反动政府——的斗争。他不仅用笔，而且参加了直接的政治斗争。他先后参加了反对国民党反动统治的革命团体——"革命互济会""中国自由运动大同盟""中国民权保障同盟";他和中国共产党组织建立了亲密的战斗关系，许多共产党的领导人和共产党员作家跟他有着密切的同志关系，像已经英勇牺牲的瞿秋白同志，柔石、白莽和冯雪峰同志等，都是他亲密的战友。

特别值得记述的是他和瞿秋白的那种深沉的、战斗的友谊，这在当时和现在都一直被传为美谈。他们共同领导了中国左翼作家同盟，共同和国民党反动统治斗争，秋白同志许多出色的杂文是避难在鲁迅家里的时候写出，而且用鲁迅笔名发表的。后来，秋白同志要离沪到江西中央苏区去时，还特意到鲁迅家去告别。这一晚上，鲁迅让出了自己的床来给秋白同志睡。无疑的，在和秋白同志的交往中，鲁迅会受到他的思想上和战斗精神上的影响。（当然，鲁迅在这些方面也给秋白同志以影响）

当红军长征到达陕北的时候，鲁迅和茅盾联名，秘密地发出了贺电，祝贺红军的胜利。柔石等五名共产党员作家被国民党特务机关秘密杀害后，他写了那不朽的、战斗的纪念文章《为了忘却的记念》，揭露了敌人的残暴和黑暗统治，表现了对自己的学生、战友的深挚的同志之情。当瞿秋白同志英勇就义后，他拖着病体，收集、整理秋白同志的遗文出版了《海上述林》，使这些宝贵的文学遗产得以保存、流传，也借此纪念自己的战友和同志。他拥护我党的政策，和党"同呼吸，共命运"。当我党提出抗日民族统一战线政策的时候，他明白地表示拥护，说"我无条件地加入这个战线，那理由就因为我不但是一个作家，而且是一个中国人"。而当托派给他写信，破坏党的抗日民族统一战线政策，企图离间他和党的关系时，他在病中还发表了那封著名的《答托洛斯基派的信》，在这信里，他明白地宣称："那切切实实，足踏在地上，为着现在中国人的生存而流血奋斗者，我得引为同志，是自以为光荣的。"（见《且介亭杂文末编》）

他在和共产党员的接触交往和共同对敌斗争中，自觉地接受党的领导，听取党的意见；也得到党的关怀鼓舞和帮助。正是党给鲁迅以无比的力量，而鲁迅也自觉地为党的事业而工作、而战斗。

辉煌的战斗

"横眉冷对千夫指，俯首甘为孺子牛。"

鲁迅在上海的十年，正是国民党反动派对红军进行军事"围剿"和在国民党统治地区进行文化"围剿"的时期。鲁迅领导了反文化"围剿"的斗争，建立了辉煌的战绩。这些，都记录在他的《三闲集》以后的九本杂文集中，这些杂文集是：《三闲集》《二心集》《南腔北调集》《伪自由书》《准风月谈》《花边文学》，以及《且介亭杂文》一集、二集和末编。

"三闲"和"二心"

鲁迅在《三闲集·序言》中的这样一段自白，很好地说明了他初到上海时的境遇："但我到了上海，却遇见文豪们的笔尖的围剿了，创造社，太阳社，'正人君子'们的新月社中人，都说我不好，……"当时提倡革命文学的创造社中人写文章攻击他是"闲暇、闲暇，第三个闲暇"，判定他是"代表着有闲的资产阶级，或者睡在鼓里的小资产阶级"，错误地把他当作革命文学的敌人，这是多么严重的误解。鲁迅在和他们的论战中，表现出他是一个"浪漫蒂克革命家的诤友"（瞿秋白语），他在文章中批评了创造社的"摆出革命家的吓人面孔"，"忙于挂招牌"，指责他们在文学上的机械论，一说文学技巧，就要讨厌。他的话是很中肯的："一切文艺，是宣传，……用于革命，作为工具的一种，自然也可以的。""但我以为当先求内容的充实和技巧的上达"，"一切文艺固然是宣传，而一切宣传却并非全是文艺，……革命之所以于口号、标语、布告、电报、教科书……之外，要用文艺者，就因为它是文艺。"（见《三闲集·文艺与革命》，《鲁迅全集》第四卷，84-85页）这些话至今听来还是这样富有教育意义。整个《三闲集》，除了1927年所作而未收进《而已集》中的几篇文章之外，主要的就是他和创造社论战的文章，如《"醉眼"中的朦胧》《文艺与革命》等。

所有这些杂文，虽然一般篇幅都很短小，用的也是无法直说的《伊索寓言》式的语言，但是，它们却真正是"所写的常是一鼻，一嘴，一毛，但合起来，已几乎是或一形象的全体"。再加上那被他称为"画尾巴"的每本杂文集的后记，就使每本书里所画的形象，有了"更为完全的一个具象了"。（以上引文见《准风月谈·后记》，《鲁迅全集》第五卷，402-403页）这些"具象"就是被他揭露无余、刻画深邃的反动统治者、反动走狗文人的形象。我们如果把《夜颂》（《准风月谈》）等揭露反动统治和黑暗社会相的许多同类性质的文章合起来，就可以构成一幅反动统治下的黑暗社会的图画。鲁迅用深刻但是含蓄，甚至隐晦、曲折的笔调，撕碎了"黑暗的装饰"，揭开了"人肉酱缸上的金盖"，刮下了"鬼脸上的雪花膏"，使我们看见了"高墙后面，大厦中间、深闺里、黑狱里、客室里、秘密机关里"弥漫着的"惊人的真的大黑暗"（引文见《夜颂》，《鲁迅全集》第五卷，204页）。我们把《二丑艺术》《秋夜纪游》等文章合起来看，就会看见一个生动的走狗文人的"巴儿狗"形象：它"躲躲闪闪"，吠声很脆；它"有点上等人模样，也懂得琴棋书画，也来得行令猜谜，但依靠的是权门，凌辱的是百姓"。但时不时还要回过头来，"装起鬼脸"指责他的主子的缺点，说："你看这家伙，这回可要倒霉哩！"靠了这手法，来迷惑和麻醉人们。（以上引文见《二丑艺术》和《秋夜纪游》）

除了战斗的文字，鲁迅还写了许多杰出的文艺论文和总结自己的创作经验的文字。《答北斗杂志社问》《关于小说题材的通讯》《我怎样做起小说来》《门外文谈》《论旧形式的采用》《文艺的大众化》《连环画琐谈》《为连环画辩护》等，至今都还是我们极珍贵的文学教材。在这些文章及其他论文、杂文中，他论述了作家和革命群众的关系，作家的思想、情感的改造，文学的大众化、批判接受民族民间文学遗产等一系列问题，它们至今还以其革命精神和深刻论战教导着我们。

在这最后十年中，鲁迅除了领导革命文学运动，指导青年作家和翻译作品之外，在创作方面全部是杂文。作为一个作家，他也曾有创作鸿篇巨制的愿望和计划。他早年计划创作一部描写唐朝文明的长篇历史小说，在上海时期更决定要写一部小说，表现我国四代知识分子（这四代是：章太炎一代、鲁迅自己这一代、瞿秋白同志这一代和秋白同志的后一代）。可是繁忙的战斗生活，使他不能停笔、不能不写杂文，使他不能"从容地把他的思想和情感熔铸在创作里去，表现在具体的形象和典型里"（瞿秋白语）。他是自觉地服从战斗的要求的。他几次这样说："……现在是多么迫切的时候，作者的任务，是在对于有害的事物，立刻给以反击和抗争，是感应的神经，是攻守的手足。潜心于他的鸿篇巨制，为未来的文化着想，固然是很好的，但现在抗争，却也正是为现在和未来的战斗的作者，因为失掉了现在，也就没有了未来。"（《且介亭杂文·序言》）

但是，他的伟大的艺术天才，却都熔铸在杂文里了。他这时期的杂文，较之前期，在思想性和艺术性上都有了极大的发展，如艺术上，如果说，在他前期的杂文里，由于他思想上的限制，他曾经"怕我未熟的果实偏偏毒死了偏爱我的果实的人，而憎恨我的东西如所谓正人君子也者偏偏都矍铄，所以我说话常不免含糊，中止"，"作文时常更谨慎、更踌躇，……顾忌并不少。"（《写在〈坟〉后面》，《鲁迅全集》第一卷，300页）

然而现在他却扫去了顾忌，勇猛地战斗和直白地写出他的明确的思想、战斗的感情和谆谆的教诲，抒发他的悲愤，喷发他的谴责，呼号勇敢的战斗。革命的作家被逮捕甚至被杀害，他自己也几次举家出逃，离家隐居客舍以避害。在"左联"五位革命作家被国民党反动派残酷地秘密杀害之后，为了悼念牺牲的战友和学生，为了千百万被屠杀的革命群众，他以悲愤的心情，写下了这样的诗句：

> 惯于长夜过春时，挈妇将雏鬓有丝。
> 梦里依稀慈母泪，城头变幻大王旗。
> 忍看朋辈成新鬼，怒向刀丛觅小诗。
> 吟罢低眉无写处，月光如水照缁衣。

为了纪念牺牲的同志，抗议反动政府的暴行，号召更坚实的战斗，鲁迅还陆续写了《中国无产阶级革命文学和前驱的血》《黑暗中国的文艺界的现状》两文。他遏制不住心头的愤怒，指出国民党反动政府"现在来抵制左翼文艺的，只有诬蔑、压迫、囚禁和杀戮；来和左翼作家对立的，也只有流氓、侦探、走狗、刽子手了"。他号召左翼作家们"要牢记中国无产阶级革命文学的历史的第一页，是同志的鲜血所记录，永远在显示敌人的卑劣的凶暴和启示我们的不断的斗争"。

这时期的辉煌战斗，都记录在《二心集》中的杂文里。鲁迅把收集这些文字的杂文集取名为《二心集》的用意是很深的：他已经对自己所出身的阶级"有了二心"，叛变了本阶级。然而，他岂止是对本阶级有二心、叛变了本阶级，他已经是一个坚定的无产阶级战士了。

"进行不计其数的大小战没，打击不计其数的敌人"

1931年九一八事变以后，民族灾难日益深重，但是国民党反动政府却一意打内战，嚷嚷"攘外必先安内"，对外实行不抵抗主义。鲁迅以他的杂文，不断地揭露、抨击国民党反动政府的卖国的不抵抗主义。同时，也继续和反动政府的黑暗统治及他们对革命文化的统治和扼杀作不屈的斗争；揭露社会形形色色、"巴儿狗"们的凶恶嘴脸……他这时期的杂文所涉及的方面之广，几乎无所不包，"从革命的根本问题一直到儿童玩具问题。在这里进行了不计其数的大小战役，打击了不计其数的敌人，从帝国主义者、军阀、国民党反动派、复古主义者、帮凶的反动文人，一直到'革命小贩'，包括着一切'现在'和'将来'的'屠杀者'，一切'死的说教者'。鲁迅的注意面这样广，战绩伸得这样长，为的是要证明和打通中国人民的一条'生命的路'；明白的说，就是当时人民正在进行的彻底的民主革命和所要进行的社会主义革命。"（冯雪峰《鲁迅的文学道路》，载《冯雪峰论文集》，428 页）不过，环境越来越恶劣，他的文章几乎无处发表，他自己也时时遭到迫害。因此他不得不用了许许多多化名，写成隐晦、曲折的文字，拿去发表。像《花边文学》《准风月谈》中的杂文，虽然说得尽量含蓄、隐晦，也需要常常换了名字，请别人抄写以后，才得到发表的机会。他的杂文集的名字，就足以反映当时的情况：《伪自由书》中的杂文，都是在《申报》副刊《自由谈》上发表的，但是这都是不能自由而谈的"自由谈"，所以他取名为《伪自由书》；《准风月谈》是在国民党文禁极严、只准许谈风月的情况下写的，但是题材限制不了战斗的作者，谈风月也能为了战斗，完成战斗的目的和任务；于是他将其命名为《准风月谈》。

那么，现在，当他已经是一个共产主义者的时候，掌握了马克思主义思想武器，有了更加丰富的战斗经验，他在杂文里的思想就更正确了，信心更坚定了，战斗起来也就更加没有踌躇，无所顾忌，因而更加英勇、猛烈而正确了。而他的杂文所接触、涉及的方面也更加广阔，思想也更加深厚了。这也就不能不使他的杂文在艺术上的成就向更高的阶段发展。这最后的十年，是他战斗的一生中最辉煌的时期，是作为文学家的鲁迅发展到高峰的时期。

在这最后的十年中，他还做了许多培养新生力量、扶植后辈的工作。他有很大一部分时间是为青年看稿子，写回信；他先后创办或和战友合编了许多革命文艺杂志《奔流》《译文》《萌芽月刊》《十字街头》等。他介绍、出钱帮助文学青年出版创作和翻译作品，为他们跑书店、校对、写序言。他还提倡新兴木刻，办木刻训练班，请日本木刻家讲

课，自己去当翻译；为他们筹备展览会，选择作品编辑出版；自己出钱出版关于苏联木刻的书籍，供青年们学习、借鉴。我国著名的木刻家如李桦、野夫、罗清桢、张望等，都受过鲁迅的教诲。

鲁迅不仅是以他的不朽的文学作品，而且以他的那种不遗余力地倡导革命的文艺运动、扶持文学后辈的伟大精神，成为我国最伟大的文学家和文学导师。

一盏智慧之灯熄灭了

鲁迅在逝世前的几年，身体一直很坏。严重的肺病折磨着他，而紧张的战斗和繁忙的工作又使他不能很好地休息。许多同志和朋友，曾经几次劝说他转地或者出国休养，有一次甚至具体事宜都筹划好了。一次鲁迅在病中，住在医院里的宋庆龄先生闻讯就扶病亲笔写信给他，劝他赶快休养。但是他都谢绝了，他不愿离开多难的祖国，不愿退出战斗的岗位，哪怕是暂时的。他总是说："现在正是需要人手的时候，我不能走。""与其不工作而多活几年，倒不如赶快工作少活几年的好。"

他只要还能坚持，就提笔作文，像伏在战壕里的战士一样，不停息地发出致敌于死命的枪弹。在逝世前不久，他写了《这也是生活》《死》《女吊》等名文；《死》竟成了他的真正的遗嘱。在病体衰弱中，他还最后完成了《死魂灵》译稿（不过他没有看到它的出版），给曹靖华译的《苏联作家七人集》写了序言；《因太炎先生想起的二三事》是在逝世前两日动手写的，他终于没有完成这篇遗稿。他真正是坚持在战斗的岗位上，一直到心脏停止了跳动，再也不能握笔为文的时候为止。

1936年10月19日5时20分，鲁迅先生停止了呼吸，结束了他伟大的战斗一生。"一盏怎样明亮的智慧之灯熄灭了！一颗怎样伟大的心停止跳动了！"

鲁迅逝世的第二天，党中央就发来了吊唁电，并且致电国民党政府，要求国葬鲁迅先生。这是完全应该的，但是国民党反动政府当然不愿也不敢这样做，他们不但拒绝了这个要求，而且派军警监视鲁迅丧事的进行。

但是，人们愿以最崇高的葬礼来安葬自己的战士和民族英雄。成千上万的各阶层群众，自动地参加丧仪和葬礼，实际上形成了一次示威运动。当和鲁迅先生做最后告别的时候，送葬的人们唱着"顾你安息在土地里"的哀歌，把写着"民族魂"三字的旗子盖在他的遗体上。

鲁迅辉煌的一生，是为中华民族、为中国人民、为人民革命事业战斗不息的一生。就像他自己说的，他在这战斗的路上，"将血一滴一滴地滴过去"，贯穿着"横眉冷对千夫指，俯首甘为孺子牛"的伟大精神。

鲁迅从唯心主义走到唯物主义，从进化论走到阶级论，从个性主义走到集体主义，从激进的民主主义走到共产主义，是经历了一段艰苦、曲折的发展历程的。在这漫长的征途上，他靠了什么，得以一步一步地前进，渡过险滩和峡谷，越过沟渠和陷阱，绕过暗礁，披荆斩棘；而没有半途而废，没有高升、退隐、倒退，像他在辛亥革命、五四运动等阶段的某些战友一样？这就是因为他从首途出征的时候起，就真正是一个伟大的"为民请命"者，没有一刻和中国革命脱离过，而永远是"血淋淋地结合着"（冯雪峰语）；他能够一步一步地从个性主义、怀疑群众的力量走到集体主义和相信群众力量、与群众紧密结合；能够一步一步地从唯心论、进化论走到唯物论、阶级论。他的伟大的一生，是一个爱国知识分子和革命结合、和群众结合、和马克思主义结合的过程。他以他的伟大的一生，以他的不断前进的行程中的矛盾、痛苦、失望、动摇，更以他最后的胜利，证明着知识分子只有和中国革命结合、和工农群众结合、和马克思主义结合，才能不断前进，才能摆脱一切因袭的重担，斩断和过去的一切瓜葛，最后成为共产主义者。

鲁迅所走的道路，是中国革命知识分子必然要走的道路，他是中国革命知识分子改造思想的伟大的典范。

（《辽宁日报》1956年10月5—24日连载）

永生的战士

编者按：

雷锋同志的模范事迹，本报（《辽宁日报》——著者注）曾于1960年12月13日发表《红色战士雷锋》一文加以介绍，在青年中产生了良好的影响。不幸的是，雷锋同志不久前因公牺牲。今天，我们发表这篇文章，着重介绍雷锋同志如何在党的教育下，不断提高阶级觉悟，成长为一个自觉的无产阶级革命战士，一方面是为了悼念烈士，另一方面是为了使大家能够更好地向他学习，从他的成长过程和事迹中得到启示。

雷锋，我们曾经称颂他是"红色的战士""毛主席的好战士"，他因公牺牲了。他仅仅活了22年。多么短促的一生啊！对于一个值得我们学习的典范的英年夭折，我们的哀痛是深沉的。

但最好的悼念，是向烈士学习，像他一样去生活和学习，工作和斗争。

让我们翻开雷锋的成长史，看他怎样一页页写下鲜红的历史，是什么行动铸成一个自觉的无产阶级革命战士的精神品德。

血泪九年

雷锋在血泪中生活了九年。从他有记忆的时候起，他就深深感受到双亲的忧伤和痛楚。而当他还是个6岁的孩子时，便遭到了丧父、失母、哥哥惨死、弟弟夭折的大不幸。亲人的相继死去，本是人世的惨痛。更何况，他们都死得多么凄惨啊！

雷锋永远不能忘记一九四六年农历七月十五的晚上，这个"鬼节"之夜！那天晚上，夜已经深了，路边道旁烧的纸钱堆早已熄灭，晚风吹来，飘起一片片灰烬。6岁的雷锋在外面玩得高兴，回来晚了。他蹑手蹑脚，走进那间破房间，只见母亲披头散发，泪痕满面。多奇怪呀，很少哭泣的刚强的妈妈，今夜哭成这样！今夜是人家都敬拜亲人的亡灵的日子，母亲是想起了死去的爸爸、哥哥和小弟弟吧？小雷锋扑到母亲怀里：

"妈妈!"

妈妈一把搂住他，啜泣着说：

"苦命的孩子，你还这么小。要是没了妈妈，你可怎么活呀？"

小雷锋完全不懂母亲为什么要说这种话。

"妈妈，你不要哭!……"

母亲把孩子搂得更紧。但她收住了泪，把披散的头发往后一撩，咬咬牙说：

"孩子，去，到外头去讨些供果，我们也敬敬你死去的爸爸。"

小雷锋脱开妈妈的怀抱，拎起小篮子就往外跑。但母亲忽然又一把拉住他，用他从来没有见过的眼神看着他，从头看到脚。她长叹了一声，说：

"孩子，小手小脸这么脏。来，妈妈再给你洗一回!"

妈妈打来一盆清水，替他把手和脸洗得干干净净。然后，把他拉到身边，抚摸着他，问道：

"孩子，苦命的孩子，你记得你的亲人都是怎么死的?"

雷锋点头答应："嗯!"

是的，他记得，记得爸爸是为了抗日，被日本鬼子抓去活埋了；哥哥是在资本家的工厂里，被机器轧断了胳膊，被赶回家来，无钱医治，活活疼死了。那时，哥哥才12岁。弟弟是跟着妈妈东讨西乞，风里雨里，饥寒交迫，被折磨死的。他没有见过爸爸惨死的情景，但他亲尝了爸爸死后的悲惨生活。他亲见过哥哥、弟弟凄惨的死！他忘不了这一切！母亲一提起，这些往事便都袭上他幼小的心灵。他倒在母亲的怀里，哇哇痛哭。母亲也忍不住哭起来。母子二人就这样抱头痛哭一场。但母亲终于又收住泪，推开小雷锋，说：

"孩子，快去讨供果，妈等你。"

雷锋擦了擦眼泪，离开了母亲。但母亲又喊住了他，把自己身上的衣服脱下来，穿在孩子身上，说：

"去吧，孩子，愿菩萨保佑你自长成人！"

"妈妈？"孩子迷惑地望着妈妈。

"去吧，可怜的孩子，长大了，可别忘了今天！"

母亲抽搐着，推开孩子，捂住了脸，背过身去。

雷锋拎起篮子，奔了出去。

雷锋讨了供果，高兴地赶回来。他推开房门，看见妈妈的两只脚是悬空的！他扔了篮子，扑上前去，抱住了妈妈的两腿：

"妈妈，妈妈！"

但妈妈听不见儿子的呼唤，妈妈再不能答应她的儿子的呼唤。

这可怜而刚强的女人，她遭受了多少苦难啊！丈夫惨遭杀害，她挺住了，没有失去生活的勇气，带着三个孩子过下来了；当大儿子疼死在自己的怀里时，她痛不欲生，但看着两个无依无靠的孩子，她挣扎过来了；幼儿的夭折，使她肝肠寸断，但她咬着牙带着小雷锋进了地主谭老三的门，当个女佣人，以为找到一个暂时安身立命之地，好把小雷锋抚养大。但是，世上地主有多狠毒啊！她竟被奸污了。她不能忍受这样的凌辱。这个可怕的打击，终究使她最后失去了生活的勇气。

雷锋正在哀哭，谭老三进来了。他嚎叫着："滚开，再哭，宰了你！"又张口咒骂："这个短命的女人，阎王爷也看上她了。大过节的，死在我家里，丧气！"

他叫人把雷锋母亲的尸体扔进了村边的水塘。

从此，雷锋便无依无靠，孤苦伶仃。一个6岁的孩子，就给地主放猪了。他住在猪圈旁边的小窝棚里，地上铺些稻草当被褥，吃的是破砂锅煮的猪食似的烂米。他放的猪一天天肥了，放猪的他却一天天瘦下去，小脸憔悴了。他所遭受的不幸和剥削，在他幼小的心里播下了仇恨的种子。

有一次，他揍了地主的儿子。谭老三指使黄狗去拱翻了他的砂锅，还要咬他，他挥起鞭子打了逞凶的狗。谭老三认为"打狗欺主"，把雷锋抓来，在他手上连砍了三刀。雷锋忍住疼痛，没有流一滴眼泪。他带着愤恨和复仇的心，离开了谭老三家。

一个7岁的孩子，走投无路，只好流浪在湘江江畔。他在山村里露宿，有时住在破庙里，用树皮树叶做衣服。夏天，他被虫蚁蚊子咬得遍体是伤。在这样的时候，再想起爸爸的死，妈妈的死，哥哥、弟弟的死，想起此仇未报、此恨未雪，小小的雷锋，牙都咬断了，心都绞碎了。

他就过着这样的生活，带着无限的凄苦，和那颗复仇的心。

新生

当他将要跨进生命史上的第十个年头时，他才结束了这一切，走进一片新的天地，一个新的世界。

1949 年 8 月，湖南望城县解放了。这时，雷锋已经被折磨得骨瘦如柴、满身疥疮、濒于死亡了。

"可怜的孩子，你成了这个样子！"跟雷锋父亲生前一起搞过抗日活动、后来一直做地下工作的彭德茂，现在是安庆乡的乡长，见到雷锋，吃惊地说。他把雷锋送进了县人民医院。在人民医院，雷锋有生以来头一次得到治疗和医生、护士的关心照顾。他睁着一双泪汪汪的眼睛，彻夜难眠。他简直不相信，"真的有这样的好人吗？"

生活肯定地回答了他。是的，生活变了，他面前的人也都不同。医生、护士、彭大叔，都像自己的亲人一样。这比他在山林古刹中做的最甜美的梦还甜美啊！

启蒙

彭德茂同志常来看他，给他带来吃的东西。这次，他带来一些橘子，亲手剥了皮，送到雷锋手里。在孤苦伶仃、没有爱抚中活过来的雷锋，被感动得不知所措。他爬起来，一头扑倒在彭德茂怀里，呜呜地哭起来。

"孩子，不要哭，苦日子过去了，天下是我们的了！"彭德茂扶起雷锋的头，用那慈祥的、带笑的眼睛看着他。雷锋也用感激的目光看他，但雷锋却不明白彭大叔所说的话的全部含义，他的眼里含着疑惑。彭德茂于是给他讲革命道理：共产党、毛主席、解放军，千辛万苦，艰苦奋斗，为人民打下了天下。

这是雷锋接受革命教育的第一课，革命思想、革命感情的种子，第一次在他饱受忧患的幼小心灵中播下了。他这颗受尽旧社会苦难折磨的心田，是一片最适于革命思想感情滋生的沃土，这初播的种子，立刻深深地扎下了根。就从这一天起，从彭德茂同志所进行革命教育的第一课起，雷锋在自己的生活道路上，不断地遇到彭德茂同志这样的党的工作者，给他教育，给他影响；党的教育和影响，也通过各种途径、从各个方面对雷锋起到作用；而雷锋，就像婴儿吸吮母亲的乳汁一样，不断地、认真地吸收这一切教育，并且使之成为自己的思想营养。而且，这些思想营养又是一种酵母，使埋积在雷锋心中的血泪仇发酵滋长，成为对剥削阶级、对旧社会的刻骨仇恨，和对党、对新社会、对无产阶级的无限热爱。他的阶级觉悟就是这样逐步提高的，他的鲜红的历史就是这样写成的。

那时，雷锋还正在接受革命启蒙教育。

雷锋病好出院，正是春节。他的生命的春天也来到了。彭德茂同志亲自接他出院，把他带回家里，给他换上新衣、新鞋，买了爆竹、扎了灯笼，给了他压岁钱，一切都像对自己的亲生儿子一样。雷锋无限感激，他跪在彭德茂同志跟前，诚心诚意地叩头：

"彭大叔，你是我的救命恩人！"

彭德茂扶起他来：

"孩子，我们的救命恩人是毛主席，是共产党，是解放军。要不是毛主席领导穷人闹翻身，你这个苦命孩子可就完喽！"

雷锋含泪望着毛主席像，他永远忘不了彭大叔的话。

在吃年夜饭的时候，雷锋看到围坐的亲人，看到满桌的佳肴，忽然想起死去的爹妈兄弟，猪棚旁的破砂锅，砂锅里的剩饭剩菜，……往事一起涌上心头。眼泪一滴滴，滴在饭碗里。彭德茂懂得他的心情，劝慰他：

"孩子，莫哭，苦年月过去了！"

"彭大叔，姓谭的还敢害人吗？"

"谭老三别想再害人了，他的天下垮了。你该替父母兄弟报仇了！"

斗争

雷锋手拿红缨枪走上了阶级斗争的前线：在土地改革的斗争中，他是乡儿童团的团长，一名少年先锋。他站在斗争大会的高台上，用他那有三处刀痕的小手，揪住谭老三的脖领子，进行着血泪控诉。

在反封建的斗争中，雷锋受到阶级斗争的洗礼，他开始朦胧地意识到一己的血泪仇，是阶级对阶级的仇恨。

傍晚，当夕阳西下的时候，雷锋手持红缨枪站在桥头放哨，望着西方的晚霞，望着闪动着霞光的西山顶峰，望着染红了的湘江流水，10岁少年的心头，充满兴奋、欢乐和希望，一种朦胧但是强烈的斗争意识冲击着他。正在这时候，他看见远远走来一支解放军队伍。一个念头，立刻在他心里产生。

雷锋跑到连长面前："我要当兵，带我走吧！"

"你为什么要当兵？"

"我要报仇！"

"你的仇我们大家替你报。"连长说，"你还小，等长大了，建设咱们的新中国吧！"

建设新中国！多么新鲜的、动人的话语啊！这话给雷锋留下了深刻的印象。

放下红缨枪，雷锋背上书包走进了学校。一个孤儿，受到党和国家的培养，免费读书。很快他就成为少先队员。他用他的全部真情唱着："继承着我们的父兄，不怕艰难，不怕担子重，为了新中国的建设而奋斗，学习伟大的领袖毛泽东。"

熏陶

1955年夏天，雷锋就要读完初中了。但在农业合作化高潮中，他无法在课堂里坐下去。他回到家乡劳动，兼当记工员，当会计。

不久，他被调到县委当警卫员。他日夜跟随县委第一书记张兴玉同志。这是他的第二个引路人和教导者。张兴玉同志工作很忙，但一有闲空，就给雷锋讲革命故事。他讲南昌起义，讲井冈山斗争，讲长征，讲

抗日战争。有一次，他讲到毛主席在湖南领导秋收起义，在起义战斗中有一个共产党员被捕了。敌人严刑拷打，但他宁死不屈。

"我也要做这样的人！"雷锋感动不已地说。

"这很好，"张书记抚摸着他的头，"要做一个光荣的共产党员。一个人一生有三件光荣的事：入队、入团、入党！你已经是个少先队员了，还要争取入团、入党！"

"我一定争取入团、入党！"

他跟张书记形影不离。这天，他跟张书记一起去开会。走着，走着，雷锋看见路上有一颗螺丝钉，他上前一脚踢开了。张书记回过头来看见了，却马上走上前去，捡了起来。过几天，雷锋到农业机械厂去送信，张书记掏出螺丝钉，交给他带去。并说："咱们国家底子薄，要搞建设，就得艰苦奋斗。一颗螺丝钉，别看东西小，缺了它不行。而且，滴水积成河，粒米堆成摞呀！"

雷锋瞪大眼睛，望着张兴玉同志，心里在说："向你学习，跟你革命！"

夜已经深了。张书记在写文件。雷锋像往常一样坐在他的旁边学习。夜渐渐深了，雷锋瞌睡起来。"你去睡吧！"张书记催他。他不肯走。过了一会儿，张书记又催他，他固执地坐在那里不走。但是，12点过后，他就不觉伏在桌上，朦胧入睡了。张书记抬头见他已经入睡，便站起来脱下大衣，轻手轻脚地给他披上，把袖子掖好，这才坐下继续工作。雷锋一觉醒来，天已蒙蒙亮。他揉揉眼睛，张书记还在聚精会神地工作，他的大衣不见了，却已披在自己的身上。看着大衣，看着自己手上的三块刀痕，苦和甜、恨和爱一起涌上心头，眼泪扑簌簌滴下来。张书记放下笔，吃惊地看了看雷锋，但他立刻明白了。他捧起雷锋的脸，替他擦去眼泪，慈爱地问道：

"又想起了过去是不是？"

"嗯！"

张书记站了起来，沉思片刻，他抚摸着雷锋的头发：

"常常想着过去，不忘过去，这很重要。一个革命者的过去，有着强大的力量，它能推动你更好地革命。"

雷锋睁着眼，盯着他，像要把每一个字都吞下去。

张书记指着他手上的刀痕，接着说："你过去的苦，是整个民族、整个阶级的苦。你现在过的幸福生活，是共产党、毛主席给的，也是无数革命先烈流血牺牲换来的。你还年轻，要好好学习，今后要做的还很多很多……"

这些话像一把火，照亮了雷锋的眼睛：看清了过去，看清了现在，也看清了将来。离开张书记，他便在自己的日记本上奋笔疾书：

> 张书记的话句句都是金子，他说得太对了。要不是毛主席领导中国革命，推倒"三座大山"，怎么会有今天的幸福生活！革命原来就是这个意思：要把一切旧的坏的全部铲除掉，换上好的和新的。对敌人如此，对自然界的困难如此，对自己思想上的一些不健康的东西，也该如此！

这是一个17岁的孩子以纯真的心，写下的朴实的话语。这里闪烁着可贵的革命精神。他成长得多么快啊。不久他就参加了共青团。

这时，县委在团山湖开办农场。雷锋立刻报名参加建设，并且把自己节省下来的钱，全部捐献给农场买拖拉机。

几年前那个不知名的连长播下的火种，现在迸出了火花。雷锋到了农场，成为一名拖拉机手。驾着"铁牛"，他驰骋在田野上，心里充满建设祖国的热情。他以自己的忘我劳动，突出的成绩，成为建设社会主义的积极分子。

雷锋，就这样逐渐成长起来了。

苦学

1958年，在"大跃进"中，雷锋告别了故乡来到东北，在鞍钢当了一名推土机手。就在这时候，他开始如饥似渴地学习毛泽东同志的著作。他对人说："我深深感到，要干好革命，就得好好学习毛主席著作。你想想，毛主席思想是指导中国革命的法宝，不掌握这个法宝，怎么能干好革命呢？"雷锋是为了革命，为一种献身革命的激情所促使来学习毛泽东著作的。

夜已经深了，但雷锋还没有完成今天的学习计划——读完《毛泽东选集》中的一篇文章。他不能睡，坚持读下去；但是，紧张劳动了一天，疲乏用无形的手扯他的眼皮，他站起来用凉水浇头。

又是一天深夜，为了战胜疲劳、驱走睡眠，他找来一根细绳，把头发吊在床沿上，头一低垂，就扯动了头发，使他精神抖擞起来，认真阅读下去。

来到弓长岭，在建厂阶段，条件差，一灯如豆，寒冷侵袭工棚，但他仍然坚持学习。夜太深了，为了不影响别人休息，他打着电筒在被窝里读书。

1960年1月，雷锋入伍后仍然坚持不懈地学习毛主席著作。平日，他坚持读毛主席著作，星期天、假日他也拿出一定时间来学习。在担任烧水任务时，他一边烧水，一边读毛主席著作。他坚持学习完了四卷《毛泽东选集》，其中有许多文章他一读再读过。在书上，他画上了一道道红线、蓝线，写下了密密麻麻的心得。

从毛主席著作中，他获得了无限的力量，他几次写下自己深切的体会：

> 毛主席著作学得越多学得越深，思想越开朗，胸怀越广阔，立场越坚定，理想越远大！
>
> 我深深有个体会，毛主席著作对我来说好比粮食和武器，好比汽车上的方向盘。人不吃饭不行，打仗没有武器不行，开车没有方向盘不行，干革命不学毛主席著作不行！

雷锋还从各个方面来学习，来吸吮思想品德的营养。他看电影《董存瑞》，看介绍黄继光、安业民、向秀丽的书籍。他不是平平常常地看，而是用他的心去看，用他的思想去吸吮，他感动，激动，决心向他们学习。看过影片《董存瑞》，他激动地在日记里写下自己学习董存瑞的决心，并且马上想到自己的职责："今天，我国的领土台湾还被美帝国主义和蒋介石霸占着，世界上还有三分之二的穷人没有得到解放，他们没有吃没有穿，受着压迫、剥削，我绝不能眼看着他们受欺凌，一定要将革命进行到底，解放所有受苦受难的人民。"看了《血泪仇》，他忆起自己过去的不幸和今天的幸福，深受感动，深夜不眠，在日记里写下这样一段："我们绝不能好了疮疤忘了痛，应该想想过去，看看现在，更高地举起毛泽东思想的红旗，发扬革命先烈们艰苦奋斗的优良传统，……"他在《黄继光》一书扉页上，真挚地写下了自己的誓言："现在我是普通一兵，对党和人民没做出什么贡献，但是我有决心，永远听党和毛主席的话，永远忠于党和人民，随时准备着献身祖国，必要时像黄继光一样献出自己的生命。"

雷锋可贵的地方就在：他学得了理论，就照着去做。学了《纪念白求恩》之后，他在日记里写道："……我也要尽自己最大的力量，做到毫不利己，专门利人。"他在行动上，的确这么做了，他有许多毫不利己、专门利人的令人感动的事迹。他听党的话，他艰苦朴素，他忘我地工作，他热爱新社会和社会主义建设，无论在哪儿，无论在任何一件事上，他都表现了自己的革命热情。这些，就正是他对自己所学得的革命道理的实践。他的确像黄继光、安业民他们那样，听党的话，忠于党。这就是雷锋：认识到的，决心要做的，就确实做到。

雷锋就是这样一个热爱学习、善于学习的战士。他在毛泽东思想的哺育下成长。正如他自己所说：

在我周身每个细胞中，都渗透着党和毛主席所给予的血液。

正是这种"血液"，使雷锋保持着、发扬了他的革命精神、革命品德。刘白羽同志在他的《平明小札》中有这样一段话："但我觉得最重要的，是你要经常使你的血液浓而且亮，而绝不能让它悄悄地变成一种掺了颜色冲出来的水。同志!那是不行的。一个人，可以衰老，可以病死，那是自然法则，人们并不畏惧，但人绝不能在肉体还活着时而灵魂却已经枯死。"（《人民文学》1962年第12期）

雷锋正是从各方面吸收党的教育，使自己的血液经常"浓而且亮"，因此也使自己的革命灵魂永不致枯死。

功业

我们要在这里写下雷锋的功业。是的，这里没有轰轰烈烈的场面，没有惊险的故事，也没有曲折的情节，这里都是些"日常的""普通的"事。但是在这些事情中，却体现了一个高尚的人的品德，一个无产阶级革命战士的灵魂。

雷锋是1960年1月入伍的。他在入伍第一天，便写下了这样的誓言："……我坚决发扬革命部队里的优良传统，向董存瑞、黄继光、安业民等英雄学习，头可断、血可流，在敌人面前绝不屈服，我一定要做

毛主席的好战士，我要把最可爱的青春，献给人类最壮丽的事业。"

他的确这样做了。

雷锋最听党的话。他总是最先最快地、充满热情地响应党的号召，奔向党所指向的地方。当农村合作化高潮来到时，他放下书包，奔向农村；在"大跃进"的年月，他走上了钢铁战线；1960年，又入伍当兵。他担负党所交给的每一件工作，都是出色地去完成。在团山湖农场开拖拉机，他是优秀拖拉机手，社会主义建设积极分子；在鞍钢开推土机，到弓长岭建化工厂，他出色地完成生产任务，精心爱护国家财产。有一天晚上，他在调度室阅读毛主席著作，看得入迷，一直到十一点多才回宿舍。走出门，发觉下雨了。只听一个同志焦急地说："我们工地上还有七千多袋水泥呢！"雷锋猛然想起："我是个共青团员，要爱护国家财产。"他立刻跑到工地，把衣服脱下，盖上水泥，又跑回宿舍，把自己的被子、褥子卷起，拿去把水泥盖上，并且发动了二十多个小伙子，组织了一个"抢救水泥突击队"。于是，大家用雨衣、苇席，盖的盖、抬的抬，一场紧张劳动，抢救了7200多袋水泥。

现在，他来到部队，又奋战在新的岗位上。

初入伍时，他的手榴弹掷远，达不到要求的标准。他日夜苦练，胳膊又红又肿，针扎似的痛，但他还是练，练，同志们睡了，他还是练。指导员为了鼓励他，帮助他战胜困难，找他谈话，给他找论述如何对待困难的文章读。他在日记里写道：

> 我要在困难中做光荣的革命战士，绝不做可耻的逃兵，我要做暴风雨中的松柏，绝不做温室中的弱苗。

他拿起手榴弹，走上冰雪盖地的操场，迎着北风，投来投去。为了增强臂力，他投一阵弹，又去练一阵单杠。当他在深夜躺进被窝时，浑身都疼痛起来。但他想起了解放前全身长疮时的疼痛，他想："那时是什么滋味呢？那又是为了什么呢？现在是锻炼保卫祖国的本领，疼点还不该忍受吗？"

他坚持不懈地练，终于达到了要求的标准。他的顽强，他的努力，得到了胜利。

他积极地参加连队里的各项活动：他是连队俱乐部的学习委员，他热心帮助大家学习毛主席著作，借书、送书给同志们，坚持不断地给大家读报、讲党的政策。开展文化学习，他又主动请求担任兼职文化教员，备课、批改作业，全都利用业余时间。他还是技术学习小组长。他有无限的精力，他不知疲倦，他热情不衰。

他的这股热情，还表现在许多方面。他出一次差如同志们所形容："雷锋出差一千里，好事做了一火车。"

他一上火车，像每次一样，立刻戴上了"列车代表"的袖章，替老人、妇女、小孩找座位，收拾行李，擦地板，忙得不可开交。等这一切忙完，他坐下来又打开了报纸，给左右的旅客读报。有谁问起什么问题，他立刻讲起了时事，宣传起党的政策。

到沈阳换车，他看见一个中年妇女在和检票员讲："我从山东老家来，到吉林去看望孩子爸，他有病了。我到这换车、吃饭，把车票丢了。"

雷锋站住了。等她说完，他急忙走了过去，诚恳地说："大嫂，跟我来!"

他把这个妇女领到售票口，把一个月的津贴全拿出来，替她买了票，塞到她的手里："拿去，快上车吧!"

"同志，你……"妇女感动得不知说什么好。

"快走吧，车要开了。"

"同志，你叫啥名？哪个队伍上的？我好给你写信!"

雷锋笑了笑："我叫解放军，住在中国……"他一阵风似的跑走了。

回来时，又在沈阳换车，过地道，他见一个老大娘背着背包，吃力地走着。他赶忙上前："大娘，我替你背。你老到哪儿？""到抚顺看儿子。""好，我正要到抚顺去。"他扶着老大娘上了车，替她找好了座位，立刻又从挎包里拿出一个面包给大娘吃。他一直把这个老大娘送到她的儿子家。

有一个星期天，他到医务所去看病，路过一个工地，那儿的劳动场面立刻吸引了他。他忘了看病，赶去帮助搬砖。他立刻以搬得多、搬得快引起了全工地的注意，在他的影响带动下，大家干得更起劲，工地广播站响起了"向解放军同志学习"的声音。最后，工地的人才知道他是个病号，非常感动，热情地敲锣打鼓，送他回部队。

春节假期，他在欢度佳节的时候，就不禁又想起自己的过去和现在。于是，他想到要给人民做一点事情。一大早，他就背上粪筐，到外面去捡粪。捡了一筐又一筐，足有一二百斤，他送到附近的公社："请

收下吧，支援人民公社的一片心意!"

在辽阳抗洪抢险时，他奋不顾身，虽然生病，他也不肯躺在床上，坚持要到"前线"去。他去了，与洪水顽强地搏斗，直到昏倒。

在许许多多细小的事情上，都表现了他的热情，他的那颗献身的心。他曾在日记里写道："……浑身是劲，总觉得这股劲，用也用不完。"这是一股发愤图强的劲，一股建设社会主义的劲，一股为党、为社会主义工作的劲，这劲充满他的全身心，随时随地流露出来。

雷锋牢牢地记住了党的艰苦朴素的教导。

发军装了，按照部队的规定一年发两套。领衣服时，他想起了幼年时在山村里披树叶的日子，想起了党的艰苦朴素的作风，于是，他只肯领一套，另一套交给公家。他说："一套就够穿，破了可以补一补。"

八月中秋，他领到几块慰问月饼。月饼到手，他一阵心酸，他走到自己心爱的汽车旁边，倚车沉思。他想起十几年前的七月十五，那个可怕的"鬼节"之夜!他仿佛看到披发的母亲，母亲悬空的一双脚，谭老三狰狞的面目……他一眨眼，把回忆赶开，抬起头，皎月当空。他一回到现实，就想起解放以来的甜美生活，想起这生活的来源。于是他急忙回到宿舍，提起笔来写信：

> 亲爱的阶级弟兄，为祖国社会主义建设负伤和有病的休养员同志，这四块月饼，是人民送给我的，它使我想起了过去的苦，体验了今天的甜，因此我很自然地想起了你们。请收下一个战士的心意吧!

他拿了月饼和慰问信，送给了在驻地附近的医院里的矿工们。

像这样的事情，在雷锋的生活中，是多得很的：他每月的津贴费除了留下几角钱作生活必需的费用外，其余的都储蓄起来，或者买书来充实他那个为同志们服务的小"图书馆"。

有的同志不理解他，说："你没家没业，何必这样熬苦自己?"雷锋说："我还熬苦自己？今天有吃有穿，比过去的孤儿生活，真是好得上天了!"

他自奉这样朴素、艰苦，但对集体、对别人却十分大方，表现出他那毫不利己、专门利人的崇高风格。

当连队驻地成立人民公社时，他立刻想到自己过去的苦，今天的甜，想到人民公社是人民的幸福之路，想到自己应该如何为人民公社的发展出一点力，于是他打开了包裹，拿出了存折。他到银行，领出了克勤克俭节约下来的200元。他来到人民公社，对公社的负责同志说："我早就盼望这一天了。这是我的一点心意，请收下吧!"

公社的同志说："我们收下你热爱公社的一片心意，钱我们不能收下。你留着自己用，或者寄给家里。"

"寄给家里? 人民公社就是我的家。党和人民给了我一切，我要把一切献给人民，献给党。这钱是党给我的，现在让它为人民事业发挥一点作用吧!"

他一直说得热泪涟涟。公社同志为他的真情所动，只好收下了一半。

当他听到辽阳遭到严重水灾，灾民生活困苦时，他又立刻取出100元存款，寄给灾民们。

1962年的4月，一场大雪过后，天气寒冷。雷锋吃过早饭到团部去开会，路上遇见一个十来岁的小孩。孩子衣服单薄，在寒风中颤抖。"我看了心里过不去，"雷锋在日记里写道，"心想，毛主席不是说过吗，'关心他人比关心自己为重。'主席的教导像股暖流，立刻传遍了我的全身。我立即脱下自己的棉裤，送给了他。这时我心里真有说不出的高兴。此人叫邱玉谦。"

听说一个同志家里因父亲生病，急用钱，他立刻用这个同志的名义，悄悄给他家寄去10元钱。为了帮助同志学习，他送钢笔，送书。他自己用的脸盆、漱口杯破得满是露出黑铁皮的地方，他的袜子补了又补，补得连本相已不可见了，他……

他就是这样毫不利己，专门利人。

入党

1960年11月8日，即入伍不到一年，雷锋加入了中国共产党。

在不到一年的时间里，他在原有的思想基础上，接受党的教育，革命军队的培养、熏陶，阶级觉悟日渐提高了。我们已经看到，那些不断出现的感人的行动，表现了他的思想上的成长。一个旧社会孤苦伶仃的孤儿，终于成为一个自觉的无产阶级战士。

他在入党这一天的日记上写道：

今天是我永远不能忘记的日子，我光荣地加入了伟大的中国共产党。我激动的心，一时一刻也没有平静下来。伟大的党呵！英明的毛主席！有了您，才有了我新的生命。我在九死一生的火坑中挣扎，盼望着光明时刻的到来。是您，把我拯救出来，给我吃的穿的，送我读书，培育我戴上了红领巾，加入了光荣的共青团，参加到祖国的工业建设岗位，又走上了保卫祖国的战斗岗位……是您，使我从一个放猪出身的穷孩子，成长为一个有一定政治觉悟的共产党员。我的一切，都是属于党的。我要永远听党的话，在您的领导下尽忠效力，永做祖国人民的忠实儿子。我要全心全意地为人民服务，永远做人民群众的忠实的勤务员，为了党的事业，为了全人类的自由、解放、幸福，就是入火海上刀山，我也心甘情愿！就是粉身碎骨，也是赤胆忠心，永远不变！

这是他为自己的历史的新的一章所写的由衷之言，这是他对自己前一段历程的总结，对未来的途程的瞻望，为自己今后的行动向党所发的誓言。

向前进

向前进，向前进，雷锋永远是向前进。入党，这是雷锋的红色历程的一个阶段的总结；也是一个新的阶段的起点。从这个起点出发，他在党的关怀和教育下，更向前进。永远听党的话，永远在党的教导下，向前进，这就是雷锋。他的日记，记录了他的刻苦的思想历程。在1962年3月4日，他在日记中写道：

我愿做高山岩石之松，不做湖岸河旁之柳。我愿在暴风雨中——艰苦的斗争中锻炼自己，不愿在平平静静的日子里度过自己的一生。

这里，有一个无产阶级战士的崇高理想、坚贞品德和开阔的襟怀！在1962年3月9日，他记录下这样的思想体会：

我懂得，一个人只要听党和毛主席的话，积极工作，就能为党做很多事情，但，一个人的力量毕竟是有限的，走不远、飞不高，好比一条小渠，如果不汇入江河，永远也不能汹涌澎湃、一泻千里。

集体主义思想，在他心里扎根。

同年3月18日，他写道：

> 过去，我是个孤苦伶丁的穷光蛋，现在，我是个国家的主人，我深深懂得，只有革命才有自己的前途。

正如他的一位领导所说："雷锋同志从他的阶级本性出发，最懂得为什么要革命。"

同年，4月17日日记：

> ……我愿做一个螺丝钉，螺丝钉虽小，其作用是不可估计的。我愿永远做一个螺丝钉。螺丝钉要经常保养和清洗，才不会生锈。人的思想也是这样，要经常检查才不会出毛病。
>
> 我要不断地加强学习，提高自己的思想觉悟，坚决听党和毛主席的话，经常开展批评与自我批评，随时清除思想上的毛病，在伟大的革命事业中，做一个永不生锈的螺丝钉。

"做一个永不生锈的螺丝钉！"这是一个党的好儿女、无产阶级的忠贞战士的誓言。

1962年8月6日，即雷锋同志牺牲前九天，他写下了这样的话：

> 我今天听一位同志对另一位同志说："人活着就是为了吃饭……"我觉得这种说法不对。我们吃饭是为了活着，可活着不是为了吃饭。我活着是为了全心全意为人民服务，是为了人类的解放事业——共产主义而斗争。

他以共产主义人生观批驳了一种个人主义的庸碌的生活态度。他活着是为了全心全意为人民服务，他活着是为了共产主义事业，他是一名人民解放军的战士，他的职务是一个运输连队的班长，但是，他的心目中有着整个的共产主义事业，他的眼光射向全人类的解放。雷锋啊雷锋，你，一个孤儿出身的人，已经成长到怎样的高度了啊！

谦逊

但，雷锋一直保持着谦逊的美德。从1960年入伍后不几个月，雷锋的事迹就先后在报纸上被报道了，他为千万人所知道和热爱。他受过许多次奖励、得过许多次模范称号。在农业战线上，他是社会主义建设积极分子；在水利战线上是"治涝模范"；到了工厂，3次被评为先进生产者，18次被评为标兵，5次被评为红旗手；入伍以后，又荣立二等功一次、三等功两次，被评为"五好"战士、节约标兵，沈阳部队工程兵党委授予他"模范共青团员"称号，被选为抚顺市人民代表。他获得这样多的荣誉，但他从不流露一点骄傲，却总是那样谦逊。他依然好学如旧，他作为一个班长，上级说："他是最好领导的班长。"战士们跟他亲亲热热。作为一个市人民代表，在参加人代会时，他住的房间总是自己打扫，吃过饭他就去收拾碗筷，到厨房帮助炊事员干活。他是在自觉的基础上这样做的。他曾在日记中写道：

一滴水只有放进大海里才能永远不干，一个人只有当他把自己和集体事业融合一起才有力量，力量从团结来，智慧从劳动来，行动从思想来，荣誉从集体来，我要戒骄戒躁，不断前进！

一直到他牺牲前五天，他还警示自己，要严格要求自己，要谦虚：

今天我认真学习了一段毛主席著作，其中有两句话对我教育最深。毛主席教导我们说：虚心使人进步，骄傲使人落后。这是千真万确的真理。过去，我在一切言论和行动中按照毛主席的教导做了，因此我进步了。今后坚决要求自己更好地做到这一点，永远做群众的小学生，做人民的勤务员！

永生

雷锋是我们的榜样。是的，他没有惊天地泣鬼神的伟业，没有轰轰烈烈的功勋，有的是一件件平凡的事情。但是，在这些平凡中，正显出了他的不平凡。正是这些平凡的事情，彰显了他那高尚的革命精神。他不愧为马克思列宁主义、毛泽东思想所哺育，党的教导所培养而成长起来的一个自觉的无产阶级战士。他的进步的历程，他的许多平凡然而难能可贵的种种作为，都值得我们学习。

雷锋活在人们的心里。雷锋永生。

（《辽宁日报》1963年1月8日）

工人阶级的好儿子许如意

【前记：关于《工人阶级的好儿子许如意》的发表与出版的说明】

1965年11月10日，在沈阳苏家屯区，三个孩子跌入冰窟窿。附近某公司工人许如意跳入水中救出孩子后，自己献出了生命。当晚，辽宁日报派出两名记者紧急采访，后编辑部领导又于夜间令我参加。我即随同两名前期采访的记者，一同到现场观察环境、采访许如意所属党支部领导和他的同事与家属。深夜，赶回编辑部赶写新闻。清晨时发稿，赶上第二天头版头条见报，同时配发了社论。因为此时期，正是宣传、学习"一不怕苦，二不怕死"精神的高潮期，故如此重点宣传。消息发表后，我感到所收集到的许如意的事迹还有很多，而一篇消息远远容纳不下。于是接续深入补充采访，而后写了长篇特写《工人阶级的好儿子许如意》，在《辽宁日报》上连载。刊出后，辽宁人民出版社旋即出版单行本。因我当时特殊的身份，不可用本名发表文章，故报上发表时用"本报记者"名，出版时则改用"《辽宁日报》编辑部"名义。

前 言

1965年11月10日，正当全国热烈开展学习王杰同志的时候，在沈阳苏家屯八一公社官立堡大队，发生了表现我们时代风格的事件：

三个儿童掉进冰窟。许多人学习王杰同志"一不怕苦、二不怕死"的革命精神，见义勇为，奋不顾身，临危不惧，努力抢救。在抢救过程中，共产党员、建筑工人许如意，舍己为人，献出了自己的宝贵的生命。

许如意是沈阳市第二建筑工程公司的油工，共产党员。他，不仅在危急面前，见义勇为，表现了"一不怕苦、二不怕死"的无产阶级大无畏的革命精神，而且在平时活学活用毛主席著作，一心一意为革命，不怕苦、不怕累，勇挑重担，埋头苦干，毫不利己，专门利人。在他身上体现出无产阶级战士的革命胸怀，闪耀着工人阶级优秀品质的光芒。他是工人阶级的好儿子，他是毛泽东思想哺育出来的好工人。

在他牺牲后，沈阳市举行了隆重的追悼大会。中国共产党辽宁省委员会、辽宁省人民委员会在吊唁信中指出："许如意同志为人民而死，重于泰山，他这种大公无私、舍己为人、见义勇为、临危不惧的革命精神，给我们全省人民和全体共产党员，树立了光辉的榜样，值得很好学习，并且发扬光大。"

中共沈阳市委作出决定：追认许如意同志为模范共产党员。

中共建筑工程部政治部也向全国建筑职工发出号召，号召结合向王杰同志学习，学习许如意同志，学习他的革命第一、他人第一的革命精神。

辽宁日报编辑部
一九六五年十二月

重于泰山

人总是要死的，但死的意义有不同。中国古时候有个文学家叫作司马迁的说过："人固有一死，或重于泰山，或轻于鸿毛。"为人民利益而死，就比泰山还重；替法西斯卖力，替剥削人民和压迫人民的人去死，就比鸿毛还轻。

——毛泽东《为人民服务》

1965年11月10日，下午两点多钟，沈阳市苏家屯区八一公社官立堡大队旁边的养鱼池上，五个孩子在冰上拉冰车玩。冰车上坐着一个，前面跑着一个，后面跟着三个。

初冬的薄冰，在冰车下轧轧地响。忽然，薄冰破裂，冰车和车上的孩子一起掉进了冰窟窿。窟窿四周的薄冰沙沙地陷落，其他四个孩子紧跟着掉了下去。13岁的刘振山和10岁的沈庆敏，抓住冰窟窿的边沿，爬上了冰面。沈庆选、骆小魁、沈铁军三个孩子还在水中。沈庆选、骆小魁抓住冰窟的边缘，沈铁军抱着小魁的腰，他们很镇静。沈庆敏站在冰上，想救他们，他伸手抓起了小魁的帽子。冰窟越来越大，他再也够不着，无法救起自己的小伙伴了。"救命啊！救命啊！"他们发出了撕裂人心的呼救声。

正在养鱼池边的工地上工作的沈阳市第二建筑工程公司的工人们，听见了呼救声，立刻跑到池边。工人许如意、刘德远、于振江跑在最前面。冰窟窿离东岸近，许如意、刘德远，迅速地从西岸绕到东岸。刘德远举脚要下，许如意一把抓住他。"老刘，你不能下！"他知道，刘德远患肺病，现在还是半日工作。许如意一脚下去，冰破了，水没到膝盖，他急忙抽出腿来，趴在冰面上，不顾一切地向孩子们爬去。他喊着：

"孩子们，别怕！"

刘德远随后跟来了。老工人于振江也拿了一根绳子，从西岸向孩子们爬去，爬到离冰窟窿三四米远的地方。冰越来越薄，冰在他身下直呼扇。他只好停住，把绳子向孩子们扔去，一次、两次、三次，没能扔到孩子们手中。第四次，他不顾自己可能陷进冰窟窿的危险，使劲一扔，"哗——"，冰破了，他果然陷进水中。刘德远一看不好：50多岁的于师傅正处在危险之中。他急忙奔向于师傅，结果自己也陷进了冰窟。……

这时许如意来到孩子们跟前。薄冰上站不住人，更不能在上面用劲拉人。他先对沈庆敏说："孩子，你快走吧！"让庆敏脱离了险境，然后奋不顾身地跳进水中。10岁的骆小魁立刻搂住他的脖子，许如意镇静地说："孩子，别搂我脖子！"

小魁听话地放开手，抱住了他的胳膊；小铁军抱住了小魁的腰；小庆选仍然抓住冰窟的边缘。许如意把小魁和铁军扶上从岸上扔过来的一块木板上，安慰他们说："孩子们，别害怕，有我，有岸上这么多人，能救你们。"他擎着孩子，用力向上举；但是，没能举上冰面。许如意在冰凉彻骨的、两米多深的水中，擎住孩子们，支撑着。……

阴沉沉的天，开始飘起小雪花。这天的最低气温是零下10摄氏度。寒冷迅速地抽去陷在冰水之中的人们的体温，沁透了人们的心肺，沁透了他们的骨髓。冰碴使他们游不动，冻僵的身躯也麻木了。必须救起他们！可初冬的薄冰，站不住人。冰薄，水深，人们必须冒着深陷冰窟、牺牲自己的危险去营救别人。不少人不顾自身的危险陆续跳下去，但他们被裂开的冰块阻住，不能前进，难于靠近水中的人。

西岸的工人们，正把钢丝绳拉向对岸，使它横贯鱼池，成为一道救人索。

有人扛来一根脚手杆，递给许如意；但是，他首先想到的是别人的安危，他说："别管我，我不要紧。"那个人便把脚手杆伸向年老体弱、已经冻僵的于振江。

朝鲜族社员、贫农全昌道抱着木板，很快地向许如意爬去。许如意又一次考虑到别人的安危，他对全昌道说："危险！你别来！"

不，一定要救他！全昌道迅速向他爬去。他们靠近了。这时，岸上有人喊："给大人！给大人！"全昌道把木板伸向许如意。许如意接过了板子，但他没有上岸，他转身把小庆选抓住。全昌道握住绑在板子上的绳子，用劲地拉，绳子断了。许如意闪了一下，孩子离开了他。他迅速地向孩子靠近，把孩子扶上木板。木板浮力太小，经不住两人的重压，开始下沉。他说："要救孩子！"许如意再一次不顾自身的安危，把木板让给了孩子，自己离开了木板。

官立堡小学的老师们闻讯后赶来了。要把学生们救起来！副教导主任王志成，老师吴志学、戴庆钟，脱去棉衣，不畏寒冷，不顾危险，踏冰前进。但是，冰阻碍了他们。王志成喊道："打冰道！"他们便用手、用胸脯压塌冰块，渐渐地在冰上开出一条水道。王志成首先把沈铁军拖住，艰难地拖着他向岸边游去。戴老师迎上来接过了孩子并送到岸边。这时，钢丝已经从西岸拉到东岸，他们便扶着它运送孩子。王志成又回去救起骆小魁。戴庆钟半途接过孩子，向岸边送去。寒冷很快夺去他的力气，他难于支持了。朝鲜族小学老师朴演模跳到冰水中，把他们送到岸上。王志成第三次回去救起了沈庆选。半途上，青年社员金长元又赶了过去。他们两人，夹着孩子，扶着钢绳，回到岸上。但是，小庆选因为呛水不治，后来在医院死去了。

这时，路过这里的解放军某部运输队班长郭跃福，把已经垂危的于振江扶上木板，拖上岸。工人们也同时救起了刘德远。

也就在这时，不顾自身安危、一心拯救孩子的许如意，已经渐渐沉入水中。

人们撑着赶制成的木筏，来到他沉入的地方，把他打捞起来。人们围拢来，含着眼泪说："他太好了！""一定要救活他！"医生们、护士们用尽各种方法，温暖他的身体，恢复他的呼吸，使他的心脏重新跳动。但是，他在寒冷的冰水中已经坚持了近两小时，冰水呛进了他的肺叶，四个多小时的抢救也没有能够挽救他。许如意同志，他为了拯救落水的孩子，为了人民的利益，献出了自己宝贵的生命。

许如意同志是一位优秀的工人，一位优秀的共产党员。

他时年40岁，河北献县人。在旧社会，他经历过重重困难：给日本鬼子、国民党反动派和资本家干活，挨打受骂，吃不饱、穿不暖。他失过业，为了糊口，拉过三轮车。有一次，拉一个国民党军官，拉到了地方，对方不但没有给钱，还把他骂了一顿。一气之下，他不干了。他生活非常困难，为了一家几口人吃饭，家里能卖的东西都卖了。就在他濒于绝境的时候，沈阳解放了，共产党来了。从此，他过上了新的生活，走上新的生活道路。他参加了祖国基本建设的行列。1959年，他光荣地加入了中国共产党。

英雄行为，不会突然出现；高尚品质，不是偶然现象。它在平常必有表现，它要靠平常的锻炼。让我们看看，当他活着的时候，他曾经怎样工作、学习和生活，他曾经怎样对待革命的事业、革命的工作和自己的同志。

一心一意为革命

享受让给人家，担子拣重的挑，吃苦在别人前头，享受在别人后头。这样的同志就是好同志。这种共产主义者的精神，我们都要学习。

——毛泽东《关于重庆谈判》

1965年11月15日，是安葬许如意烈士的日子。这天，沈阳市第二建筑工程公司第二工程队的工人们，冒着风雨，在工地上坚持工作。他们说："今天安葬许师傅，想起他，咱们怎么能下点雨就离开岗位！"他们化悲痛为力量，悼念烈士，以实际行动，向许如意一心一意为革命的精神学习。

许如意一心一意为革命的精神表现在哪里？

作为一个建筑工人，许如意总是把建设每一座厂房、住宅，与建设整个社会大厦的伟大事业联系在一起。他对每一项具体工程、具体工作，都怀着极大的热情和高度的责任感。他以革命精神对待每一件党交给的任务。1956年，在沈阳北陵某工地刨冻土，铁钳子砸下去就打弯，有些人泄气了，说："这还有个干?!"

许如意说："冻土是难刨，但是就看我们有没有革命精神。有了革命精神，再难也能突破。"他提出用小铁道的铁轨淬火打尖做成工具，又带头抢大锤，终于制服了冻土。他也常说："光苦干不行，还得巧干。"

1956年，在某工地给厂房钢架刷油。房架9米高，需要搭"满堂红"脚手架，但是因工期紧迫，材料不够，而且费时、费工。许如意大胆地提出："不搭'满堂红'架子干！"他建议拉上安全网，搭上跳板，绑安全带刷油的方法，又快又省地完成了任务。要苦干他上前，要巧干他动脑。在他心目中只有多快好省地完成工程项目，更多更好地为社会主义大厦铺砖添瓦。

有时候，没有油工活，油工要去干非工种活。有的人不愿出去，因为干外行活，少得奖金。但是许如意总是不计较个人得失，带头去干。他说："我们学习了《为人民服务》，应该怎样做？就要做非工种活，而且要自觉地好好干。"他刨土、挖坑、搬砖、砌石，六级油工，干力工的活，一样干得愉快，干得好。1964年5月，抢建沈阳拖拉机制造厂宿舍，力工组人力不够，完成楼顶运送和铺平炉渣的任务有困难，这时油工组的活已干完，许如意便找工长张忠厚说："把这个任务交给我们组吧！"张忠厚说："这个担子可不轻呀！"许如意坚定说："担子再重我们也要把它承担下来！"他和油工们紧张地干起来了，但是，运渣量还是满足不了需要，许如意便组织大家学习《愚公移山》，在革命精神鼓舞下，终于想出了办法使炉渣运送效率提高一倍，最后提前一天半完成了任务。

"工程质量不好，我们就是对党不负责任！"许如意的这句话，表现了他对工程质量的高度责任感。1964年，给"大板楼"（用预制大型板材建筑的楼房）喷灰，预制大型板材上有里大外小的水泡，如果腻子打不好，影响工程质量。为了解决这个问题，他用抢刀抢，用刷子刷，一再实验，不怕费工时。有人说："这么干，要弄到什么时候去？"他回答："这不用考虑，质量要紧。"他从不为了得奖金而不顾质量。为了让大家都重视质量，他组织工人们学习《人民日报》社论：《好字当头》。他要求自己严，要求别人也严。谁的工作质量不好，他就提出批评。过去，有些人因为对他误解，说他管得太多。但是他并不因此放弃原则。在许如意牺牲后，有一个油工感动地说："过去因为他说我刷浆质量不好，我非常不满，为这事也常叨咕他。现在，我明白了，他不只是帮助我，更主要的是对革命负责！"最近，这个工人用杆子绑两把刷子刷浆，不怕苦不怕累。他心中有了许如意的英雄形象。

许如意爱护国家的一滴油、一块木板、一颗钉子。他常说："咱们油工每天少滴油，十几个人一天就能节省四两半斤的。"材料员称赞许如意说："他用材料，领的有数，用的有斤，交的有账。"1964年国庆前，一项工程完工了，有的工人们正准备回家过节，许如意却在工地上一件件地把短块木条、拧弯的钉子、破旧的土篮收拾起来。有人见了说："许师傅，要这些东西干啥，库里有的是，开工领呗。"许如意严肃地说："别忘了，勤俭是咱们建设社会主义的传家宝。"为了给国家节约，他从不吝惜自己的东西。几年来，他一直是骑自己的自行车东奔西跑，虽然有公用车。他割玻璃一直是使用自己的钻石刀，他牺牲后，在他的衣兜里发现的，就是这把刀。

党叫干啥就干啥，干啥都要干好，这是许如意一贯的精神。他当班长，便像工人们称赞的："身先士卒，冲锋陷阵"，每天上班前一个多小时，他就到了工地，调油色、割玻璃，做好生产前的准备工作；有了艰巨的任务，他抢着干，想办法、做试验，为大家的工作打好基础。不当班长了，他是哪用哪到、哪里困难去哪里、处处主动、处处带头的工人，而且给组长当"参谋"，做思想工作，团结和带动全组工人，做好工作。离开自己的本行去干别的工作，他也竭尽全力去干好。

1961年，为了加强食堂工作，党把许如意派去当炊事班班长。到食堂工作，得不到超额奖金，他每月要减少20多元收入。但是，他说:"一个共产党员,绝不能自私自利,要全心全意为人民服务。一个人要不这样做人,活着还有什么意思?"他对党组织表示,"叫我到食堂,我就到食堂,这就是我为人民服务的场所。"他的妻子起初想不通,他就对她说:"做什么都是革命工作,咱们不能光为几个钱。"他带着坚决完成党交给的任务的决心,进了食堂。管理员孙胜回忆当时的情况说:"老许一来,食堂就焕然一新。"许如意首先提出食堂面向职工、面向生产的劲头不大,要抓好思想政治工作。当时调来食堂当炊事员的青年工人陆效舫、李雅芬等都不安心工作。许如意就找她们谈话,启发她们认清本身工作的意义,又对她们说:"只要是党交给我们的工作,我们都要毫不讲价钱地去干,绝不应该计较个人得失。我是六级油工,在工地每月也多挣好几十元,我家人口也不少,我不知道钱好花吗?可那是为个人打算,一个人光为自己,还有什么出息呢?"他的实际行动,更是最好的身教。为了把食堂办好,他克服文化上的困难,学记账、学打算盘;他也跟老炊事员学蒸馒头,学做菜。养猪的吴广平常有病,常常三天五天、十天八天不能上班,这时候许如意总是自己去干,他不怕脏不怕累。为了让晚上加班的职工能吃到热饭热菜,他让女同志和年老炊事员先回家休息,他自己留在食堂,有时就在食堂睡。福利组要到外地去运苞米,他不顾自己有病,冒着寒风跟车去拉,虽然深夜才归,但是第二天仍然一早来到食堂,忙着日常的工作。

当时,食堂在铁西重型机器厂工地,在砂山工地干活的工人们,每天要从铁西广场宿舍赶到重型工地吃饭,然后赶到砂山去。为了让他们休息好,少走路,许如意便把饭菜送到宿舍去。可是,过了几天,工人们反映说:"早晨一起来就吃饭,吃不下,可到了工地一会就饿,要是能把饭送到工地去就好了。"许如意听了,毫不犹豫地说:"那好办,我就给送到工地去!"从此,他每天骑车走十几里路,把饭菜送到工地,三个月里风雨不误,从不叫苦。

食堂办好了,连续三年被评为公司和沈阳市的先进食堂。他的工作成绩是出色的。但是他不居功,更把荣誉让给别人。每当评奖,他就事先和孙胜酝酿。他说:"一等奖不要给我,我是党员,为革命做好工作是我的本分。应该多鼓励那些老师傅。"大家评他为一等,但他坚持把自己评为三等。

许如意的一生,没有什么丰功伟业。但是,多少年来,他勤勤恳恳，兢兢业业，踏踏实实，埋头苦干，不怕艰苦困难，不计较个人得失，最后为人民的利益献出了自己的生命。恰似"红烛一条心"，这些点点滴滴普通平凡的事，汇集在一起，表现了他一心为革命、一切为革命的精神品德。他是个普通工人，但在他身上集中表现了工人阶级的优秀品质；他在平凡的岗位上，但他把平凡的工作和工人阶级的伟大革命事业紧密联系在一起。他为革命生，他为革命死。

一不怕苦 二不怕死

什么叫工作，工作就是斗争。那些地方有困难、有问题，需要我们去解决。我们是为着解决困难去工作、去斗争的。越是困难的地方越是要去，这才是好同志。

——毛泽东《关于重庆谈判》

许如意牺牲后，许多人都说，他的英雄行为不是偶然的，他的"一不怕苦、二不怕死"的精神，早就在许多事情上表现出来了。……

1958年，在沈阳空气压缩机厂新建厂房工地上，几个工人正在地面上作业。忽然，从高高的拱形房架上，掉下来两三吨重的大型水泥屋面板。地面上的人，被砸伤了。

一个人箭似的向这里跑来。有人喊："危险！危险！"——房架上还有屋面板悬着，说不定什么时候掉下来。谁进去，谁冒着牺牲自己的危险！

但那人毫不顾及自身的危险，冲进厂房，背起一个受伤的工人，跑出厂房。在他的带动下不少人陆续跑去抢救。他第二次跑进厂房，背出了另一个受伤的工人。

受伤的工人被送进了医院，需要输血，自愿献血的工人们站了一排。那个两次背人的人来晚了。但他赶到队伍的最前面，一把拉开头一个伸出胳膊让护士抽血的人，说："张支书，你还要指挥呢，让我来！我身强体壮！"他就是许如意。

1960年，在医专工地，一项新技术、新工具——砂桩基础正在试验。许如意看出扶桩是个危险活，他走到扶桩的工人面前，说："你去

干别的活吧，我来！"他本是个油工，但是看见有危险，他就上前了。果然，干不多久，锤头偏斜，许如意用手去扶正，电锤砸下来，他的右手三个指头被砸伤了，中指被砸断了一节。

这给经常割门窗玻璃的许如意造成了很大困难，因为要使钻石刀不摇动，把玻璃裁直，就靠中指顶住刀头。组织上考虑到他的困难，准备调换他的工作，但是，他说："断个指头算什么，吴运铎同志眼睛瞎了还坚持工作呢。"克服着困难，忍受着疼痛，苦苦地练习，他终于以四个半指头驯服了钻石刀。

凡是在危急的关头，他那不怕苦、不怕死的精神品质，便迸发出耀眼的光辉。早在1953年，在沈阳市东关某工区，为了从洪水威胁下抢救一批水泥，他带领油工班工人，冲锋陷阵，奋不顾身。他一人扛两袋，一趟趟地搬运。1964年夏季，在沈阳市某工地，暴雨猛下，水流冲进了工地变电所，房子眼看要坍塌，许如意冒着危险，带领油工班的同志，首先冲了进去，抢救了变电所。

在危险面前，他挺身而出，见义勇为；在平时和日常工作、生产中，他哪里艰苦去哪里，哪里困难去哪里，哪里担子重去哪里，开辟一个新工地了，要在荒野或是广场住工棚，搞暂设工程，生活苦，干活条件差，他便第一批去；有工期紧迫的工程，为了上下工序衔接，要加班加点，要紧张地赶任务，他争着去……

1965年7月间，沈阳市郊王岗堡农业中学工程的喷浆、刷油任务重，白天干活紧张，晚间蚊子多，睡不好，有些人不愿去，他便到党支部请求到王岗堡去。他说："天天喊支援农业，这回为农中盖房子，我得去！"支部的同志说："这回你别去了，那里睡板床，环境艰苦，你那关节炎的腿还肿着呢。"他说："我是党员，艰苦的地方，就应该带头去。"

去到王岗堡，他不怕苦不怕累，带动工人学习毛主席著作，鼓舞大家以革命精神来完成生产任务。由于劳累，他的关节炎更重了，工长一再催促他回市内看病，并叫他回市内工作，但是，他到市内治完病，仍然回到王岗堡。

1965年11月初，市郊官立堡八一工地需要油工，班长派定了两个油工去。许如意虽然知道那里吃的、住的不如市内，在室外干活冷，对自己的气管炎、关节炎不利，但他却主动找到班长说："他们两个人，一个爱人去串门不在家，一个爱人上夜班，家里孩子晚上没有人照看，都不能住在工地。还是让我和张振山老师傅去吧，我们就住在那里，早晚多干点，争取提前完成任务，好回来支援你们。"

"天头冷了，你有气管炎、关节炎，身体行吗？"

"没啥。艰苦的地方，就要争取去。"

11月9日，他到工地。

11月10日下午，当他正在紧张地刷油时，听见了孩子们的呼救声，他扔下油桶，奔向养鱼池，他第一个跳下了冰窟。为了抢救祖国的三个下一代，他英勇牺牲了。

为了革命，为了人民，为了同志，为了祖国财产，苦，怕什么！危险，怕什么！死，怕什么！这就是许如意的气概——工人阶级大无畏的气概。这就是许如意的风格——大公无私、舍己为人的共产主义风格。

毫不利己 专门利人

白求恩同志毫不利己专门利人的精神，表现在他对工作的极端的负责任，对同志对人民的极端的热忱。每个共产党员都要学习他。

——毛泽东《纪念白求恩》

许如意牺牲后，炊事员丁米成全家对着登载许如意牺牲消息的报纸哭泣。丁米成的爱人李桂兰抹着眼泪说："咱们永远忘不了他！"

那是在1962年，李桂兰得了子宫癌，要去住院治疗，家里留下三个孩子。丁米成每天要上班，又要忙爱人治病的事、照顾孩子、处理家务。困难真不小啊！许如意把他的困难看作自己的困难，虽然当时他当炊事班长，繁重的工作压在肩上，但他热情地把帮助丁米成一家的任务承担起来。他帮助丁米成送爱人上医院，替他们办理手续，一次一次的医药费，是他去请求、领取，而且亲自拿着支票到医院去结算。每次到医院，他都要去探望李桂兰，劝慰她说："你不用上火，安心治病，也不用挂记家里，孩子有邻居照顾。"李桂兰含着眼泪说："许师傅，咱们得怎么谢你呀！"

许如意说："这都是党和国家的关怀。今天是新社会，绝不会让你像过去那样受苦受罪！"

李桂兰眼泪刷刷地流，她想起了过去的苦难，爸爸被抓去当劳工，妈妈带着六个孩子，讨饭过活，可怜的妈妈饿死了，自己当了童养媳……她啜泣着说："你说得对，要不是今天的社会，咱一家人哪还想团圆？"

许如意怀着深厚的阶级感情，尽心尽力地帮助这一家人。他经常到丁米成家去看望，看见他们生活困难，他向工会请求了补助，把钱领来，送到丁家。李桂兰生病，孩子的鞋没做上，他把自己孩子的鞋给送去；棉裤没做上，他叫自己的爱人给做上。李桂兰住院7个月，他始终一如既往，热情地帮助他们。

为了使同志们生活好，为了分担他们的困难，许如意倾注了多少热情，付出了多少辛苦啊！就像工人们说的："谁家为难遭灾，他都见得到，他都实心实意地去帮助。"工人万钟声得了肝癌，他的爱人又是个精神病患者，不能很好照顾病人。别人的困难就是自己的困难，许如意把责任担在肩上。为万钟声请求补助，给他领来，送去；从食堂领了细粮，亲自送去。万钟声逝世了，一切后事，又是他一手料理。女工李翠花的妹妹死了，许如意放弃了迎接新年的聚餐，去料理后事。一个工人因公伤亡，他亲自把遗体送回原籍，并和工人们一起冒着风雨，把灵柩送到山上，安葬妥当。

他所忙着的，何止是这些呢？为了使有困难的同志及时得到补助，他，一个工会支会的兼职劳保委员，在业余时间、假日、节日，到有困难的职工家去访问，了解他们的需要；并亲自给他们送去补助的钱和物品，或是公司分给的副食品。他说："这是党对职工的关怀，不在东西多少，我们应该送到。"他经常星期天不休息，去给职工修理房屋；晚间，宁可自己不吃饭，去给同志们上门窗玻璃。他虽然有气管炎、关节炎，腿有时是肿着的，但是，他经常关心的是别人的需要、别人的事情。

瓦工李德政的爱人孙贤贞生孩子了，为了李德政少耽误生产，为了产妇和孩子生活好，许如意又把责任承担过来。他让爱人帮李德政家做饭、洗衣服、带孩子、照顾产妇。在这一个月里，爱人总在别人家忙，他自己有时用水泡点饭吃，有时就吃些凉饭后去上班。看见李家的铁盆锈了，他告诉孙贤贞："你去买点铅油刷上。"孙贤贞买来了油，正刷着，许如意下班回来看见了，放下车子，就接过刷子，说："你刷不好，我来给你刷。"李德政生产忙，一千斤煤一直没有打坏。许如意看见了，在一个休息日，给他筛好了，打好了煤坯。得到许如意这样关怀的，不止孙贤贞一家。木工王志有的爱人周有坤生孩子，许如意和他爱人也同样去照顾和帮助。

工人张广才的爱人桑桂兰说起11月8号晚间许如意最后一次到她家去上玻璃的事，眼泪就止不住"哗哗"地流。她说："那天晚间，他开会回来晚了，一听说咱们窗户玻璃破了，没吃饭就来了。我说：'许师傅你没吃饭就来了。'他说：'晚了怕影响张广才休息，他累了一天了。'又说：'天冷啦，别叫大人小孩冻着了。'他把窗户玻璃上上了，看见奖状框玻璃坏了，也给换了。他一边干活，一边问我：'张广才棉衣都做上没有？'我说：'棉裤还没补上呢。'他说：'快补上，他要冻着，影响生产，责任可在你身上。'他呀，样样给别人着想，关怀别人！"

桑桂兰热泪盈眶地说："他牺牲了，我家五口人，除了最小的不懂事，全都哭了！咱们真是忘不了他啊！"

是的，许如意牺牲了，但他那些毫不利己、专门利人的感人事迹，永远留在人们心里。

为革命培养接班人

在中国人民的伟大的斗争中，已经涌出并正在继续涌出很多的积极分子，我们的责任，就在于组织他们，培养他们，爱护他们，并善于使用他们。

——毛泽东《中国共产党在民族战争中的地位》

在职工悼念许如意的时候，青年女工曹桂香在灵前痛哭失声。她为失去了一个经常教育自己的革命长辈而伤心悲痛。

曹桂香是个机械工，1963年参加工作。本来，她和许如意不同班组、不同工种，接触并不多，但是许如意对于像她这样的新工人，特别关心，他时常在路上、在休息时有意地找这些青年交谈。

这天，许如意在路上遇到曹桂香。许如意关切地问："小曹，当建筑工人好不好？你愿意不？"

曹桂香说："好是好，就是风吹雨打的。反正好就待，不好就不待。"

许如意说："这样的态度可就不对。应该是党叫干啥就干啥。"

曹桂香说："个人志愿总不能没有吧？"

许如意说："应该有，这就是一颗红心，为人民服务。"

许如意接着对曹桂香进行了新旧社会对比的教育，对她说："你还年轻，没有受过旧社会的苦，可是千万不能忘本！"

他们分手了，但是许如意的话，却留在曹桂香的心里。回到家里，她思想斗争起来：多少建筑工人不都干了吗？爸爸不也在建筑部门吗？我就受不了一点风吹雨打？要"党叫干啥就干啥"，"千万不能忘本！"……她想："许师傅的话说得对，我应该安心。"

过了不久，在上班的路上，许如意碰见曹桂香，又主动找她交谈。在谈话中，许如意问她："你平常看些什么书？"

曹桂香说："小说、革命故事都看。"

许如意说："这些书应该看，可是更应该着重学习毛主席著作。你知道不，多少革命英雄都是读了毛主席的书成长起来的。"

曹桂香说："毛主席的书太深了，读不懂。"

许如意说："带着问题学就行了。比如你不愿当建筑工人，就是没有全心全意为人民服务的思想。你带着这个问题学习《为人民服务》，和张思德同志对照对照。"

回到家里，曹桂香翻开了毛主席著作。按照许如意的指点，带着自己的思想问题，学习了《为人民服务》。她的思想更向前迈进了一步，她想：不光要安心干下去，还要干好！她的干劲增长了。

有一天在休息时，许如意又关切地问曹桂香："小曹，你想得怎样啦？"

曹桂香高兴地说："我学了《为人民服务》，思想问题解决了，现在可有劲头啦！"

许如意说："你现在工作是挺好。可是不要只有个好好干的思想，要有政治观点，真正懂得为谁劳动。你应当争取参加共青团。你说对不对？"

曹桂香说:"对。我一定记住许师傅的话。"

在党团组织和许如意的教育、帮助下,曹桂香一点一点地进步。1965年5月,她加入了共青团。许如意知道了,又对她说:"我真为你高兴。今后,你一定要按团员标准要求自己。而且,不要以为进步到顶了,还要不断进步,将来争取入党。"

曹桂香说:"我一定努力,来报答许师傅的帮助。"

许如意说:"不是我帮助了你,是党教育了咱们大家。我是老工人,有责任和你们青年人多谈心。"

为了青年工人的成长,为了培养革命接班人,许如意不吝惜自己的心血,他时时处处关心青年人,和他们谈心,主动地做思想工作。多少青年工人,难忘许如意给他们的言教和身教。在座谈会上,许多青年工人忆述了许如意如何帮助了他们。赵金双、姜孟君几个青年女工,在他的灵前痛哭一场。

他的邻居、工人侯庆祥的女儿侯淑玉,沈阳市铁西区水暖零件社的一个青年工人,在他牺牲后,写了一篇悼念文章,记述了许如意生前对她的教育:

"……有一天晚间,我到许叔叔家,他正在学习毛主席著作。我说:'许叔,你那么大岁数了,总学干啥?'他说:'我从小没念过书,解放后才学文化,要多学几遍才能领会得深刻一些。'他拿起那本翻旧了的《为人民服务》单行本又说:'你看,张思德同志为了革命事业,在战场上流过血,在烧炭时牺牲了自己宝贵的生命。先烈们流血牺牲打下了今天的人民江山,我们怎能不学习他们呢?'听了他的话,我明白了他说的革命道理,红着脸,什么也说不出。接着,他又说:'孩子啊,要好好地学习才行,别忘了革命胜利来得不易。淑玉,你也参加工作了,应该好好学习毛主席著作。为祖国学习,为建设社会主义工作。人要为革命而生,为人民而死。这样一生才值得,才算死得其所,才算一生光明磊落。我说得对吗?'

"我说:'许叔叔你说得太对了。'

"我学习技术有困难,产生了畏难情绪,他发现了,就给我讲愚公移山的故事。他说,愚公有明确的目的,所以决心大,有毅力。你学习技术,也是这样,首先要明确学习是为人民服务,这样你就有用不完的劲。听了他的话我的心里像开了扇窗户似的亮堂。受了许叔叔的教育,我从此开始学习毛主席著作，读《为人民服务》《愚公移山》《纪念白求恩》。并经常去找他给讲解。敬爱的许叔叔，我永远忘不了你对我的教育。我将永远以你为榜样。"

他是以一种多么深厚的革命感情教育后辈！他对自己孩子的教育，也是很严的。他常常对孩子们进行忆苦思甜教育。督促长子许东恩好好学习毛主席著作。孩子不爱读报，对时事不大关心，他就教育孩子要天天看报，注意国家大事，世界大事。有一次，他问孩子："最近越南人民打下敌人七百多架飞机。"他还说："不光是打下飞机呢，你看看，越南的青年，孩子，都在用竹子做尖桩，消灭美国狼。我们也要有准备，消灭美国狼，支援越南人民。"他又说："你知道吗？现在世界上还有三分之二的人民没有解放，我们国家还有阶级斗争，你现在上中学，准备当好革命接班人。"

许东恩永远难忘父亲和他的一次谈话。那天许如意在学习《为人民服务》，他念道："人总是要死的……"许东恩接下去背诵："但死的意义有不同……为人民利益而死，就比泰山还重；"许如意感情激动地说："对，牢牢记住，一世也不能忘记！"

许如意以自己最后的英雄事迹，对孩子做出了最好的身教。而他的对于后辈的深厚阶级感情，自觉的革命责任感，以及他的循循善诱，也都深深地教育着我们大家。

毛主席怎样说 他就怎样做

> 对于马克思主义的理论，要能够精通它、应用它，精通的目的全在于应用。
>
> ——毛泽东《整顿党的作风》

许如意说过："多少革命英雄人物都是读毛主席的书成长起来的。"他深深懂得毛主席著作的伟大力量，他热爱毛主席著作，勤奋地学习毛主席著作，他是毛泽东思想培育出来的好工人。

他说过："学习毛主席著作，就像吃饭一样，一顿不吃饿得慌，一天不学也不行。"在学习雷锋后，他更立下了志向："我一定要像雷锋一样学好毛主席著作。"他就是以这样的精神来学习的。他的文化程度不高，学习起来有不少困难。但他以顽强的意志和毅力对待困难。在他学习过的毛主席著作上，有不少他细心地在生字旁边注上的音。他有时请文化比他高的同志教他，或者为他读一段。他的布兜里，和饭盒在一起的，总有一本毛主席著作，真正是"毛主席著作随身带，有空学起来"。工人们都感动地提起，在王岗堡工地时，白天工作紧张，他经常在晚间，当别人都去看电影、打扑克或休息的时候，独自坐在熏蚊子的火堆旁，就着微弱的火光，聚精会神地读毛主席著作。他的邻居们常常看见，他忙碌一天，回到家里，还要坐在炕上，认真地读一段毛主席的书。他牺牲后，人们在他的遗物中，发现了他不久前新写的一篇学习《为人民服务》的心得：

> 要建设一个社会主义国家，就（要）很好地学习毛主席著作。这不是一般的理论学习，而是一个深刻的兴无灭资的思想革命，而是为了找武器，更好地进行自我改造和思想革命化，也是加强思想政治领导，是为了社会主义建设，（为了）为人民服务的。经常学习毛主席著作，是为了阶级斗争、生产斗争和科学实验三大革命运动。我要全心全意为人民服务到底，终身为社会主义事业奋斗到底。

他就是以这样明确的目的来学习的。因此，他不但以严肃认真、热情刻苦的态度来学习，特别是，他做到了学用结合，言行一致；做到了毛主席怎样说的，就怎样做。他常说："学习毛主席著作，全在用字上。"

1965年8月，在王岗堡农业中学工地，任务很重；喷浆5600多米，门窗刷油500多米，而且要求月末完成。这时，他自己带着问题学习了毛主席著作，又组织同志们一起学。他向工长建议："任务很重，工期很紧，我看我们要学习《愚公移山》这篇文章，研究一下，我们这个仗怎么打。"

晚间，他读完《愚公移山》后，说："愚公搬走了两座大山，主要是他有坚定的信心和毅力，有冲天的干劲。我们要学愚公，增强斗志。首先要充分发挥八小时工作时间的作用，我们还可以利用早、午、晚时间多干一点，同时要巧干，主要是各工种密切配合，互相创造条件。"

他的话，启发了大家。经过学习讨论，大家加强了信心，增长了干劲，想出了巧干的方法，终于提前完成了任务。

还有一次，在橡胶四厂家属宿舍工地，任务量很重，有的同志对于质量重视不够。许如意看到这种情形，一方面组织大家学习《人民日报》社论《好字当头》；另一方面，又领着大家学习《纪念白求恩》。在学习会上，他说："现在咱们对工程质量要抓得紧、抓得实，我们过去刷油弄得满墙、满玻璃都是油。白求恩同志对技术精益求精，我们呢？不也应当提高技术，把工程质量搞好？"大家结合毛主席的教导，座谈了各自的认识，并且根据情况，分成三个互助组，进行分片包干，实行自我检查、互相检查。这样，工程质量很快提高了，最后，全部工程都达到了优良。

他不仅用毛主席著作来指导生产，并能身体力行、言行一致。

他在学习《纪念白求恩》时，在笔记本上，用很不熟练的笔迹，工整地抄录了毛主席的教导："每一个共产党员，一定要学习白求恩同志的这种真正共产主义者的精神。""白求恩同志毫不利己专门利人的精神，表现在他对工作的极端的负责任，对同志对人民的极端的热忱。每个共产党员都要学习他。"

许如意真正把这段话铭刻在自己的心上，他自己许许多多感人的事迹，表明他切切实实是按照毛主席的教导去做的。

他在学习《为人民服务》时，对于下面这段话，特别注意：

> 人总是要死的，但死的意义有不同。……为人民利益而死，就比泰山还重；替法西斯卖力，替剥削人民和压迫人民的人去死，就比鸿毛还轻。张思德同志是为人民利益而死的，他的死是比泰山还要重的。

许如意记住了毛主席的教导，他最后为了人民的利益而毫不犹豫地献出了自己的生命。

由于文化程度的限制，他没有能够留下更多的笔迹和日记，写下他的学习和心得，深刻的领会，献身的热情，但是，他以实际行动写了这一切。

他的各种感人的事迹，便是他做到"毛主席怎样说的，我就怎样做"的生动记录。

革命的胸怀

　　成千成万的先烈，为着人民的利益，在我们的前头英勇地牺牲了，让我们高举起他们的旗帜，踏着他们的血迹前进吧！
　　　　　　　　　　　　　　　　——毛泽东《论联合政府》

　　许如意心中只有"革命"二字，他具有无产阶级战士的革命胸怀。

　　他身在工地，胸怀祖国。他把建造每一栋建筑物和建设祖国社会主义大厦的事业联系在一起；同时，他关心整个社会主义革命和建设的伟大事业。他虽然文化程度不高、读报有困难，但还是订了份《辽宁日报》，每天学习时事，而且经常把报纸带到工地。报上登载了祖国多方面建设成就的消息，他总是情不自禁，向工人们宣传，谈自己的感想。当我国第一颗原子弹爆炸成功的公报登出时，他无比的高兴，兴奋地和同志们说："原子弹难不难？咱们也搞成功了。才多少年工夫，咱们就有了这个成就。这都是毛主席领导的英明、伟大。"

　　他在学习《纪念白求恩》时，也特别在毛主席的这段话下，打上了粗重曲线：

　　我们要和一切资本主义国家的无产阶级联合起来，要和日本的、英国的、美国的、德国的、意大利的以及一切资本主义国家的无产阶级联合起来，才能打倒帝国主义，解放我们的民族和人民，解放世界的民族和人民。

　　有一次，当他知道公司要选派一些工人出国支援友好国家时，他几次提出请求。负责这方面工作的同志对他说："那地方挺热，环境艰苦，你身体能行吗？"他说："共产党员就应该到最艰苦的地方去，我家里又没有问题，我也已经安排好了。"并且给领导写出了申请书。后来，他虽然因故没有去成，但他的行动，表现了他的国际主义精神。

　　所有这一切，不是显示了他那放眼世界的革命胸怀吗？

　　他还一向以一颗充满阶级深情的赤诚的心，时时处处关心、活用毛主席著作，他的宽广的革命胸怀，永远使我们感动，永远值得我们学习。

让我们永远纪念他、永远学习他——工人阶级的好儿子许如意！

许如意烈士永垂不朽！

（辽宁人民出版社1985年单行本）

电影文学剧本《忠王传》

序　幕

太平天国的首都天京，陷落了。

金陵古城忍受着空前的浩劫：钟山上参天的古树折断了，烤焦了；秦淮河、莫愁湖的绿水，泛着红波；坚固的石头城垣，百孔千疮；繁华的街市，成为火海；辉煌的宫殿府邸，化为灰烬……

曾国藩的湘军，完全成为强盗，到处劫掠。

天京，陷落了！

但是，高高的望楼，屹立在城里城外，太平天国的旗帜在楼头飘扬。而且，从里面不时射出来子弹，投掷出砖石，三三两两的圣兵猛然冲出，与清兵拼死决战。瓦砾场中，残存几幢衙门、馆子，不时地轰然爆炸，于是，强盗兵血肉横飞。英雄们跟自己的京城同归于尽。

天京，还没有完全陷落！

它还在太平天国的优秀儿女手中，他们仍在作最后的决战。

东华门边一个太平军普通的馆子，整个房子像被捅破的蜂房一样支离破碎，洞疮满身。它的周围横躺竖卧着几十具残缺的湘军兵勇的尸体。

屋里，正在举行一个庄严神圣的仪式。

几十个人，老人和孩童，老妇和少女，身受重伤的圣兵，怀抱婴儿的妇女，跪在地上，一动不动。一个身穿太平军官制服的老人，跪在最前头。他们面前是一张案桌，桌上摆着清水一杯。老人抖动着银白的胡须，用庄重的声调祈祷：

"天父、天兄、天王在上，"

大家跟着祈祷，"天父、天兄、天王在上，"

"小子、小女等，"

"小子、小女等，"

"愿跟天京，同归于尽！"

"愿跟天京，同归于尽！"

老人站起来，解下手镯，丢到旁边的火堆中，白须抖动着："忠王大人有令：莫留半片烂布给清妖享用！"他脱下了绸上衣，扔到火堆中。

所有人都脱下衣裳，解下所有的饰物，投到火堆中去。

火光熊熊地燃烧。

一队湘军包围了屋子。

屋里，老人点着了引芯，发出"咻咻"的响声，引芯迅速地缩短。人们眼里射出光芒，紧看着引芯的火星。妈妈紧紧地搂着怀里的孩子。

包围屋子的清军，奔跑着，缩小了包围圈。

忽然，火光一闪，一声震天动地的轰响后，浓烟蔽日，烈火熊熊。

湘军兵勇，顿时血肉横飞。

嘹亮的歌声，紧接着响彻云霄：

> 豌豆花开花蕊红，
> 太平军哥哥一去无影踪。
> 我黄昏守到日头上，
> 我从春守到腊月中。
> 只见雁儿往南飞，
> 不见我哥哥回家中。

似乎是应着歌声的召唤，一个头扎大红头巾，身披大红披风的背影出现了。他迈着坚定的步子，向前走去。周围，浓烟滚滚，烈火熊熊。

凄楚哀婉的歌声，伴着他的步子：

> 黄秧叶子绿油油，
> 忠王是个好领首。
> 种田人见他点点头，
> 粮户见他两脚抖。

他继续向前走，迎着浓烟烈火，迈着坚定的步子，歌声悠扬。

第一章

1

李秀成站在阴暗的牢房里，高高的小窗洞，闪进殷红的火光，照在李秀成昂仰着的脸上，一闪一闪，不时地传来一声声爆炸声。李秀成凝视的眼睛，亮光闪烁。……十四年叱咤风云，转战南北，一幕幕往事在他眼前掠过。他在回顾自己的一生，总结着自己的一生。

2

[太平天国三年（1853），太平军围攻南京。]

南京，仪凤门外。

"轰隆隆"一声震天动地。城墙崩裂了。烟雾、尘土、砖石飞扬起来，掩盖了一切。城墙像决口的河坝，猛地出现一个大豁口。太平军战士像潮水般涌向缺口，喊声震天动地。

清军也涌向缺口。

水西门、旱西门、神策门的清军也向这边赶来。

太平军阵后，身材高大的天王洪秀全骑在壮硕的战马上，亲临战阵指挥。神采奕奕的翼王石达开，骑马立在他的身旁。洪秀全目光炯炯看着守军空虚的水西门，把手一指："攻那边！"

海螺"呜嘟嘟"叫。太平军后续部队中即刻分出一批人马，向水西门冲去。圣兵们背着、扛着大大小小的棉花包，挑着满桶水，奔到城下，迅速地把棉花包堆垒起来，一桶桶水泼在包上，城上抛下火罐、喷筒，落在湿棉花包上，"扑哧"一声灭了。圣兵们飞快地爬上棉花包。一个圣兵，红包头、红战袍，飞迅地爬上去，最先爬近城头。一根长矛向他刺来，他一闪身，躲了过去，趁势纵身跳上城墙，举刀劈倒了清兵。圣兵们乘虚涌上了城墙……

洪秀全望得出了神，指着第一个登上城楼的圣兵，"那是谁?"

"李秀成!"

洪秀全脸上闪过欣喜的光亮。

3

金陵城头，飘扬起太平天国的大旗。

1853年春天，金陵古城有史以来最美丽的春天。古城的色彩和风貌，完全改变了。

街上，圣兵们匆忙来往，广西老姐妹——女营圣兵，红裙红袄，骑着战马，不时驰过。人们不禁站住观望。

李秀成策马奔过。

来到秦淮河边的石桥边，他勒住了马。

秦淮河轻声歌唱。轻柔的绿水，抚摸着水里两个人的倒影。——李秀成和妻子宋雪娇坐在离绣锦衙不远的石拱桥边。他们看着河水，轻言细语地交谈。

她："明朝就要动身?"

他："嗯，翼王带兵先走了。"

"还要跟翼王打到湖北、江西去吧?"

"不，翼王叫我到庐州守城、安民。"

沉默。

她："你去看过娘了?"

他："看过了。她老人家在老人衙挺好。"

她："多照应容发，还是个细娃子!"

"你放心，跟我当卫护，总在身边。"

沉默。秦淮河在轻声歌唱。

他倏地站起来，取下腰刀，平端着送到她面前。她也站了起来。

"给你这把云中雪。"①

她接过刀，小心地挂在腰间。

他缓步走到杨柳树下，解下缰绳，站在马边。她轻声地："走了?"

"走了。"

4

奔驰的马蹄。

李秀成带着卫护，迎风策马，飞驰在淮北原野。

原野一片荒凉：被水冲毁的村庄，杂草丛生的田地，牲畜的尸骨，枯藤缠在死树上，死水像黑色的黏液。风吹过，原野发出轻声的叹息，觅食的乌鸦号叫。

李秀成勒住马，伫立在空旷的原野上谛听，凝视。他的清秀的脸上，那浓黑的平躺成"一"字形的眉毛，紧紧地皱着，嘴角的浅纹显得更深了。他沉思着。

"看!"李容发，他的爱子、卫护，十四五岁的孩子，指着远方喊。李秀成醒过来，向前望：两个细小的黑影晃动。

一个佝偻的老人，一手牵着十三四岁的瘦骨伶仃的男孩子，右边是八九岁的女孩子，艰难地走着。

传来马蹄声。越来越响了。

"团练!"男孩子惊叫起来。

老人拉着孩子拔脚就跑，只几步，他就栽倒了。

"爹爹!"女孩子伏倒在老人身上。

李秀成拍马赶到面前，跳下马，蹲下，抱起老人的头，枕在自己的胳膊上，轻声呼唤：

"老伯! 老伯!"

老人慢慢睁开眼。

李秀成温和地说："莫怕，莫怕!"

老人注视着李秀成的红头巾，脸上出现惊喜的神情，忽然喊叫起

---

① 太平军称刀为"云中雪"。

来："红头军!"

李秀成把老人搂得更紧："我们是天军!"

旅帅谭绍光，黑脸膛的骠猛的青年，弯下腰："老伯伯，你从哪里来？到哪里去？"

眼泪在老人爬满皱纹的脸上流淌。他伸出枯瘦的、颤抖的手，指着遥远的庐州城："去……去卖娃崽!"他哽咽住，指了指倚在李容发身边的孩子："红头军来了，都放了回来。"

老人忽然精神抖擞起来："说是，红头军来了，庄户人都有田地种?"

李秀成点点头："嗯，天下田，天下人种!"

"说是，再不给财主纳粮?"

"嗯，不纳粮。"

"陈年老债，一笔勾销?"

"一笔勾销!"

老人抖动着杂乱的、衰草似的花白胡须，两手上伸，眼望青天："老天爷开眼了！穷人有活命了!"

5

墙上贴着"安民告示"。

（锣声）一个圣兵从墙边跑过，边跑边喊：

"都去讲道理啦！听李大人讲道理啦!"

男的、女的，老的、少的，谈着，叫着，打着招呼，向村边空场拥去。场中央搭着高台，台的左边堆着一大堆泥塑木雕的菩萨"金身"；台右边堆着一大堆地契、债据。人们围着高台，围成一个大圆圈。有些老人看着菩萨"金身"，禁不住偷偷地合十作揖。

谭绍光引着火，把"金身"点着了。

李容发引着火，把地契点着了。

李秀成轻捷地跳上高台。他的脸上映着红光，泛着红晕，眼睛在红光映照之下闪着光芒。他习惯地在台上走来走去，手臂不断地用力挥舞，他的声音沉着而有力：

"世上只有天父上主皇上帝是独一真神。只有天王，是天下凡间独一真主。咸丰是老妖头，菩萨是他的妖徒鬼卒!"

李秀成像旁边的火堆一样燃烧起来了：红袍映着火光，红光闪闪，脸孔也映得通红，眼睛火辣辣地喷射光芒。农民们瞪大了眼睛，望着他，惊讶、新奇，甚至有些疑惧，但却有一股欢快的潜流流贯在每一个人身上。他们第一次听见这么大胆的、新奇的语言。他们永远难忘这次讲道理；这个他们第一次看见的"长毛"头目的燃烧着的动人形象。

李秀成越说越快越激动："这帮妖徒鬼卒迷惑我们几多年了！他们有口不能说，有鼻不能闻，有耳不能听，有手不能拿，有脚不能走！他们能赐福降吉？只有敬拜天父，跟天王扫灭清妖，才有太平安乐的日子过。"

火越烧越旺。

纸灰飞扬。

李秀成站在高台上，面对着千百张欢笑的红光焕发的脸孔，挥舞手臂，用急促的语调说：

"满鞑子欺压我们一二百年了，财主叫我们当牛做马，一辈又一辈！天下做田人有多苦啊！"他眼前闪现出在淮北荒原上所见的凄惨景象，他的眉毛紧皱着，嘴唇颤动着。他痛苦地站住了，沉默了一会儿。然后，眉毛一挑，挥动手臂："如今，天父天兄派天王下凡，拯救天下穷苦人，扫灭清妖，扫灭财主，要叫天下人有饭同吃、有钱同使、有衣同穿，要叫天下无处不均匀，无处不饱暖！"

红契、白契、当票、债据，都烧着了，灰飞烟灭了。

火越来越旺。

6

烈火中渐渐显出一张精瘦的、像火烤身似的焦灼的脸。这是赵烈文，庐州最大的财主。他举起手中的纸媒子，啐地一口唾灭了，咬牙切齿地说："不灭了庐州这股长毛，我赵某誓不为人！"他放下水烟筒，接着说："兄弟这次从江南大营回来，为的就是仿湖南曾国藩侍郎，办团练，剿长毛！"他顿一顿，扫视周围的地主乡绅们："李秀成是石逆达开手下一股悍匪，他学了石逆的一套，不许田主收租，减钱粮，轻赋税，设馆招贤，笼络人心，刁民从贼如流，我庐州府全境糜烂！此贼不灭，何以家为！"

围坐在周围的胖地主，精瘦的乡绅，蠢笨的乡愿，一个个都紧盯着赵烈文。赵烈文放低声音："如今李逆率贼窜扰金中、白石诸乡，庐州城里空虚，正是好时机！"

地主乡绅们伸长了脖子，凑近赵烈文，赵烈文放低声音说："先攻下庐州……"

赵家楼后院，一灯如豆。几十匹马嚼草，一片"嘎嘣"声。一个老人——我们在荒凉的原野上见过他，两手撑着脑袋，坐在破竹床上。两个孩子睡在里边。老人沉思着。李秀成的声音在耳边响："天下田，天下人种，……不纳粮……"

忽然传来急骤的脚步声，赵烈文的喊声："牵马！"

老人走去牵马，听见外面的声音，赵烈文吩咐家丁："连夜赶到，"他压低了声音，"禀报和春大人，明朝午夜动手！先攻东门……"

老人惊得倚在马脖子上。但他立即抬起头，装作什么也没听到的样子，牵马到门口："老爷，这么晚还……"

赵烈文一挥手："去，去！"

家丁牵过马，一跃而上，策马奔去。

家奴掌着灯笼在前引路，赵烈文走回上房。

老人看他走远，窜到床前，摇晃孩子：

"毛儿，醒醒，醒醒！"

汪毛儿揉揉眼睛，坐了起来。

"孩子，你骑马赶到白石山，禀告李大人，就说……"

快马飞驰，汪毛儿伏在马背上……

快马飞驰，赵家家丁紧抽几鞭……

李秀成在房里迅疾地走着。部将们——谭绍光、郜永宽都在，汪毛儿和李容发并排站在一起。李秀成站下，手一挥，决断地：

"去打赵家楼！"

谭绍光手握刀把，紧紧地握着："先下手为强！"

李秀成走到屋中间："分四路去攻！毛儿带路！"

黑夜。四野响着狂风的怒号。更鼓声在逞凶的北风中，低哑呜咽。

赵家楼一大片宅屋蜷缩在黑暗中。忽然，东炮楼起火，火势借着风力，立时蹿得老高。火光中，只见谭绍光一边把火引向四处，一边高喊："起火了，救火呀！"

四处炮楼都冒起浓烟烈火……

赵烈文手提大刀，跑到大门口，四面火把涌来，喊声大作，他扭头向后院跑去。

赵烈文冲进马房，牵过马一跳而上。老人蹿过来牵住缰绳，想拽住他："老爷，你……"

赵烈文感到老人那异乎寻常的眼光，微微一颤抖，陡然从腰间拔出匕首，举手掷去。匕首插入老人的胸部。抓住缰绳的手，松开了。赵烈文一拍马，蹿了出去，跳过后院院墙，跑了……

汪毛儿领着李容发赶到马棚，不见人影，只有几匹马在不安地踢踏。汪毛儿一跺脚："跑了！"李容发晃着手中的刀："跑了这回，跑不了下回，我刀上记着账！"

一声老人的呻吟。

两人循声望去，老人躺在食槽边。毛儿赶过去，伏在老人身上："爹爹！……"老人像被喊声惊醒，微微睁开眼睛，他看见儿子模糊的面影，嘴唇颤动："毛儿……报……仇！"他闭上了眼睛，永远、永远闭上了。

李容发举刀向食槽劈去，食槽被劈成了两半："总有一天要他的狗头，拿来祭老爹！"

汪毛儿擦干眼泪，拔下匕首往腰里一插，抱起爹爹，站了起来。他们骑上马，向村里驰去。

村庄沸腾了。

一杆大红旗插在村头，上书八个大字：

"红旗飘飘，英雄尽招"。

四面八方涌来人流。人们头上扎着红巾，手里拿着各种武器：刀、矛、锄头、斧头……人流拥到红旗下。

火堆烧起来，火光熊熊，干柴在火焰中唱着欢歌。

忽然，所有的人都转过身去，望着远处：两个骑士向这边飞驰过来。

人们闪开一条路，马奔到火堆前，前蹄扬起，猛烈停住。两人跳下马来。汪毛儿泪如泉涌，横抱着爹爹，走到李秀成面前。李秀成看着老人的尸体，眼里射出怒火，眉毛急速地跳荡。汪毛儿"扑通"跪下，放下爹爹，从腰下抽出匕首，呈给李秀成。李秀成接过血红的匕首，双膝跪下。他抚摸老人那灰白的、满是皱纹的脸，抚摸那衰草似的杂乱的头发、胡须。他扯下血衣，把血红的匕首包上，珍重地交到毛儿手上：

"记住，毛儿！"

愤恨终于烧干了毛儿眼里的泪水，明亮的眸子闪着仇恨的光，他双手捧着匕首，跪在李秀成面前：

"大人，我要入营！"

李秀成扶起他，指着火堆。

汪毛儿手捧匕首，向火堆走去。

歌声响起：

> 红旗高扬，
> 跳过火山！

毛儿跑到火堆前，猛然一纵身，跳过了火堆。一个青年农民跟在后面，挥舞手中的刀跳了过去。头扎红巾，手拿武器的农民，一个接一个跳了过去。

歌声嘹亮：

> 忠心之人，
> 得享太平。
> 奸心之人，
> 丧命其间！

所有的人都跳过了火堆。

人们排成了队列，红巾一片，一望如火！

李秀成一跃上马，李容发掌旗，立在他身后。

大黄旗上书写"太平天国二十指挥李"。

旗帜飘动，李秀成拍马奔驰，骑兵、步兵跟着，成千累万。

第二章

7

［太平天国六年（1856），江苏勾容］

奔马。马蹄卷起一团烟尘。骑士矫健地挺立马上，红色的头巾飘扬。

骑士飞奔进入勾容城。

军帐前，人们向远处眺望，急切地望着奔来的骑士。

骑士在人群前猛然停下，满身汗水的马喷打着响鼻，踏着前蹄。人群闪开了一条路，李秀成向骑士疾迅地迎去。他认出了她。

"雪娇！"

雪娇跳下马。李秀成看着她，她秀美的脸上布满沉痛、忧戚、疲劳的神色。他知道：什么严重的事情发生了。

"什么事？"

"翼王带兵出京了！"她从胸前掏出一个大封筒，"翼王要我当面交到你手！"

李秀成接过文书，打开看时，他的浓眉紧锁在一起，嘴唇紧抿着，嘴角的皱纹更深了。

旁白：

正当革命形势蓬勃发展、清朝统治摇摇欲坠之时，东王杨秀清点燃了内讧的恶火。东王杨秀清、北王韦昌辉、燕王秦日纲葬身其间。数万革命精锐，死于兄弟之手。几十万革命队伍，掉转了刀矛，奔赴内争。

不幸接着不幸。石达开回京辅政，为天国军民拥为"义王"之后，又处处受到猜忌、限制、打击，朝政及军务不得过问。石达开愤而出走……

李秀成收起文书，疾步走回营房。

营帐里，李秀成坐在帐前沉思。石达开的亲笔手札放在他的面前：

"……天朝诸将，多愿随兄远征，甚望弟亦领兵前来，共赴征途。弟可速从勾容拔营，到瓜州与兄会齐。……"

李秀成站起身来，迅疾地踱步。坐在一旁的宋雪娇用期待的、焦急的眼光看着他。

部将谭绍光、郜永宽、李兆寿走进来。谭绍光问："大人，有什么紧急军情？"

李秀成从桌上拿起石达开沿途散发的谆谕，递给他："你看看。"

看过谆谕，谭绍光惊讶地问："翼王要带兵远征？"

李兆寿脸上露出惊惶的神气，着急地问："我们怎么办？"

李秀成昂首挺胸，面对天父画像：

"金田起义，永安立国，我们为的是大家一心，扫灭清妖，立太平天国万万年江山！我们对天父发过誓言：坚心、耐心保天王。我们不能心怀二志、背叛誓言！"

谭绍先坚决地迈步走到李秀成身边："我们跟大人一起！"

郜永宽、李兆寿对看了看，慢步走近李秀成。

沉沉深夜。

李秀成站在桌前，陷入沉思。

宋雪娇站在他的身旁，轻声地问："明朝到瓜州去？"

李秀成点点头。但他倏然地站起，眼睛闪光，坚定不移地说："不，今夜就走，无论如何要留住翼王！他如今是天国的一根擎天柱啊！"

战马飞一般奔腾。

李秀成带领几员部将，赶赴瓜州。

瓜州南岸，滔滔江水，汹涌澎湃。

沿江几里长的地方，旗帜如林。人喊马叫，武器撞击声，搬运大炮的号子声。队伍在过江。

江边的小土坡上，石达开挺立马上，昂首远眺。他依然神采奕奕，只是眉毛微皱起一些。

李秀成驰近土坡，跳下马，上前施礼。

"翼王！"

石达开跳下马。

"秀成！带来多少人马？"

"小弟只带来几员部将。"

"怎么？"石达开跨前一步，惊疑地盯住李秀成。

李秀成目光闪闪，对视那逼人的眼光："小弟赶来，请翼王带兵回京！"

石达开一仰脸，爆发一阵大笑："哈哈……回京？"

李秀成脸色严峻，望着石达开。

石达开敛住笑容，感慨道："重重疑忌，回京何用！"

李秀成抢步上前，跪在石达开面前："翼王，天国大业，不能一误再误啊！"

石达开转过身，怒冲冲盯着李秀成："我石达开不保天王保天国，奋力灭清妖，照旧建功名，于天国大业何妨？"

李秀成仰脸望着石达开："翼王，镇江解围，扫灭江南妖穴，都是靠各路兵将，大家一心。要是势分两股，就怕要两败俱伤啊！"

石达开皱眉苦笑，仰首望长天："精忠若金石，历久见真诚！我石达开精忠为天国，真诚酬天父。此番远征，要是有碍天国大业，罪不在我！"

李秀成惊悚地看着石达开，眉毛颤动着，嘴唇颤动着，语重心长地说：

"翼王，看重天国大业，不计个人恩怨，才算忠臣义士！"

石达开脸色陡变，怒冲冲转过脸去："我意已决，不可更改！"他快步走下山坡，走到江边。

江水滔滔，波澜汹涌。

李秀成跟到他面前："翼王……"

石达开望着江水，背朝李秀成问道："李秀成，你不跟我走吗？"

李秀成赶前一步："翼王，小弟不能……"

石达开不等他说完，猛转过身来，唰地抽出佩剑，用力横划地面，划出一道浅沟。李秀成泪光闪闪，浓眉狂跳，紧紧盯着石达开："翼王，你就这样跟天王分手？跟天京分手？跟兄弟姐妹分手？跟江南父老分手？"

石达开把剑深深插入地里，猛然转过身去。

李秀成一脚跨过水沟，望着石达开的背影，深情地呼唤："翼王！……"

石达开没有转过身来，望着滔滔江水："长剑赠你。江水长流，你我后会有期！"

李秀成浑身颤抖，他抽回脚，退离水沟，一把拔出长剑，抱剑一揖："翼王，前途保重！"

他手抱脱鞘长剑，猛然回身，疾步走向坐骑。

李秀成立马江岸，看着渡江的队伍，看着对岸远去的队伍，他昂首长叹："走了，他们走了，把担子落在我们留下的人肩上。"他捧起长剑，抚摸它：

"长剑啊，你多锋利，但是你脱鞘离主，你孤剑一把，能成大业吗？"他收起剑，拨转马头，向着遥远的天京眺望："天京，我要回到你身边。天王，我要回到你身边。不走的，会大齐一心，同保天国大业。"

雨丝风片。江水怒吼。人声、马声、呼叫声、武器撞击声，各路队伍忙着渡江。

谭绍光走到他面前："大人，雨来了！"

郜永宽接上："路不好走了！"

李秀成紧握缰绳，俯身向谭、郜二人道："让风来吧，让雨来吧，不怕路途远，不怕路难走！"

他扬鞭策马，迎着风雨，向前飞驰。

向东，向东，李秀成一行人向东飞驰……

向西，向西，一批又一批太平军向西疾行。

李秀成策马驰过向西疾行的大军。圣兵们站下来，看着他们……

8

雷、电、雨，轰响，闪亮。树在风中摇撼，雨水泼向大地。它们骚扰了整个世界，袭击了整个世界。

洪秀全像一匹受伤的猛虎，两手撑着窗棂，头斜倚在左臂上，凝眸远眺，两眼映着闪电，一闪一闪地发光。疾风暴雨的世界，便是他此刻内心的写照。他声音低沉，颤抖，他在自语：

"天父啊！天兄啊！太平天国的大业，就这样败坏在自己人手上？"

他猛然抬起头："不，不能，绝不能！"

他两手向窗户一撞，窗户被撞开了，风吼叫着窜进来，雨水飘洒进来。他面对窗外黑暗的世界，让风雨吹打，举起双手呼喊："升天的升天了，该诛杀的诛杀了，要走的就走吧！"

他猛然转过身来，果断地命令道："封陈玉成为成天豫，任前军主将；封李秀成为合天侯，任后军主将！诏书即日颁发！"

坐在角落里的安王洪仁发、福王洪仁达，同时惊惶地站起来。瘦削的洪仁发尖着嗓子喊："陈玉成年纪轻轻，心性不足。李秀成——，可是石达开的亲信！"

洪秀全一怔，稍一犹豫；但立刻把手一挥道："陈玉成、李秀成不跟石达开一起走，忠心可见。"

忽然，侍臣匆忙进来禀报：

"李秀成到！"

洪秀全眼里闪出欢欣的光芒：

"他自己回来了！"

李秀成大步走向金龙殿。

洪仁发走近洪仁达，叹息一声："唉，死了杨秀清、韦昌辉，走了个石达开，又出来陈玉成、李秀成！"

洪仁达伤心地摇头。

9

天王府凤门前，左掌朝门引李秀成来到五龙桥前，引赞官一迭连声传呼：

"李秀成大人上殿！"

李秀成疾步走进金龙殿。

他疾步走到宝座前，长跪施礼：

"天王万岁，万岁，万万岁！"

洪秀全站起身，走下宝座台，亲手扶起李秀成：

"秀胞，一路辛苦！"

李秀成施礼："谢天王关怀。"

洪秀全伸出左手："秀胞起身。"

李秀成站起来，垂手而立。

洪秀全用信任的眼光看着李秀成:"秀胞赶回天京,一定有重要事情禀奏?"

李秀成从容奏道:"天王,如今翼王带走好兵好将,清妖到处作怪,江南江北妖穴败而又振。为振兴天国大业,头一宗要起用能臣战将,同保天王,同打江山。"

洪秀全点点头。

"朕已重用玉胞、秀胞,你看还有何人可用?"

"杨辅清、韦志俊两员战将,因是东王、北王王宗,畏罪在安徽按兵不动;林绍璋办事稳重可靠,因湘潭战败,一直闲居。求天王重用这班战将能臣。"

洪秀全含笑点头:"秀胞所奏很合朕意。"他转向典簿书:"立刻下诏,免罪韦志俊、杨辅清,起用林绍璋。"

典簿书:"领旨。"

李秀成接着奏道:"如今天京还算稳固,小臣愚见:先救桐城,解安徽围困,得上游之势;然后,回军扫灭江南、江北妖穴。"

洪秀全点头同意:"准你所奏。你即日回军安徽,兵力少,再拨宋雪娇所统女军,归你带领。"

李秀成:"领旨。"

第三章

10

长江岸边,朦胧的月色,照着银波万里。一列列战船,向江北渡去。一只大战船的船头,站着李秀成和谭绍光。

谭绍光望着李秀成,恳求他:"大人,还是从浦口拨两千人马带去吧!"

李秀成摇摇头:"不用。"

"一千!"李秀成指着浦口,"你守浦口这天京门户,兵势不能分。"

"那大人……"

"我到桐城,另作谋算。"李秀成停了停,望着谭绍光,"绍光,一副重担,交你担了,你要守住。我等解了安徽围困,就来解救京围。"

谭绍光迎视李秀成锐利的目光:"大人放心,有谭绍光在,就有浦口在!"

战船渐渐消失在浮游于水面上的雾霭中。

11

清军江北大营营盘里，江南大营统帅和春举起酒杯，对坐在对面的蒙古都统胜保一晃："克斋，祝你旗开得胜，马到成功！"

胜保端起面前酒杯，突然爆发出一阵习惯性狂笑："李秀成窜扰安徽这区区七千人马，大军一到立可全歼！"

和春眯笑着，摇晃脑袋："桐城一得，安徽全局就几为我有。金陵贼巢，便陷于无粮源、无饷源、无屏障的绝境，不一攻而克，也把它困死。"他停了停，更加得意地："曾国藩说，长毛内讧，元气大伤，不患今岁不平，此言甚有见地。"

胜保奉承他："金陵克复，粤匪剿平，大帅功勋盖世，千古流芳。"

两人仰头大笑。

赵烈文来报："马已备好，请胜帅示，几时动身？"

胜保蹦起来："就走。"

和春站起来走到胜保面前："克斋，桐城得手，就即日回军金陵。"

胜保大言不惭，把手一挥："大帅，不出半月！"

他又爆发出一阵狂笑，跨着公鸡步，走出营帐。

12

桐城城外，太平军最后一道墙垒。

李秀成从阵上败退下来，汪毛儿、李容发紧跟着他。来到墙垒前，他勒住马，注目观看：墙垒被炮火轰塌了好几处，地上躺着许多圣兵的尸体，地上血迹斑斑。圣兵中许多人在互相裹伤，有的在垒补墙垒，有的在收捡残破的武器。

他抬头眺望城墙：不多的女营姐妹，伫立守卫。他跳下马，把马儿交给汪毛儿，向城楼走去。宋雪娇从城楼上跑下来迎他，两人默默地交换了致意的一瞥，一起奔上城楼。

暮色降临，营火点着了。李秀成眺望城外：密密麻麻的灯火，围绕城的四周。凄厉的号角声，声声传来。李秀成长叹一声："孤军奋战，解不了围困。"

宋雪娇看着他，难过地："可援军又调不来。"

李秀成凝神，远眺，默然沉思。

半晌，他猛然转过身，果断地说道："只有跟捻子结盟了，他们有几十万人马！"①

李兆寿赶进李秀成的营帐。

李秀成领他走到地图前，指着三河尖："我们要跟捻子结盟，你是捻子出身，派你到三河尖去见张洛行。"

李兆寿先是一惊，听到叫他去，忽然眼睛骨碌碌转，打着主意，接着便满面笑容，连连点头："好，好，小弟明朝就去。"

李秀成决断地说："连夜赶去！"

"是，连夜赶去。"

13

桐城城外，胜保的大营。

赵烈文引李兆寿走进胜保的营帐。李兆寿卑躬屈节地站在胜保跟前："奴才出城，就直奔大人这来啦。上回大人派人去后，奴才就死心投效，就是总不得机会。"

赵烈文插嘴说："就该如此，识时务者为俊杰。"

李兆寿不住点头："长毛眼看就完蛋啦。奴才……"

胜保走到他面前，打断了他："只要你献出桐城，高官厚禄包在我身上！"

李兆寿受宠若惊："求大人多栽培。"

胜保哈哈大笑。他吩咐李兆寿："你先回去，准备妥当，派人来告我日期。"

"是。"

胜保仰起头，爆发出一阵狂笑，伸出张开的巴掌喊叫："李秀成，李秀成，不怕你有天大的本事，看你怎能逃出我的掌心！"

他把手掌收拢，紧紧地一捏。

---

① 捻子：在安徽、江苏北部和山东、河南等边境的农民反压迫武装。

14

李秀成威严而又怀疑地逼视李兆寿："张洛行怎么说？"

李兆寿畏缩地避开那逼人的目光，口吃地说："他说……各旗趟主心不齐，……有的……不肯挪窝……他说，天军条规严……"

李秀成狠狠盯住他，打断他的话："我在文书里这些事都说得明明白白！"他沉思地走了一圈，忽然站住，毅然决然地说："我去！"

李兆寿脸刷地白了，他颤抖了："大人，这……这……"

李秀成逼近他："你跟我一起去！"

李兆寿几乎栽倒，赶忙扶住椅子。

李秀成转脸对郜永宽、宋雪娇："你们坚守城池，不要轻易出战！"

快马如飞，马蹄得得，李秀成带领少数卫护，赶赴三河尖。

15

花鼓咚咚，许多人围着一对打花鼓的姑娘。捻军首领、各旗总趟主张洛行看看身旁的李秀成仰头哈哈大笑，对打花鼓的说："姑娘，再唱一段新编的。"

锣鼓响起，姑娘走了一个圆场，唱起来：

> 天军穿上黄坎肩，
> 捻子披上锁金褂。
> 同举钢刀同跨马，
> 杀得胜保下不了驾！

雷鸣般的帮腔声：

> 同举钢刀同跨马，
> 杀得胜保下不了驾！

张洛行畅快地大笑，挥动着手臂："唱得好！不光胜保，就是咸丰老妖头，也要叫他下不了驾！"他转过身来，望着李秀成："李大人，亲眼看见了吧，跟天军结盟，咱捻子有多喜欢！"

李秀成笑容满面："老洛，看见了。差点叫怕死的李兆寿误了事。"

张洛行鄙夷地一笑："这个孬种！听说这回又是半路就溜了？"

李秀成点点头："他怕我治他的罪，逃到天京去了。"

张洛行转脸向四周的捻军战士扬扬手，高声说道："兄弟们，李大人亲驾来了，从今往后，咱捻子跟天军在一起！"

李秀成扬起眉毛，兴奋地说："各旗趟主，众位兄弟！天军捻子是兄弟手足，从结盟以后，天军有难，捻子去帮；捻子有难，天军来帮。两家大齐一心，同杀清妖，同打团练，同闯江山！"

捻军战士同声欢呼。

16

胜保的大营被摧毁了：到处是烧毁、烤焦了的营帐、墙垒，地上扔满残破的清军旗帜、断戟、破刀，弃置的炮车，破烂的号衣，兵卒和马匹的尸体横躺竖卧。

太平军隆重的祝捷祷告刚结束，圣兵们排成整齐的队列，向城里的馆子和城外的营盘走去。

李秀成走向坐骑，正准备上马，忽然一骑驰来，卫护下马禀报："成天豫驾到！"

李秀成向远处眺望：一簇小黑点迅速移近来。他兴奋地跳上马，迎着黑点驰去。

他们靠近了。

陈玉成挺立马上，秀美英俊的脸上挂着开朗的笑容，他扬起一只手，高声喊叫："秀成哥！"

两匹马并排站住。李秀成亲切地看陈玉成："玉成。"

两人跳下马，两只手互相紧紧地拉着。陈玉成英气勃勃，秀眉下，一对眼睛闪闪发光，注视着李秀成："秀成哥，你见老了。"

李秀成憨厚地一笑。

两人手拉手，边走边谈：

"秀成哥，翼王一走，重担子就都堆在你身上了。"

李秀成谦和地笑了笑："初担重任，算计不周，打了不少败仗。"

陈玉成摆摆手："谁个不打败仗？这回桐城解围，不都是你的功劳。"

李秀成急忙摇头否认："是靠大齐一心！没有你率军来援，我孤军奋战，桐城解不了围。"

他们肩并肩，骑马缓缓而行。

"玉成，我真没料到，你先不救宁国，赶来援救。"

"秀成哥，你我从小一起长大，为今同保天王，我能不来？"

他们在灯下促膝谈心。

陈玉成年轻英俊的脸上闪着亮光，神采奕奕："我回军去解宁国围困，你去扫灭江南江北妖穴，打完这两仗，天国大业就又兴盛了。"

李秀成感慨地："没有内乱，翼王不带兵远走，天国大业会更加兴盛。"

陈玉成点头同意。他指着壁上长剑："听说翼王在江西、湖南节节败退，退到广西去了？"

李秀成站起来，抚摸长剑："好比脱鞘孤剑，纵是锋利，难成大业！"他走近陈玉成，目光闪闪，恳切地："玉成，但愿天国从今往后，上下一心，再不手足相残、兄弟内争。"

陈玉成紧紧握住他的手。

第四章

17

天京，安王府。

大旷场上，搬砖的、抬土的、扛木头的来来往往，安王府正在大兴土木。洪仁发站在窗前，指着外面，对站在一旁的李兆寿说："你送来的珍珠宝物，都收到那个新盖的宝库里去。"李兆寿指着一架风琴："安王，你来看看这个，是托洋兄弟罗孝全从上海买来的，真正的英国货。"

洪仁发走到风琴前狠劲地踩踏板，胡乱按了一阵，风琴发出杂乱无章的声响。洪仁发忽然哈哈大笑："有意思，有意思。"

他走到李兆寿面前，拍拍他的肩膀："李兆寿，有我，他不敢为难你。"

李兆寿谄媚地："求安王看顾。"他压低了声音，神秘地说："安王，你听说没有？"

"什么？"洪仁发尖起耳朵听。

"乌衣大胜，反灭江北妖穴以后，他为什么在滁州按兵不动？"

"他不是操练兵马，准备扫灭江南妖穴？"

"安王啊，他是要到安徽去称王称霸！"

"啊？"

"要不，他跟捻子勾搭？保奏正在安徽的韦志俊、杨浦清？还把心腹安插在浦口把门？"

洪仁发拍打着巴掌："好哇！翅膀刚硬一点，就……哼！"

洪仁发站在洪秀全的面前，压低了嗓音，诚惶诚恐地说：

"可是，大意不得呀。他手下兵马越来越多，地盘越来越大，如今又收罗了几十万捻子，总是不愿意回援天京，要留在安徽。当年石达开不也是在安徽……"

洪秀全用手势制止他说下去。他站起来，快步地转着圈子，他的心乱得很。他忽然站住了，摇摇头，思索着说："他跟石达开不同吧。"

"可是……"洪仁发赶忙插嘴。

"可是……"洪秀全自语着，"权势一大，离京一远，……"他不禁惊悚地站住了。

"不能不防着点哪！"洪仁发说。

洪秀全点点头。

洪仁发上前："不叫他去三河，也不让他去滁州，叫他回京，把他的部将都拆个东零西散！"

洪秀全沉思着，走了几圈，猛然站住，决断地说：

"要让他去三河，三河不保，安徽全局就不稳，要去三河就不能分他兵势。"

"那……"

"要他三河解围后，立刻回京，不许在安徽停留。"

18

滁州。

一大群骑士，拥着洪仁发，奔到一个太平军大馆子门前，停下了。

洪仁发跳下马，直向里闯。一个太平军官员慌忙出来迎接：

"安王安好！"

一个侍卫神气地喊道："你们李大人呢？快请他回馆子！"

"李大人向来不在城里打馆子，营盘扎在城外。"

侍卫问："在哪儿？快领去。"

"是。"

城外李秀成的军帐。

洪仁发坐在当中，脸上现出老大不满的神气。

"操练！操练！快替我请他大驾来一趟。"

"是，大人！"李秀成的侍卫答应着，飞快地跑了出去。

练兵场上，李秀成和圣兵们一起，操练阵法，队伍摆成了螃蟹阵。

李秀成穿一身便服，站在中阵前面。左翼的红旗一插，他，领着圣兵向左翼奔去……

李秀成走近指挥谭绍光："你继续操练，要练得熟熟的。我到郜永宽营盘去。"

"是，大人。"

卫护跳下马，奔到谭绍光跟前：

"安王驾到，请李大人回帐。"

谭绍光道："大人到郜大人营盘去了。"

卫护跳下马，奔到郜永宽面前：

"安王驾到，请李大人回帐。"

郜永宽道："大人到水营去了。"

卫护策马奔出营盘。

李秀成在帐前跳下马，奔近帐房口。

洪仁发正好从里面冲出来。

"安王安好！"李秀成施礼问候。

"啊，李大人，真忙哪。"洪仁发边往里走，边怪声怪气地说，"天京危急，九州都丢了，李大人不会不知道吧？可是还在操练，操练！"

"安王，'行营条规'里教导……"

"光是操练，江南妖穴就扫灭了？京围就得解了？"两人走进中军帐，坐了下来。

"安王，"李秀成解释说，"小弟跟成天豫商量好啦，先救三河，使安徽稳固，然后回援天京。"

"你把大军领去安徽，天京兵少，能稳固吗？"

"天京跟江北来往畅通，有粮有饷，眼下不会有危险。"

"要是江南妖穴和春妖头乘虚攻天京，你远水救不了近火，万一天京有失，你担得起这担子吗？"

李秀成沉思片刻，毅然地说："一切由我担待！"

洪仁发站起来说道："好，你去三河，可你记住，天王有旨，三河解围，你一定即刻回军天京，不许在安徽停留！"

李秀成脸上浮现欣喜的神色，快捷地一揖：

"遵旨。"

三河镇西白石山，村前的小山坡上。

李秀成站在山坡上，向东眺望。四周站满参护们。从二十里外的金牛镇不断传来隐隐的炮声。炮声越来越密、越响。李秀成不时地回头看看，从那儿，有烟焰升起了。

汪毛儿骑马奔驰到山坡前，禀报：

"大人，妖兵义中、义右、义左各营都到了金牛，跟成天豫开仗了。护右、护左也出了妖穴，奔金牛去了。"

李秀成注意地听着，点点头，没有说什么。

汪毛儿急切地请战："大人，妖穴空了，还不出战？"

李秀成沉默不语，向金牛方向眺望。

李容发急驰而来，尚未站定就禀报说："爹爹，李妖头亲兵马队都出妖穴了。"他拨转马头，回头向李秀成喊道："爹爹，我闯进妖穴去！"他踢踢马肚，扬起笼头。

"站住！"李秀成高声喊住了他。

李容发勒住马，不解地看着父亲。

就在这时，从金牛那边，一个骑士飞奔而来。

"是赖大人。"汪毛儿说。

陈玉成部将赖文光奔驰到山坡前："李大人，妖兵追过了金牛，成

天豫已经命令伏兵在后冲杀，妖兵被围住了！"

李秀成向汪毛儿、李容发一挥手："李容发，领兵截杀妖兵马队；汪毛儿传令谭绍光杀进妖穴！"

李容发、汪毛儿飞一样奔驰而去。

李秀成回头向部将们喊："郜永宽！"

"小弟在。"郜永宽走到李秀成面前。

"你率兄弟们到金牛去接应成天豫。"

"是。"郜永宽跳上马，向在山坡下待命的队伍一挥手："兄弟们，跟我来！"

郜永宽策马奔驰在前，圣兵们奔跑着紧跟着他。

李秀成看着他们远去了，便走近坐骑，跳上马，向三河镇奔去。汪毛儿迎驰而来：

"大人，谭大人领兄弟们冲进了妖穴，李续宾、曾国华妖头都被宰了。"

李秀成勒住马，昂首向烟雾迷漫的三河镇眺望，脸上隐约可见一丝欣喜的微笑。

江西建昌。

曾国藩半躺在睡椅上，捋着稀疏的胡须，沉吟不语。曾国荃站在他面前，又顿脚又挥手，焦灼、急躁、狂乱，大声喊叫："四眼狗窜到湖北去了，李秀成领兵回窜金陵，已经到巢县了。安徽空虚，正是长驱直入的好时机。"

曾国藩瞟了曾国荃一眼，不满意弟弟的浮躁，他慢条斯理地说："长——驱——直——入！续宾、国华三河之败就在占地太广，孤军深入，弄得有守兵无战兵，有战兵无援兵，终至全军覆灭。"

曾国荃一跺脚："唉！国恨家仇，何时得报？"

曾国藩站了起来，走到曾国荃面前，眯缝着眼，语重心长地说："老九，我平生长进总在受挫辱之时。当年在波阳湖湘军几至覆灭，我方知道建水师之重要。此次三河之失，国华丧生，我湘乡处处招魂，湘军元气大伤。"他慢慢走动几步，长叹一声，又站下说："然而，吃一堑长一智，由此我更进而深知贼势方炽，剿灭发逆，不是一日之功，必得稳扎稳打，进占十里，则贼少十里之势；进占百里，则贼少百里之粮。不跟长毛持强较力，唯有伺机进击。"

曾国荃摇摇头，一甩手，不说什么，跌坐在椅子上。半晌，侧着头问：

"伺机进击？"

曾国藩点点头。

"嗯。咸丰六年，长毛内讧，我方得扭转大势；今日，陈、李二逆起来了，未尝不会是杨、韦的后继者。"

19

李秀成在灯下读书。

李容发推门进来，奔到近前，递上一个大封筒："谭绍光大人送来十万火急文书！"

李秀成一惊，放下手中的《说岳全传》，接过文书，拆开来就灯阅读。文书在他手里抖动，"哗哗"作响。他放下文书，在屋里疾步走来走去。

宋雪娇从内室披衣走出来，看见他的焦急情状，急忙问："什么事？"

李秀成边走边说："天王派李兆寿去镇守浦口。"

宋雪娇惊讶地问道："把天京门户交到他手里？"

李秀成仍然走着，心情沉重地说："这是猜忌、防备我！"他顿一顿，稍稍自慰道："幸好，谭绍光没有撤走，还留在浦口附近。"

李容发性急地说："叫谭大人冲进城去！"

李秀成看他一眼道："莽撞！"

宋雪娇担心地说："浦口在李兆寿手里，总是危险。"

李秀成站住了，手臂一挥，果断地说："我赶回京去！容发，传下令去：陆顺德留守桐城，其余各营连夜拔营！"

"是！"李容发飞奔出去。

宋雪娇则走到李秀成面前，担心地说："你没奉诏书，又带兵前去……"

李秀成点点头。"安王怕更要起疑心。"但沉吟一会儿，他说，"得防浦口有失啊！"

他把宋雪娇拉在自己身旁坐下，对最亲密的战友和妻子倾诉道："我晓得，这回回京，定有一番争斗。可是为了天国大业，只好跟他们斗！"

宋雪娇说："可你总说，要大齐一心，不能再兄弟相斗。"

"雪娇，朝政越来越乱。这回，我猜定是李兆寿买通安王、福王，欺蒙天王。我不能眼看他们胡作非为，眼看天国大业败坏在他们手里。雪娇，我这回回京，想再奏请天王，整肃朝政，罢黜安福二王，重新起用翼王。"

宋雪娇惊悚地站起来，一时间不知说什么好，只迸出一句话："你，要慎重啊。"

李秀成眉毛跳动，神色严峻地说："精忠若金石，历久见真诚！"

20

天京街头，几名骑士急急驰过，马匹浑身湿透了，骑士们全身灰尘。李秀成和随从们赶到了天京。

安王府门前，大批农民在奔忙：搬砖、抬土、扛木头、砌墙……李秀成驰近这里，勒住马，皱起眉头观看。

劳作的人们中，有人轻声惊呼："李大人！"

人们放下砖石、木头和手里的活，渐渐聚拢来，拥近李秀成。一个中年农民走上前：

"李大人，耕田种禾的大忙日子，把我们逼来修王府……"

"年轻力壮的都来了，家里剩下七老八十的……"

纷乱的倾诉形成了一致的请求：

"大人，放我们回家吧！"

李秀成同情地望着他们。但他说："父老兄弟们，安王府的事，我做不了主啊。"

农民们跪在他的面前哀求。

李秀成深受感动，他把手一扬："你们走吧！"

农民们倏地爬起来，欢快地四散奔跑。

李秀成欣慰地看他们渐渐远去的身影。

21

天王府后宫内室。

洪秀全坐在桌前，两手托腮，两眼向前直视，沉思着。

洪仁发站在一旁，指手画脚地喊叫："他听得浦口交李兆寿镇守，就带兵赶回京来；回到京城，放走修王府的人，缴了收桑粮税的税票。事事他都作对，处处他都收买人心！"

洪仁达抢着说："跟当年杨秀清一样，威风张扬，独断独行。"

洪秀全猛击桌子："够了，够了！"

洪仁发、洪仁达怔怔地看着洪秀全。

洪秀全站了起来，迈开大步，踱来踱去，沉思自语："他也太放肆了！"

洪仁发又活跃起来，抢步到洪秀全面前："翅膀长硬了，兴妖作怪啦！"

洪秀全惊悚地倒吸一口气，后退一步，倚在桌上。

侍臣进来禀报："李秀成求见。"

洪仁发赶到洪秀全面前："来者不善哪！"

洪仁达惊惧地："天王府可是一点防备也没有啊。"

洪秀全倚桌沉思，杨秀清逐宫的可怕往事，陡然涌上他的脑际，他一挥手，背过身去。洪仁发向侍臣抬手……

22

天王府如临大敌，禁卫森严。

风门外，李秀成伫立等候。他看到四周戒备的景象，痛苦地皱着眉。

引赞官跑出风门，高声喊道："安王传话：天王正在安福，有事明朝上朝禀奏。"

李秀成立刻毅然向朝房门前的大吊鼓走去。紧走了几步，他迟疑了："这鼓可不能随便打响啊！"他放慢了脚步转回身来，缓步往回走，走了几步，他又停住了："不，浦口万一有失……"他猛然转过身来，迅疾地向大鼓走去。走到鼓前，他擎起鼓槌，猛力一击，"咚——"巨大沉厚的鼓声，震动了整个天王府。引赞官、侍卫们，飞也似的跑进风

门，跑向内宫。

洪秀全、洪仁发、洪仁达匆匆赶进金龙殿，朝臣们也都纷纷赶到。

金龙殿上，庄严肃穆。一场暴风雨来临前的寂静。

李秀成迈步走进金龙殿。

他走到宝座前，长跪参拜："天王万岁，万岁，万万岁！"

洪秀全脸色严峻，看着李秀成："你击鼓闹朝，有何急事？"

李秀成从容奏道："小臣回京，一为抢救浦口，二为求天王整肃朝政！"

洪秀全不满地问道："浦口朕已派李兆寿镇守，朝政有安王、福王和朝臣们辅佐，抢救什么？整肃什么？"

"李兆寿反复无常，贪生怕死。天王，浦口绝不可交他镇守！"

洪仁发先发制人："你莫诬枉好人。"

李秀成向洪仁发扫了一眼，然后转向洪秀全："朝臣们都说，他是买通安王欺蒙天王！"

洪仁发高喊："你血口喷人！"

洪秀全躁怒起来，拍打着扶手："你胆敢诬蔑王宗！"

李秀成双眉急速地跳动，坚定不屈地把话说完："天王，安王、福王猜忌异姓，贪图钱财，朝政日来日乱，军心不和，百姓有怨。若再不整肃朝政，天国大业，不晓得要败坏到哪步田地！"

洪仁发、洪仁达气得拍手跺脚。

洪秀全气愤地责问："依你，怎么整肃朝政？"

李秀成抬头看着洪秀全，目光炯炯："恕臣直奏：为天国大业，求天王罢黜安王、福王，召翼王回京辅佐朝政！"

洪秀全爆炸似的猛然站起，推倒宝座前的案桌，指着李秀成："住嘴！大胆放肆！"他跨步走下宝座，案桌挡住他，他一脚把它踢得老远，走到李秀成面前："你排斥王宗，你袒护石达开，你陈兵京城，你是何居心？"

李秀成跪下，仰脸看着洪秀全，泪光闪闪："小臣一片忠心对天国、对天王！"

洪仁发尖嗓喊叫："你就是要夺洪家天下！"

洪秀全怒火越来越旺，一甩手，指着李秀成："你居心叵测！朕革除你的爵位！"

林绍璋等辅臣从辅臣行列中闪出，跪在洪秀全面前。林绍璋奏道："李大人禀奏不当，该当治罪。求天王念他往日战功，从轻惩处。"

洪秀全厉声说道："谁敢保奏，与李秀成同罪！"

金龙殿上，一片沉寂。

侍臣急步流星奔上殿来禀报：

"李兆寿反心变妖，献出浦口！"

一片惊讶声。

李秀成从地上跳起来，向天王宝座迈进一步，用恳切的眼光看着洪秀全：

"天王，浦口一失，天京难保。求天王准小臣前去，夺回浦口。"

洪秀全脸色由盛怒、惊讶渐渐变得柔和。他目光闪闪，盯着李秀成。他转眼扫视朝臣：一双双恳求的眼光，看着他。他点点头，一挥手："你去夺回浦口，戴罪立功。"

23

浦口城上，飘着清军的旗帜"豫胜营"。

城楼上，李兆寿跟胜保派来的赵烈文饮酒作乐。李兆寿端起酒壶，一口气喝光，把酒壶往桌上一掷，美美地长出一口气："这几年跟长毛在一起，滴酒不许沾嘴，真瘾坏人了。"

赵烈文："这回喝个够。"

"喝个够！"李兆寿向戈什下令，"你传我的话：兄弟们今朝都喝个够。"

兵丁高兴得跳跳蹦蹦，跑了出去。

城外营盘里，兵丁们喝酒猜拳。

忽然，从天而降似的，太平军的骑兵冲杀进来。

守城的兵丁，想要关城门，但铁骑涌来，冲了进去。

李兆寿慌慌张张跨上马，没命地策马奔逃，溃兵们尾随着他。

谭绍光奔上城楼，手起刀落，"豫胜营"的旗子跌落在地上。

太平天国的旗帜，飘扬在城上。

24

李兆寿哆哆嗦嗦站在胜保面前。

胜保捶着桌子吼叫："你白受皇上厚恩！"

"奴才知罪。"

胜保把桌子捶得轰响："知罪！知罪！知罪就算了？"

"那……"

"给我夺回来！"

李兆寿脱口而出："李秀成的厉害……"

胜保无可奈何地一跺脚。

赵烈文慢条斯理地说："我倒有一计……"

胜保转身蹿到他面前："快说！"

赵烈文奸笑着说："劝降。"

李兆寿摇摇头："李秀成可不比别人……"

赵烈文满有把握地说："如今他被忌革爵，心怀不满！"

胜保得救似的高喊："机不可失。李兆寿，你立即走一趟！"

李兆寿吓得脸煞白，翻着眼，说不出话来。

赵烈文转弯说："送封劝降书吧。"

胜保点点头："也好。"

25

浦口，李秀成的军帐。母亲脸上笼罩着忧戚。她望着儿子李秀成，语重心长：

"京城里，这几天风言风语，说干王来京几个月就封王爵，玉成又封英王，你心怀不服；你夺回了浦口，爵位也还没复，你有怨气；说……说你忠而变奸！……"

宋雪娇怕引起丈夫的痛苦，轻言细语地劝阻："娘……"

母亲摇摇头，颤动满头苍苍白发："莫打岔。"她转向儿子，眼里含着泪珠："我晓得你的苦处……你常讲岳母刺字教子，岳飞精忠报国的故事。儿啊，娘比不上岳母，可娘望你学岳飞的样！"

李秀成眼里闪动着泪花："娘的话，儿子永不忘记。"

母亲宽慰地点点头："看到了你们，要说的话也说了，我明朝回天京去。"

儿子、媳妇一起挽留："娘，再多住几天。"

孙儿跑到她的身边，拉着她的手说："婆婆不走！"

正在这时，汪毛儿急匆匆跑进来：

"安王、福王过江踏看营盘，到了帐外。"

李秀成急步向外走去。洪仁发、洪仁达已经冲进来了。母亲、雪娇避到后厅去。

李秀成上前恭敬地施礼："安王、福王安好！"

洪仁发并不还礼，一屁股坐下来，尖嗓喊道："李大人夺回浦口，两个多月，怎么总是按兵不动啊？"

"兵马缺少，实在无力进攻。本想等英王出兵来援，不料安徽清妖作怪，英王不能来。眼下我正想用计解救京围。"

洪仁发话外有话地说："李大人这个计想了这么长日子，定是个好计吧？"

洪仁达粗声粗气，单刀直入："请问李大人，为何听到干王、英王封王晋爵，就接老母过江？"

李秀成惊讶而又气恼："家母明朝就过江回京。"

洪仁发冷笑，还不肯罢休："李大人是出名的孝子，刚接过江，就送回京？"

洪仁达抢着高喊："京里都在讲，李大人忠而变奸，接老母过江，怕是有谋算。"

李秀成忍无可忍，霍地站起来："这是诬陷！……"

突然参护匆匆跑进来禀报：

"抓到一个闯营的妖兵，口口声声说是要见李老大人，呈送文书。"

李秀成一挥手："先押起来。"

洪仁发溜了李秀成一眼："一个妖兵来送文书？带来见见，怕什么？"

李秀成明白了他的意思，大声吩咐："带上来！"

妖兵被带上来。他跪在地上，呈上一封文书："奉李世忠大人之命，送呈李老大人。"

洪仁发大惊小怪地喊："李世忠？不就是李兆寿吗？"说着，伸过手去接信。

清兵缩回手："李大人有吩咐，要李老大人亲收亲拆。"

洪仁发长腔怪调地："哦……"

李秀成接过信，径直地交给洪仁发。

洪仁发一把接过去，拆开念道：

"……洪秀全赏罚不明，猜忌异姓，杨秀清、韦昌辉遭忌被杀，石达开被逼远去；洪仁玕来金陵，无尺寸之功，数月之间晋封伪王；陈玉成亦封王晋爵。惟大人劳苦功高，反处处遭忌，一世之雄，委屈不得伸。识时务者为俊杰，如能弃暗投明，定能高官厚禄，享福无穷。望大人三思，弟在滁州，静候佳音。"

李秀成又怒又恨，霍地站起，声音颤抖地："李兆寿你这瞎眼的反骨头！各路的妖兵都可以缓剿，先要把你和胜妖头扫灭。"

他夺过信，举手要撕。

洪仁发一把抢回信，冷笑道："哼，李大人，这信可撕不得。"

洪仁发把信对着李秀成示威似的摇晃着。洪仁达上前又把信夺到自己手里，往怀里一塞，拖着洪仁发："走！走！"

两人快步跑了出去。

26

长江水波涛汹涌澎湃。嶙峋岩石屹立江边。浪头卷来，撞个粉碎，溅起水花一片。

几个骑马人，伫立江边。战马昂首嘶鸣。李秀成在马上眺望对岸，只见浪涛滚滚。

忽然江面上出现一个小黑点。黑点渐渐大起来，是一只小船。李容发驾一叶扁舟，逆风破浪，疾驶过来。没等到岸，他便一跃而上。

李秀成跳下马，奔到他面前："怎么样？"

李容发激愤地挥手指着对岸："封江了！水营守将传话：无论何人，不准过江。"

李秀成翘首眺望对岸，浪涛滚滚，猛击岸边岩石。李秀成屹立岩石上，一动不动。

"你们陷害的不是我，不是我！你们陷害的是太平天国！"

回答他的是浪涛的咆哮，战马的嘶鸣。

谭绍光走近李秀成，轻声地："大人，怎么办？"

郜永宽一拍大腿："投翼王去！"

李秀成猛然回转身，瞪眼看郜永宽，郜永宽畏怯地低下了头。

李秀成迅疾地走到马前，跃身上马，对谭绍光道："传令各营：严密防守，防妖兵偷袭！"

27

深夜。风声，雨声，波涛声……

一队巡逻的太平军，在雨中摸黑前进。远远近近响着口令声：

"口令？"

"坚心！"

巡逻队消失在黑暗中。

营帐里，李秀成面对壁上长剑，往事涌上心头：

……石达开转过身去："长剑赠你。江水长流，你我后会有期！"

他自己坚定、果敢地回答："精忠若金石，历久见真诚！"

风吼叫着吹进窗来，宋雪娇拿来一件披风，轻轻地披在他的肩上。李秀成握住她的手。

他们长久地、默默地站着。

脚步声。宋雪娇回过头来。

"娘！"

她赶忙过去搀扶。李秀成也转身走到母亲身边：

"娘，还没睡？"

母亲坐下了，微微地叹息一声："唉，到了这步田地！"

李秀成看着母亲忧虑的脸道："娘，莫急。"

母亲晃动着苍苍白发："如今你见不到天王的面，有嘴没处说啊。"

李秀成忽然两手紧握母亲的手，声音颤抖道："娘……本想明朝跟你老人家商量……"他哽咽住了。

"什么？"母亲紧盯着他。

李秀成含着眼泪说："不孝的儿子，叫娘受屈。娘啊，为了天国大业，娘不怪罪？"

"要我做什么？"

眼泪从李秀成脸上滴落下来，他饮泣着说："娘明朝还是过江去！天王晓得儿子孝顺娘。"泪水滴落在娘的手背上。

母亲颤巍巍站起来，望着儿子："你要把娘押在天王手里!?"

李秀成跪在娘的膝前，泪流满面，泣不成声："娘啊，儿子……罪重如山，要是娘……"

宋雪娇掩面哭泣，跪在婆母的面前："不！娘不能去担风险，我去，行不?"她恳求地望着李秀成。

母亲苍苍白发一抖动："我过江！"

李秀成、宋雪娇伏倒在娘的怀里。泪水顺着老人满脸的皱纹，滴落下来，滴在儿子头上，滴在媳妇的头上。老人抚摸他们，扶起他们。她望着儿子：

"几时动身?"

李秀成感激地看着娘："明朝。"

宋雪娇忍住哭泣，望着婆母："娘，我保你过江。"

她伏倒在婆母的怀里。婆母紧紧地搂着她。

浓雾，江上灰蒙蒙。

船离开了江岸。母亲站在船头，风吹江面，苍苍白发飘动。李秀成泪光闪闪，望着母亲，挥动着手。船乘风破浪，直向对岸。李秀成踏着岩石，一步步向前走，浪在脚下翻滚。船远去。李秀成站在岩石上眺望。

浓雾遮没了船，笼罩了一切。

朝阳出现了，雾渐渐淡了，散去了。船影消失在远处。只见波涛滚滚。李秀成仍然站在岩石上，眺望对岸。

28

金龙殿上，洪秀全端坐在宝座上，朝臣们分立两旁。所有的人都注视着殿外。

李秀成的母亲，在宋雪娇搀扶下走上殿来。她那苍苍白发，在阳光下闪着银光。走近殿门，她拨开雪娇的手，掸了掸衣襟，双手拢了拢银丝，自己迈步走进金龙殿。宋雪娇在后面跟着。走到殿中间，她们跪伏在地上。

老人抬起了头，眼里闪着泪花。

"天王，秀成……送我回京来了。"

洪秀全站起来，大步跨下台阶，扶起老人。

"秀胞铁胆忠心，忠贞不贰！……"

他回身走上宝座，庄严宣布：

"……朕封他为顶天扶朝忠王！"

母亲和宋雪娇感激得眼泪扑簌簌滴落下来。两人跪在天王面前："谢天王大恩！"

林绍璋捧来一张贡绸，展开来，一面有洪秀全亲笔写的四个大字："万古忠义。"

写有"万古忠义"的贡绸展开在李秀成面前。李秀成眼里充满泪水，看着天王的手笔。

他情不自禁，仰首向天：

"天王啊，为天国大业，臣万死不辞！"

第五章

29

李秀成的声音：

"为解天京围困，我带精兵，急进浙江，智取杭州，分江南妖穴兵势，然后回军天京。"

浙江泗安附近的虹桥镇。村里，太平军圣兵们在休息。圣兵分在各处，做着各种活动。

河边树下，李容发、汪毛儿在谈心。

汪毛儿嘟哝："今天晚上就要扮好！穿妖服，打妖旗，跟妖兵一模一样。"

李容发调皮地眨眨眼："当把假清妖，怕什么？"

"反正你不当。你跟雪娇王娘到湖州砍哪，杀呀……"

"哈哈哈，我的毛儿，你晓得我娘带多少人马？"

"多少？"

李容发伸出两个手指头。

"两万？"

"两千！不哄你。我们也出奇。爹爹吩咐，马屁股上拴树枝，做十个人的饭要挖一百人用饭的灶，晚上火堆多多地烧。"

汪毛儿迷惑不解地："真是出奇。"

军帐里，李秀成面前坐着一位花白胡子的老农。

李秀成兴奋地说道："这么说，天目山有条多年没人走过的小路！老伯，走这条路，几天到得了杭州？"

老农笑了笑："看怎么走法。拿当年我送那班赶考秀才来说，少说也得十天半月。天军都是飞毛腿，那就不同了。这么说吧，二月十四日，从虹桥镇动身，十九日包到杭州看朝香的热闹。"

李秀成亲切地征求老农的同意："好吧，老伯，有劳你老走一趟，行不？"

老农爽快地回答："没的说，打妖兵么！"

"清军"在崎岖的天目山上，衔枚疾走。老农被捆绑着，在前领路。"总兵"汪毛儿骑在马上督队。

急行军的一双双脚，在前进。脚下出现：安吉—孝丰—武康—余杭……杭州在望。

烟尘滚滚，遮天蔽日，大路远处，千军万马奔驰前进。队伍驰近了，只不过几十个女军，稀稀落落骑着尾巴上拴着树枝的马奔驰。接着，又一队同样的队伍。接着，又一队……

黄昏，山林里、小河边无数炊烟在晚风中摇曳，"千军万马"扎营了。

黑夜，千千万万的篝火，燃烧在山林、旷野、河边……

宋雪娇率领几千女军奔驰。

驰来一骑，向她呈上文书。她掀开看过，向圣兵们："姐妹们，妖兵把我们当大军，说我们'窜扰苏杭'，多路妖兵都赶去求援啦。"

一阵哄笑。

宋雪妖接着说："咱们赶大军去。"

宋雪妖拨转马头，带领女军们向南奔驰。

杭州，武林门外。

城门前烧香拜佛、许愿还愿的，各样买卖人、乞丐、卖艺的，看热闹的，各色人等，挤挤撞撞，熙熙攘攘。

一个青光眼的瞎乞丐，一手拄着拐棍，一手捧个砂罐，边摸索着走边喊："行善积德的老爷太太们，做做好事，保今世修来生。可怜可怜瞎眉瞎眼的人哪……"这是汪毛儿。不远处，一个卖艺人，瞅了瞅他，忍不住要笑，赶忙捂住了嘴，走到一边去。这是李容发。他前后看了看，跟左右前后许多买卖人、朝香的、看热闹的闲人交换了一个眼色，便赶上瞎子，往前紧走。

城门两边，两个清军兵卒在谈话：

"长毛都窜到苏州、常州去了，还怕什么？"

"空城计不好唱！李秀成可不是司马懿……"他赶前一步，推搡着人们："关城门啦！关城门啦！"瞎子乞丐更加快了脚步，挤到他跟前，想往城里跑。清兵挡住他："死瞎子，还往哪挤！"瞎子什么也没听见一样，更是使劲往前挤。

大铁门慢慢地关上。瞎子忽然扔了砂罐，一个纵身，推倒关城门的清兵，用背顶开了关了一半的城门。许多卖艺人、香客、看热闹的闲人，都抽出了刀枪，一声吼叫，杀进了城门。

人们呜哇喊叫，东奔西跑。

30

"咣啷"一声，茶杯摔在地上，奕詝（咸丰）霍地站起来，瘦脸上眼睛瞪得灯笼那么大，尖嗓喊叫："曾国藩不能暂抑安庆围军？江南大营不能分兵求援？杭州失陷，浙江糜烂，叫他们都喝西北风去！告诉曾国藩、和春、胜保，火速赴援。若有大变，叫他们都拿头来见我！"

军机大臣奕䜣跪在地上，惶恐地答道："是！奴才就办。"

江南大营。

和春、胜保两人一来一往，在房里转悠，像一对热锅上的蚂蚁。和春忽然站住："若不分兵赴援……"

胜保挥动两手，大喊大叫："大营不能抽调一兵一卒！李秀成这是

围魏救赵、调虎离山哪！曾国藩能接奉数道圣旨，置若罔闻，大营何必一定要分兵?！分兵必吃大亏。"

和春长叹一声："克斋，杭州一丢，大营粮饷断绝，旦夕之间就会溃散。"

胜保狠狠地跺脚，咬牙切齿："好狡诈的李秀成。"

和春摇头叹气："事已如此，只有派张玉良赴援杭州了。"

31

杭州城上，几个圣兵在扎草人。

甲："妖兵真听忠王大人的铺派。"

乙："他来我走。"

丙："走? 这不是守城的?"他拍拍刚扎好的纸人。

甲："孔明草船借箭，忠王大人是草人守城。"

暮色渐渐爬上来，苍茫暮色中，一排排"圣兵"警惕地守卫在城头。

天目上密林中，长龙似的队伍迅速地向前移动。

李秀成骑在马上，站立山坡，看着队伍前进。

谭绍光率领几十名骑兵，在大路上奔驰。一路上，扔下衣物、金银、财宝……

三五成群的清军，枪上挑着大包小裹，背上背着衣物，手上捧着金银首饰，一路搜索前进。张玉良的强盗兵，已经散乱了，解体了。兵卒们到处寻找"太平军溃散时丢下的财物"。两个兵卒在争夺一个手镯，一个把总驰近他们，兜头两鞭子，打开了扭在一起的两个人，一把夺过手镯，挥鞭策马而去。

群马奔驰，旗帜如林，一杆大旗在前引路，上书"太平天国忠王李"。

长江渡口，战船高桅上，一杆大黄旗在江风中摇展，上书"太平天国英王陈"。陈玉成神采奕奕，威立船头，指挥大军渡江。

"太平天国侍王李"的大旗飘动，千军万马，向前进发。

"太平天国辅王杨"的旗帜飘动。

旁白：

太平天国各路大军，会集天京周围，分路突击清江南、江北大营。

炮声，枪声，喊杀声……

胜保、赵烈文率大批兵勇拍马狂奔。他张皇地向后看：一片火光。赵烈文挥去头上的汗珠："上方桥烧断了。"胜保长吁一口气，继续狂奔起来。

来到和春营盘前，胜保跳下马，直奔帐里。劈面奔来一个戈什。"大帅在吗？"胜保问道。

"大帅才入睡，不许人惊动。"

胜保一甩手，"去！"大步蹿了进去。

和春躺在榻上，发出甜蜜的、巨大的鼾声。胜保窜进来，走到床头，高声喊叫："大帅，大帅！"

和春哼哼着，翻了个身，又呼呼睡了。

胜保贴耳大喊："大帅！"

和春惊醒了，翻过身来，吼叫："浑蛋！……"

胜保摇摇头："大帅，是我。"

和春拥被而起："克斋！"

"大帅，长毛四面包围过来，只有……撤了。"

"你……你……先去挡一阵……我随后就到。"

胜保飞也似的跑出去，跟赵烈文一起想出去挡一阵；但看到太平军铺天盖地而来，转身就夺路而逃。

屋里，和春手哆嗦着，怎么也穿不上靴子。

闪光，喊声。

和春摔掉靴子，光脚往外跑。

迎面进来几个太平军战士，汪毛儿手举大刀，向和春奔来。和春取下佩剑，猛地刺向汪毛儿。后面的圣兵举刀抵住，汪毛儿趁势举刀劈来。和春死猪似的哼了一声，倒下了。

溃逃的清军，像一群败兽似的乱挤乱窜。

胜保、赵烈文等在亲兵卫护下，砍杀挡道的兵勇，夺路逃命。

太平军各路冲杀。

第六章

32

旁白：

李秀成率军乘胜追击，连下无锡、常州、苏州等江南重镇，并以苏州为中心，建立起苏福省。

歌声：

> 青竹椅，白竹台，
> 欢迎忠王到苏州来。
> 杀脱和胜两妖头，
> 我伲（们）百姓把头抬。

李秀成在苏州城里巡视。

繁华的苏州古城，被清军烧杀劫掠得残破不堪：到处是瓦砾堆，断桥残垣，弃置的尸体；三三两两枯瘦的孩子在瓦砾堆中翻捡破烂。

李秀成环顾四周，对旁边的谭绍光吩咐道："先叫百姓有吃、有住，要赶快盖房子，发粮食、衣裳，分种子、散本钱。"

"是，大人。收尸局明朝就上街收尸啦，舍饭馆也办好了。"

"招贤馆呢？"

"照大人的吩咐，找了一幢大馆子。"

"等城里安民妥当，"李秀成边走边说，"就下乡安民。哦，你看这桥，"他走到一座断桥前停下来了，"要赶快修好。"

"是，大人。"

"把城外土营兄弟都调到城里来，修桥、补路、盖房子。"

郜永宽从后面骑马赶到面前，跳下马禀报："大人，团练又到城边扰害，抓到了几个妖崽。"

李秀成站下："带到王府来。"

忠王府。

李秀成看着眼前几个人，都是淳厚朴实的农民。他脸色立刻变得柔和，亲切地说："你们是受了财主的欺哄。我晓得，你们都是作田的兄弟。"

农民们困惑地看着眼前这个"长毛头子"，他是那么威严，但又慈祥亲切。他们困惑地沉默着。

李秀成和蔼地笑着："苏州百姓叫清妖害苦了，天军来了，要叫百姓安居乐业，有吃有穿。"他顿了顿，接着说："先给你们点粮食，等几天我就到乡下去安民。"

卫护们抬出粮食来，放在农民面前，他们又惊又喜又疑，不知所措。一个中年农民试探地问："放了我伲？"

李秀成笑着点点头。谭绍光抱起一袋粮食，往他肩上一放："快走吧。"

苏州街头，一个圣兵敲着锣边走边喊："没家没粮的，没吃没穿的听着，山塘、虎丘造了房子，开了粮房馆，到那去，有吃有住……"

许多人停下来，看着这远去的圣兵，脸上显出欣喜的微笑。扛着粮食的农民们，也站了下来，互相看看，微笑着。

他们走过一座刚刚修复的石桥，一群妇女捧着各种家什，里面装着粮食。她们说说笑笑，从桥上走过。

几只小船，从桥下驶过，船上装满粮食。

几只小船，扬起小白帆，在蜿蜒的小河上疾驶。李秀成站立船头，欣赏这江南如画的美景。

船靠拢河边。李秀成头一个跳下船，谭绍光、李容发和卫护们跟着一个个跳下船。

猛然，树丛中响起了牛角号声：呜——嘟嘟。接着，一阵紧锣。谭绍光警惕地拔出了刀，卫护们跟着拔出了刀。但李秀成不动声色，稳步向村边走去。

一群举着刀矛、锄头、耙子的农民，呜哇喊叫，疾风似的奔来了。李秀成仍然沉着地向前走去。奔跑的人群逼近了，一根长矛正对李秀成的胸膛伸过来。持矛的老农，眼里闪着怒火，直视李秀成。谭绍光、李容发两人赶快高举战刀，冲到李秀成面前去。李秀成却两手一分，拨开谭绍光、李容发，挺身走到前面，面对一支支闪亮的矛尖，恳挚地说：

"父老们，兄弟们，我送来一些粮食，都在船上，快去搬吧。"

人群中的喊声："哄人！""到底来干什么？"

李秀成侧转身，指着河边："你们看看，来了几多人？来了几只船？船上装的什么？"

农民们看着河边：三四只船，装满粮食；人，就只面前这几十个人。他们和软了，有些刀矛缩了回去。

一个狗腿子模样的人，忽然喊叫："问他，为什么抓了我们的人去点天灯？"

农民们又吵闹起来。

李秀成眉毛一挑："莫信谣言。天军绝不乱杀一个百姓。"

第一个举矛的老农恨恨地责问："我的阿虎呢？"

"阿虎？"李秀成莫名其妙。

"这不是吗，爹。"

人群中一个背粮食袋的剽悍的青年农民——他是被李秀成放回来的几个农民中的一个。他指着自己的鼻子："我被点天灯了吗？"他又指着自己肩上的粮食袋："看，这是什么？乡亲们，都是财主乱嚼蛆，我侣叫他们欺哄了。"

放回来的农民都背着粮食，挤出人群。

阿虎把粮袋扔在地上，跪在李秀成面前："忠王大人，你老人家受惊了。"

阿虎爹扔下长矛，跪在地上："大人啊，莫见怪。"

长矛一根根缩了回去，农民们一个个跪下了。

李秀成感动地把面前的农民扶起来："乡亲们，天军要叫百姓过太平安乐的日子。你们的仇人，是财主，是团练，是清妖。你们跟天军作对，是受了欺哄。"

阿虎弯身捡起长矛，高喊："杀财主去！"

农民们举起长矛，一声呼啸，冲回村去。

33

阿虎爹给几个老农讲故事：

"那财主跟种田人一起进了忠王府。忠王坐在堂上，问：'什么事?'财主说：'作田佬造反了，占了我的田地，不完粮，不交租。'忠王问他：'你那田有多长？地有多宽?'财主摇摇头：'不晓得。'问：'你那田是黄土，是黑土?'财主摇摇头：'不晓得。'问：'你那田栽几多禾？收几担稻?''不晓得。'忠王把桌一拍：'你不晓得田有多宽、地有多长，不晓得是黄土还是黑土，不晓得能栽几多禾、能收几担稻，还说田是你的、地是你的？呃?'财主吓得像筛糠似的哆嗦，哑口无言。忠王站起身，说：'自古以来，田地是种田人开出来的，庄稼是种田人种出来的，种田人自己种自己收，怎么会是造反？你还敢来告状!'财主吓得屁滚尿流，滚出忠王府。"

"哈哈哈……"大家畅快地大笑。

阿虎爹收住笑容，庄重地望着大家："如今，吃的有了，种子有了，租子不交了，田凭也到手了，可这进贡的事……"

一个老农抢着问："你说，送什么吧?"

"送猪。"有人说。

阿虎爹摇摇头："哪村哪庄不送猪?"

"送马。"

"打仗要马。"

阿虎爹摇摇头："忠王打了大胜仗，战马有的是。"

"那送什么呀?"

"送人!"

"人?"

"人!"阿虎爹说，"忠王要招百万大兵，为灭清妖，打江山! ——我就一个阿虎，把他交给忠王!"

"我把细崽送去。"

"我的阿祥送去!"

34

忠王府。

阿虎爹站在李秀成面前。李秀成和蔼地对他说："老伯晓得，我从来不私收贡品。"

阿虎爹微笑着："这贡品哪，大人可不能交到圣库去。"

"哦，什么贡品？"

阿虎爹转身，从背后扯出阿虎，把他推向李秀成："就是他。"

农民们从身后拉出一个个壮实的青年汉子："就是他！""就是他！"

整齐一排壮实的青年农民，头扎红头巾，站在李秀成面前。

李秀成脸上浮起微笑，眼里闪着欣喜的光芒。他扬起手，微微一躬身："多谢了，老伯们！"

第七章

35

苏州阊门前，立着一座新落成的碑坊。石碑上刻着四个大字"民不能忘"。几个农民站在碑前观看，有人轻声地念碑序序文："军民颂德靡涯，黎庶歌功无尽。"人们不住点头。

洪仁发、洪仁达在际护簇拥下，来到碑前，两人匆忙跳下马，窜到碑前，十分注意碑上的文字。洪仁发脸色阴沉下来："民不能忘！哼！……常熟有一个报恩牌坊，这里又一个！"

洪仁达狠狠地："等上海打下，还不又一个！"

洪仁发十分坚决地："绝不能让他打上海。"

洪仁达不解地看着他。

洪仁发悻悻地："这趟苏州没有白来，我算亲自看到啦。他从西征回来，又是江西、湖北起义的几十万百姓，又是回朝的石达开统下的几十万人马，还有洋将、洋枪营……差不多百万人马呀。如今苏福省百姓眼里，只有他忠王一个人！要上海再叫他得了……"

洪仁达大喊大叫："不能让他去攻打上海！"

两人狠抽坐骑，飞奔而去。他们要赶回天京，到天王面前进谗言。

天王府金龙殿上，御前军事会议正在举行。

李秀成首先奏明二次攻取上海的理由：

"上海攻下了，粮饷更加充足，江南连成一片，没有清妖的立足之地，西洋跟天朝的贸易也能发展。"

洪仁发警告地说："小心伤了跟各国洋兄弟的和气。"

李秀成看了洪仁发一眼："西洋各国去年帮清妖守上海，在汉口，英国人又用诡计阻挡天军。我托阿礼国领事带给英王约定会师的日期的信，也石沉海底，没有下落。西洋各国早就不讲信义，伤了兄弟情谊。这回，他们要再不讲信义，我绝不退让。"

"绝不退让！"洪仁发冷笑说，"请问，你有多少洋枪？有多少洋炮？"

李秀成也冷笑一声："打洋人，要用洋枪洋炮，可土炮还为主。再说，安王，可怕的不是洋枪洋炮，可怕的是害怕洋枪洋炮！"

洪仁发挥手叫喊："你敢……"

洪秀全摆摆手，制止了他，说道："上海一定要攻取，可眼下，庐州危急，陈玉成兵力不足，需要救援；曾国荃妖头分兵直向天京逼近，天京更不能不顾。"

李秀成："天王，分兵就难取胜，上次攻取上海败就败在没有料到洋人助妖，兵力太少。"

洪仁发喊叫："李大人总是不想顾天京的死活！"

李秀成转脸向洪仁发："安王，天京眼下还无危险，等上海攻下，保天京，进军安徽，都没有后顾之忧。"

洪仁发怪脸冷笑："李大人手下人马近百万，分兵救安徽、保天京还不行吗？"

李秀成想说什么，但天王已经决断地站起来："秀胞，你去攻取上海，有两宗要照办：第一，抽一支人马赴援安徽；第二，上海要火速攻下，限期两个月，好回保天京。若有危急，一定要立即回军！"

李秀成看着洪秀全，领会到天王用意，他毫不迟疑地说："遵旨！"

旁白：

　　　李秀成兵分五路，水陆并进，攻取上海。

"太平天国忠王李"——大黄旗在春风中飘扬。

矫健的骑士，挺立马上，策马奔腾，无数跳动的马蹄，越过绿草茵茵的春日江南沃野。

春江水满，载着大小船只，白帆兜满春风疾驶。

上海附近的重要城镇：嘉定、太仓、奉贤、金山、川沙、南汇、高桥，一个个插上了太平天国的旗帜。

太平天国的雄师劲旅，逼近上海。

（稳健、沉着、有力的朗读声）：李秀成读给上海军民的谆谕：

"东南兴图附近归我版籍，而惟尚（上）海犹为清妖盘踞，此乃苏浙之屏藩，为我必收之地，故特分师五路，水陆并进，攻取上海。……"

朗读声中，出现清宫养心殿。竹丝帘后，坐着垂帘听政的慈安太后和慈禧太后。慈安像段木头呆坐着，两眼微闭，不听不言；慈禧（那拉氏）一双细瘦的手搭在椅子扶手上，惶恐而又生气地说："那上海他就不管了？实授他两江总督之职，领钦差大臣衔，不就是为了他去赴援苏常、上海？他干吗老赖在安徽，就是不肯撤安庆之围？"

军机大臣、恭亲王奕䜣奏道："曾国藩还是那句话：'安庆一军目前事关淮南全局，将来为克复金陵之张本，所以不可遽撤。'"

慈禧轻轻拍打着扶手："上海呢？就靠几千败兵？"

奕䜣："曾国藩奏折中说：'上海为各国通商口岸，华洋自当共争共守。'"

慈禧："他跟薛焕一个鼻子眼出气。"

奕䜣："这是大势所趋，太后。诚为薛焕奏折中所说：'大局安危，系此一举！'"

慈禧点点头："可也是。不过，洋人助剿，能不趁机要挟吗？"

奕䜣："洋人重财，有所索求，无非是银两酬谢，贸易便利，于我江山社稷，并无不利。《天津条约》签订后，洋人倒是真心和好。皇太后，今日之势，洋人不过是肢体之忧，长毛才是心腹之患哪！"

慈禧点点头，叹息一声："唉，到这步田地啦，就照曾国藩、薛焕他们的主意办吧。"

奕䜣喜形于色："领旨。"

38

上海。

英国驻上海领事馆的大厅里，灯火辉煌，人影幢幢。"中外会防局"的重要会议在这里举行。各国使节、外交官员，驻华侵略军海陆军军官，清政府在上海的大臣要员，洋行的经理，逃亡的江、浙地主、绅商，都来到了。

会议还没有开始，大厅里，一对对的人，走来走去，窃窃私语。

第一对：英国驻上海领事阿礼国和英军少校、洋枪队副统领戈登，两个一胖一瘦，手挽着手，边走边谈。

阿礼国："'和平使者'艾约瑟教士已经从苏州回来了，他曾经见到李秀成。这是极顽固的反叛军首领，从他那里我们绝不要想得到什么。他宣布要收关税，要绝对禁止鸦片。这是要我们交出从满洲人那儿刚获得的利益。"

戈登："普鲁斯阁下已经同意？"

阿礼国："当然，满洲人已经答应：战争中所有俘获物，任我们拿取。正像普鲁斯阁下所说，是扔下救生圈的时候了。"

第二对：洋枪队统领华尔和副领白齐文。

华尔："中国是我们一个无边际的市场，绝不能叫与我们利益对立的叛军破坏它。绝不能！不过，国内正在进行的讨伐南方奴隶主的战争扯住了我们。我们不能抽调更多的兵力来……"

白齐文："所以有人说：'美国人站在树下，等别人打下果实来。'"

华尔："马歇尔阁下因此对我们和我们的队伍，期望很大。"

第三对：苏松太道吴煦和候补道杨坊。

杨坊："英、美、法联军已经组成，英国海军提督何伯任联军司令，要是曾中堂再派来新募淮军，上海可保无虞。就是规复苏常、覆灭金陵老巢，也不在话下。"

吴煦连连点头："英美轮船已启碇，不日即可赴安庆。"吴煦顿了顿："我等以后唯有尽力笼络洋人。"

大厅中央的花门大开，英国驻华公使普鲁斯，美国驻华公使马歇尔，法国驻华公使布尔布隆，走了出来。人们都站下了，停止了谈话。马歇尔拿下嘴上的雪茄，向前走了一步：

"诸位，我们现在开始吧。"

人们向会议桌拥去……

会议结束了。人们满脸兴奋的颜色。

普鲁斯站起来，看看大家，沉默一会儿才说道："诸位，关于租界和上海市区各防区的修筑工事、兵力配备等项事务，何伯上将会作详细的安排。"他停一停，接着说："当然，我们不能等待叛军来进攻，才予以回击。我们必须出击。我们第一个进攻的目标是高桥镇！"他看着马歇尔等他说话。

马歇尔站起来，取下叼在嘴上的雪茄，兴奋地举起来："我们等候从高桥镇传来的好消息吧！"

（雪茄的烟扩散开来，弥漫整个银幕。）

39

烟雾弥漫，炮声隆隆。

英、法、美联军和华尔的洋枪队向高桥太平军发动了偷袭。何伯站在高地上指挥开炮。炮弹雨点般倾注在太平军阵地上，一排排圣兵倒在血泊中。

华尔把散在额前的一撮黄毛向脑后一甩，举起手中的左轮枪，高喊："伙计们，黄金和美人在等着我们！"强盗兵们一边射击，一边向栅寨冲去。

恩飞尔法来福枪的枪弹骤雨般倾注到栅寨前，大批大批的圣兵倒下了。李容发和汪毛儿指挥圣兵们用抬枪还击。

李容发像父亲一样，眉头一皱，下定了决心。他向旁边的郜永宽靠近一步："宽叔，我带几十名兄弟去抵挡，你领兄弟们先走！"

"我去！"汪毛儿高喊一声，跳上前去，几十名圣兵跟着跳了出去。他们猛虎一样向强盗兵冲过去。

"走！"郜永宽扭头向阵后跑。

李容发仍然站在那儿，注视着汪毛儿和圣兵们。

汪毛儿等人已经跟强盗兵们混战在一起。汪毛儿看准了华尔，向他猛冲过去，高举起战刀。"砰"一声枪响，他往前窜了几步，几乎栽倒，刀从他手中跌落下来。他猛然站住，抽出胸前的匕首，又向华尔劈头插下，华尔一闪身，匕首插进了华尔的肩胛。乒乒乓乓一阵乱枪，汪毛儿挣扎着站在那儿，半晌，才"扑通"一头栽倒在地上。

圣兵仍然在砍杀。

华尔指挥兵士们暂撤退了一步。

李容发跳出栅寨，飞奔到汪毛儿跟前。

"毛儿！毛儿！"

没有回答。和他一起长大的、亲密的战友只是睁着一双仇恨的眼睛，沉默地看着他。李容发俯下身，毛儿手上还拿着鲜红的匕首。李容发拿下匕首，藏到怀中，发誓地说道："毛儿，仇，我们替你报！"

枪弹在他们头顶上呼啸，华尔又领兵进攻了。

李容发摸摸怀里：匕首在，便站起身来，施礼跟战友告别。

他抬起头看看高桥镇：烟火弥漫。

阿虎在旁边催促："殿下，走吧。"

李容发跳上马，奔腾而去。

高桥镇里，人群四散奔逃，哭声、喊声、枪声、炮声、家禽牲畜的惊叫声，充满整个村庄。

一个少妇，怀抱婴儿，从火光熊熊的屋里跑出来，两个强盗兵猛扑过去，一人抓住她一只手，婴儿跌落在地上。少妇猛然低下头，朝多毛的手咬了一口。她挣脱出来，向孩子猛扑过去。"砰"，一声枪响，她两手举起，扑倒在孩子身旁。哭喊的孩子，爬向母亲，拉住她的手。但是慈母的温柔的手，不再抚摸他了。两个野兽窜了过来，一个举起刺刀向孩子刺去……；一个拉起女人戴着手镯的手，举起了刀……

40

马蹄奔腾，几匹，几十匹，几百匹……李秀成亲率大军，赶到太仓。

太仓城外，李秀成的军帐里。

部将们都来了，一个个脸色严峻，眼里闪着仇恨的光芒。他们坐着，并不交谈，各人想着各人的心事。

内帐房的帘子打开了，先是一个农民打扮的壮年汉子，退着走了出来，然后，李秀成出现在房门口，他对面前的人吩咐："魏毓成，你先赶回上海，事事预先铺排好，等大军到了上海城边，我派人进城，约定日期。"

"是，大人。"壮汉向李秀成施礼告别，然后转过身，对所有在座的部将施礼，便昂首阔步，走出帐去。

李秀成疾步走到帐房中间，郜永宽急步走到他面前，跪下："大人，小弟前来请罪！"

李秀成扶起他："也怪我，没料到洋鬼子这么歹毒！"

郜永宽有意地哭出大的响声。

李容发鄙夷地扫了他一眼，走到父亲面前，从怀里抽出一把血迹斑斑的匕首，呈给李秀成。李秀成握着匕首，紧盯着李容发："毛儿……？"

"升天了！"李容发低下头，眼泪扑簌簌滴落下来。

李秀成擎起匕首，猛然插向桌子，匕首的一半刺进了桌面，在桌上颤动着。李容发抬起了头。

李秀成看了看所有的部将，愤恨地、坚决地说道：

"兄弟们，记住这仇恨，记住这血债！"

外面传来嘈杂的声音。李秀成停住了，走向帐房口，卫护掀开帐帘，一群难民站在门口，残臂的、断腿的，头上、手上裹着伤的，许多人都带着被摧残的痕迹。李秀成痛苦地皱起眉毛。他迈出帐门，走近百姓们，亲切地、带着慰问的口吻："父老们！兄弟们……"

一个老妇人挤出人群，站在李秀成面前，干瘪的嘴唇颤动着，好容易进出几句话：

"熬干了油，盼瞎了眼，到底把你老人家盼来了！"泪水从她深陷的眼窝里淌下来。忽然，她举起两只手——两只没有了手指的手！她高喊着："大人，你看看！这是洋鬼子砍的！……"人群中响起了唏嘘啜泣声。她扑通跪倒在地上："忠王啊！忠王啊！替我伲报仇啊！"

李秀成弯腰扶起了老妇人，泪水在他眼里流动。但愤怒的火立刻烧干了这沉痛的泪水，他闪着目光，挥动手臂，大声说：

"父老兄弟们！中国人不是好欺侮的！中国的老百姓不能任洋鬼子杀害！中国人的东西不能任洋鬼子抢劫！父老兄弟们，报仇的日子来了！天军就要去攻打上海！"

远处传来呼叫声，几千农民扛着红旗，举着刀矛，向这边涌来。

卫护上前禀报：

"四乡起义的农民到来。"

李秀成走近坐骑，一跃而上，扬起笼头，迎着起义农民奔去。

41

太仓城外。

英、美、法联军阵地上，大炮慢慢地抬起头来，侵略军兵士平端着来福枪，排着进攻的行列，华尔和戈登站在前面。联军司令、英国海军上将何伯在高坡上，举着望远镜观察。

镜头的圆圈移动：绿色的山坡起伏，小片的灌木林，壕堑、栅寨、城郭、望楼，太平军旗帜，不多的太平军圣兵。一切显得平静。

暴风骤雨到来前的平静。

旁白：

　　十九世纪中后期的中国农民革命，面临着外国侵略者的干涉和镇压。农民起义英雄们，高举爱国主义的、反侵略的大旗，用大无畏的精神和英勇的战斗，回答了历史的考验。

干涉者的大炮野兽般地吼叫了。炮弹撕裂空气，呼啸着，奔向太平军阵地，一发接着一发。

炮弹在太平军阵地上爆炸，轰塌的城墙，卷起泥土。但阵地上并没有动静：圣兵们依然隐蔽在壕沟里，大炮也不作声，只有卧伏在地上的战马，被尘土和硝烟骚扰，摇着鬃毛，喷着响鼻，跃跃欲试。骑士们轻柔地拍着、抚摸着它们，使它们安静下来。

李秀成站在小山坡上，举着单筒望远镜，注视敌人的行动，时而放下望远镜，谛听、凝视着，思考着。他的坐骑，一匹壮硕的白色战马，不安静地踏着蹄，摇着鬃毛，喷打响鼻。旗手阿虎平端着帅旗，站在旁边。李秀成举起望远镜，他看见：

华尔举起手中的左轮枪，喊着什么，率领着步兵联队冲了过来；兵士们手中的枪，一阵一阵冒烟。他们近了，近了，已经离第一道壕堑不远了。

李秀成放下了望远镜，把手一扬。帅旗挺立起来，海螺叫了，紧锣响起来，大炮也吼叫了。整个阵地沸腾起来，所有的壕堑里都跳出了成群的圣兵，战马都一跃而起。旗帜如林。

平静的阵地，像突然涌起波涛的大海。

喊声像海涛怒吼："杀洋鬼子！"

骑兵们疾风般卷进了华尔的步兵联队；步兵紧跟着，他们喊着、叫着、奔跑着，挥刀砍杀。洋枪队兵士们来不及装子弹，就被砍倒了。

华尔飞快地脱下金边闪闪的军官服，向后狂跑。李容发早盯住了，拍马追上去。狂奔的马驰到华尔跟前，扬起前蹄，直立起来，华尔软瘫地跪在地上，高声怪叫。李容发举起战刀，一声吼叫：

"我报仇了！"

刀光一闪，华尔倒在马下，结束了肮脏的一生。白齐文拖着受伤的腿，在尸体间乱窜，郜永宽驰到近前，举起了刀，白齐文跪下，举起双手，呜哇乱叫，郜永宽一把夺过他手中的左轮枪，抓住他的衣领，担到马背上。白齐文嚎叫着，乱踢着腿脚。

洋枪队狼狈溃逃。

太平军骑兵奔驰到侵略军的炮兵阵地，炮手们逃走了，何伯扔掉望远镜，跳上马，李容发一刀刺去，刺中他的臂膀，他差点掉下马，脚猛地踢马肚，没命地逃跑了……

42

上海跑马厅。雷鸣似的炮声在上空滚动。

虽是周末，但来的人很少。看台上只有几个洋行经理和仕女，他们都在窃窃私语。

外交使节和官员们都聚集在休息室里。

马歇尔咬牙切齿地：“绝不能让叛军进入上海，我们跟他们不能同在一个空间呼吸。”

普鲁斯耸耸肩：“可是，我们无法阻挡他们！”

何伯左臂吊着，喊叫着：“我们从广州、从天津、从印度，调来军舰和陆战队！”

普鲁斯苦笑：“将军阁下，广州、天津、加尔各答都比从徐家汇、静安寺到上海城不知远多少倍！”

何伯焦灼地说：“那就让他们进入上海？”

普鲁斯奸诈地一笑：“不，不能让他们进入上海。我们可以跟叛军进行谈判。”

“谈判？”何伯吃惊地问道。

马歇尔霍地站起来，得救似的：“是的，是的，谈判，跟叛军谈判，让他们在城外……”

普鲁斯接上：“……等待。”

印度仆役进来通报：

“吴煦、杨坊求见。”

普鲁斯、马歇尔对看了看；普鲁斯作了个请的手势。

吴煦、杨坊匆匆跑进来，吴煦奔窜到普鲁斯和马歇尔面前，慌乱地：“有几千广勇和乱民，约期起事！”

杨坊补充说：“还有贵国侨民参与……”他看着马歇尔，然后又转向二人：“长毛揭帖贴遍了全上海，绸缎布匹庄的红绸红布被抢购一空。”

普鲁斯惊讶地：“暴动？”

吴煦抢着说：“正是，正是。我等奉薛焕大臣、李鸿章巡抚之命，特来求大英、大美诸友好国家，鼎力相助。”

马歇尔和普鲁斯对望了望，彼此从对方的眼神里，看出了那心照不宣的共同意见。于是，不约而同点了点头。普鲁斯伸出多毛的手，用力向下一压。马歇尔不等他开口，说道：“马上动手！”

吴煦、杨坊深深鞠躬致谢。

马歇尔问杨坊：“你说的那个我国侨民，叫什么名字？”

"白齐文。"

普鲁斯问："是那个用大炮换回来的俘虏？"

马歇尔点点头，对杨坊诡秘地一笑："交给我吧。"

美国驻上海领事馆的一间密室。

白齐文站在马歇尔面前："今天晚间，叛乱者的首领魏毓成要到我那里去拿他们购买的最后一批枪支。"

马歇尔哈哈大笑："很好，很好。你热情地接待他吧。"他把"热情"二字说得特别重。白齐文奸诈地笑笑，又愉快地吹起口哨来。马歇尔走近他，拍拍他的肩膀："不过，下午你到叛军在徐家汇的司令部去一趟。"

白齐文吃惊地瞪大了眼睛。

马歇尔把他按在沙发上坐下，对他说："我们决定要跟叛军谈判，并且决定由你去充当和平使者，因为你曾经——跟他们认识，而且，你现在参与他们的'起义'……"

白齐文想说些什么，但马歇尔用手势制止了他，接下去说："你对叛军首领李秀成说：我们在上海的所有欧美诸国，向来严守中立，恪守信誉，只要他们暂时停止进攻……"

白齐文站在李秀成面前：

"只要贵军暂时停止进攻，我们可以和平商谈，解决……"

李秀成霍地站起来，威严的眼光逼视白齐文："西洋各国入我地，犯我界，杀我百姓，毁我村庄，早就坏了信誉，伤了和气，你们不是中立，你们帮助了清妖！没有什么可谈判的。我们一定要攻取上海，我要问你们的罪，我要为百姓报仇。"

白齐文慌张地后退着，惶恐地鞠了一躬，不敢再说一句话，狼狈地退了出去。

李秀成走进内帐，宋雪娇替他解下佩剑，脱下王服。李秀成握住她的手，用信赖的目光望着她："雪娇，你进城去。"

宋雪娇目光闪亮，望着他："去告诉魏毓成，明朝攻城？"

"嗯。你扮成村妇，好混进城去。过一会儿就走。"

宋雪娇抽出手，望了望他，走开去，轻声地："我就走。"

李秀成忽然疾步走到她面前："雪娇，……千万小心！"

宋雪娇望着他，点点头："我晓得，你——放心！"

43

白齐文把手一伸："请！"

魏毓成走进白齐文的内室，白齐文跟了进去。

魏毓成看了看屋里，没有别人，轻声地、急速地说：

"忠王派人进城来了，吩咐我们今晚子时起事，启时从城内杀出去。"

"很好。"

"那批来福枪买到了？"

"200支，全部在我这里。我送到什么地方去？"

"城隍庙。天黑前送到。"

"那是起义军司令部？"

魏毓成看了看白齐文，不说什么，从胸前取出一块红布："扎红巾为号。"他迅速地走到门口。门边忽然窜出两个美国人，手里握着枪，魏毓成一怔，立刻感到不对，迅速从腰里抽出匕首。白齐文从后面抓住了他的手，他提脚向后一踢，白齐文倒在地上。一声枪响，他一踉跄，捂住了胸部。他猛抬身，用力甩出匕首。匕首插进一个美国人的肩膀。

魏毓成用力过猛，倒下了。

白齐文爬起来，吩咐另一个美国人：

"快去，告诉马歇尔公使，在城隍庙。"

上海城隍庙，已经被清军和外国侵略军包围了，何伯指挥围军向里猛烈射击。侵略军抬来了大炮……

头上缠着红巾的起义群众，拼死向外冲。

魏毓成奋力爬起，领着一批起义者从庙后门冲出，他们已经冲出第一层包围圈。但是，四处围军涌了过来，炮弹、枪弹向这里集中射击……

44

黑夜，徐家汇前沿阵地，战斗就要开始了。

洋将伶俐指着十几门新缴获的大炮,兴奋地说:"只要它们一歌唱起来,租界上所有的工事,都会被摧毁。"

李秀成点点头:"你把炮筒、炮架都再检查一遍。"

"是,大人。"

李秀成又走向前沿阵地。

李容发策马奔来,不等下马,便高声喊叫:

"爹爹!天京送来紧急诏旨!"

李秀成站下,惊讶而心事沉重地:"啊!"

李秀成手捧诏书:

"曾国藩妖头紧围天京,京城万分危急,见诏速领军回京援救!"

部将们用期待的眼光看着他。

他放下诏书,背过身去,交叉着双手,紧紧地握着。

谭绍光忍耐不住,一跺脚:"放过洋鬼子了!"

李秀成倏地转过身来,疾步走到桌前,看了一眼诏书,抬头看着部将们:"明朝攻城!"

李秀成和部将们一起走出营帐,准备再次去巡查阵地。刚走到门口,迎面碰到神色紧急的林绍璋。他向前一揖:"大人。"

李秀成惊奇地看着他:"你……?"

"天王令小弟捧诏前来,请大人务必即日回军天京!"

"上海就要攻下了!"

"大人,现下天京人心惶乱,都盼大人赶快回京。"

"等上海打下,我即刻回京。"

"大人,天王的烈性子……"

李秀成眉尖一挑:"一切由我担待!"

深夜,李秀成从地图上抬起头来,走向窗前,眺望外边,一片营火……

朝阳射进窗户,李秀成抬起头来,吹灭蜡烛,站起身来,走向窗边,舒展开双臂,屈伸几下,驱散了疲劳,顿时感到浑身更有力量。他的目光在朝霞映照下,更加明亮。他注视窗外,圣兵已经整队出发了。

谭绍光猛跑进来，紧张地禀报："安王驾到！"

李秀成两肩一抖动，猛转过身来，迅疾地走向门口。

洪仁发已经冲了进来。李秀成上前施礼：

"安王安好。"

洪仁发随便还了一礼，不等坐下就责问道："李大人还是要去攻城？"

"要去攻城，安王。"

洪仁发霍地站起，从怀里取出诏书，狠狠地瞟了李秀成一眼。念道：

"三诏追救京城，何不启队发行？尔意欲何为？尔身受重任，为何弃京城不顾，弃朕不保？尔敢抗旨不遵？尔知朕法否？若再不遵诏，国法难容！"

李秀成看看窗外：队伍正在前进；他又看看部将们，碰到他们射来的期待他作决定的急切目光。他倏地举步要向外走。

洪仁发晃动诏书："你遵旨不遵？"

李秀成站住了。

谭绍光赶前一步，大声叫道："大人，炮手已经就位，骑兵已经上马，就等下令！"

李容发抽剑出鞘，走上前来："爹爹，让我先去！"

洪仁发逼近李秀成："你身为忠王，你敢带兵抗旨？你晓得国法森严！"

李秀成走到桌边，拿起了画好的作战图式。

部将们见他要撕破图式，都不约而同地轻声惊叫："大人！"

李秀成抬起头扫视部将，流露出无可奈何的、请求原谅的神情。他拿起图式，撕破了它。

谭绍光一跺脚，背过身去；李容发把剑狠狠地插回剑鞘。

李秀成背过身去，眼里闪着泪花。

李秀成独自站在旷野山坡上，暮色苍茫，队伍仍在撤退，纷纷从山坡下走过。他昂首向天京的方向眺望。……他看见：钟山龙脖子、天堡城下，曾国荃兵，蜂拥攻城，炮火连天……天王府里，天王在焦灼地踱步……他闭上眼，一切消失了。

李秀成转过身，眺望上海……宋雪娇忽然出现在眼前。怎么，她浑身血淋淋！啊……

"爹爹，娘回来了！"

李秀成定睛一看，李容发站面前。

"娘回来了，爹爹。"

李秀成奔下山坡……

宋雪娇从椅子上一跃而起，向李秀成奔过去。李秀成跨步上前两手握住她的手。

"你回来了！毓成兄弟他们……"

宋雪娇强忍住哭泣："毓成兄弟……他升天了……叫洋鬼子出卖了……"

李秀成放下宋雪娇的手，激怒地猛一挥，大步地、迅疾地走着，不住地咬牙切齿地说："洋鬼子！洋鬼子！"

宋雪娇又伤心又着急地问："上海不攻了？"

李秀成猛地站住："不，要攻！总有一天要把上海打下来！总有一天要报这深仇大恨。"

第八章

45

旁白：

李秀成回军天京之后，领导和组织了十三王大会战，曾国荃围城军几乎全军覆没。但因进入冬季，几十万人马，棉衣无着，粮草缺乏，李秀成只好撤兵，回到苏州。

苏州，忠王府。

陈玉成主要部将、杰天义赖文光疾步走到李秀成面前，李秀成迎上去，惊讶地："文光你怎么来了？"

赖文光跪在地上："大人，英王……升天了！"

李秀成扶起赖文光，忍痛轻声问道："几时？在哪里？"

赖文光擦去眼泪："英王在安庆失守后，退保庐州，庐州又被妖兵占去，英王带兵到寿春苗沛霖那儿，哪晓得苗贼投了胜保妖头，把英王献交胜妖头……"

赖文光泣不成声。

李秀成背过身去，引颈向窗外眺望……

啊！玉成！他来了，还是那么英气勃勃，那么神采奕奕。他跨着轻快的、敏捷的步子，喊着"秀成哥"，向前奔来。李秀成张开了手臂。但是，影像模糊了，混朦成一片了。他不觉地用手擦眼，——泪水浸湿一手。

李秀成仰脸向天，浩然长叹：

"太平天国的一根擎天柱，折断了！"

月光如水，照着王府花园的青山碧水，楼宇亭榭。李秀成伫立假山下，引颈向西眺望。为了抖落心中的悲痛，他抽出了佩剑，伸出去，猛然劈下，迅疾地挥舞起来。

剑光闪闪。……

烛光跳跃，李秀成独自在烛光下看地图。

赖文光走进来："大人，……"

李秀成抬起头来："哦，文光！来，你来看。"

两人站在地图面前，李秀成指着地图上的安徽："你看，安徽几乎到处都是曾妖头的湘军，一定要夺回上游之势，挡住曾国藩妖头步步为营进逼，分曾国荃回天京的兵势。"

"大人要先不解天京之围，进兵安徽？"

"对，只有进北攻南！你赶快回安徽，我等把天京、苏州军铺安排妥当，就领兵前去。"

46

安徽神门。曾国藩大营附近的铜林岭。

两顶小轿在山上冒雪艰难地前进。轿夫们踏着没膝的积雪，走走停停。忽然传来一连声的喊叫：

"雪埋路啦！雪埋路啦！"

轿子停下来，从后面一乘轿里走出来赵烈文——江南大营覆灭后，

他又跑到曾国藩手下当了机要幕僚，他走到前面一乘轿前，扶着轿杠，对里面说："中堂，还是回大营吧，大雪纷纷，到了顶上，也是一片迷蒙，看不清山下长毛营盘里的情形。"

曾国藩探出头，看看天，皱了皱眉，丧气地："也好。"

曾国藩大营。

曾国藩眯缝着烂眼，躲避烛光，怔怔地躺在睡椅上。赵烈文站在他的身旁，恳求地说："中堂，大敌压境，学生以为，还是撤天京围军回援安徽为妥。"

曾国藩一动不动，像是自言自语：

"金陵恶风险浪都渡过了，岂能撤围，使功亏一篑！"

"可是安徽不仅是粮饷重地，且是我湘军立足之根本，总不能不救啊！"

曾国藩摇摇头："忠酋仿当年取杭州解金陵围困的故智，这回是进北攻南，用意就在逼我撤金陵围军。我不能中其诡计。"

赵烈文焦急地说："可眼下祁门大营危若累卵，总不能不救啊！"

曾国藩站起来，捋着稀疏的胡须：

"事已如此，唯有咬紧牙根，渡过此关。忠酋用兵愈来愈诈，此次取势千里之外，可算深谋远虑，然而，只要此次祁门不能得逞，他孤军深入，死日近矣！"

赵烈文惶惑地说："可万一大营有失……"

曾国藩微微昂起头：

"若有大变，鄙人志有素定，愿以身殉。"

赵烈文吃惊地瞪着大眼，看着曾国藩。

47

大炮向曾国藩营盘猛烈轰击，枪弹雨一般喷射。

一批又一批圣兵向石垒冲击，许多人攀爬胸墙。但湘军兵卒拼死抵抗，长矛、大砍刀、砖石、喷火筒，不断地刺杀、喷射，圣兵们倒下来。……

营盘里，曾国藩拖着沉滞的步子，一圈又一圈，走个不停，像笼子里一只急于逃生的老狐狸。赵烈文急匆匆跑进来，老狐狸猛地站住，赵烈文上气不接下气："中堂，羊栈岭、桐林岭两处营盘都被攻破，长毛大股冲到大营石垒前啦！"

曾国藩有气无力地："令各营死守！"

"是。"赵烈文急步往外跑。

曾国藩叫住他："调鲍超援救大营的急令……"

赵烈文抢着回答："前日就已送去，中堂不是已经过目？"

"哦。是，是。"曾国藩感到自己的慌乱，摇了摇头。

赵烈文跑了出去。

曾国藩失神地站了一会儿，又踱起步来，步子更加迟缓无力了。他颤抖着声音，自言自语：

"十一日登羊栈岭，大雾迷眼；十二日爬桐林岭，大雪阻路。今日失事，正在这两处。难道真有天意？"

他颓然跌坐在椅上，两手捧着脑袋，怔怔地呆坐着。

炮声隆隆，喊声清晰可闻。

一声巨响，炮弹就在营帐附近爆炸，帐里的东西劈里啪啦倒下来。曾国藩猛然惊醒，他用颤抖的手，揉了揉眼，拿过一张纸，提起笔来写——他的枯瘦、苍白、长指甲的手，痉挛地颤动着，写出歪歪斜斜的字迹，成了他的遗嘱。

笔从他的手上跌落到桌上，他颓然地、像断了最后一口气似的倒在椅子上。

残烛冒起浓黑的烟，"噗噗"响，微弱的、即将熄灭的光，一闪一闪。

营垒前，太平军仍在猛烈地攻击营垒。李秀成骑在马上，指挥攻守战。忽然一骑驰来，送来紧急报告：

"羊栈岭妖兵援军赶到！"

李秀成看着营垒前：圣兵一批批地倒下，转身问道："来了多少人马？"

"一万多。"卫护回答。

李秀成思考着，半晌，他眉毛一皱，断然地："收兵！"

48

山岭上、山坡间、山脚下，立着一座座营盘，一缕缕炊烟在暮色中，时时喷吐火星。李秀成站在山坡上，观看周围的情景，深思着。

他信步走到附近的一个营盘的帐篷前，一个圣兵正在做饭，他拿了小半袋米，往锅里倾倒，米连锅底也没有盖住。李秀成深思着，走开了。

当他走到中军帐前时，谭绍光急匆匆跑过来："大人，苏州送来告急文书！"

李秀成接过文书，急忙阅读。

"洋鬼子戈登和程学启妖头率军围困苏州！"李秀成又急又气地说。

他迅疾地走进营帐，在房里转着圈，紧张地思考着。忽然，他站住了："绍光！"

谭绍光走到他面前。

"传令：今晚拔营。"

"大人……"

"粮缺衣单，安徽站不住脚，苏州又危急，只好撤兵。"

雨雪霏霏。北风吼叫着，卷着雨丝乱飞，雪花撞击，枯树弯了腰，摇撼着。

太平军队伍，在雨雪中向北行进。

圣兵们穿着夹衣、单衣，被风吹得紧贴身子，他们扛着武器，埋头、躬身、搏斗着，向前走。不时地有人滑倒。

李秀成站在山坡上，披风被风吹得掀起老高，他没有感到风吹雨打，皱着眉看着队伍艰难地前进。

晚上，身着单衣的圣兵，一堆堆围着篝火取暖。

李秀成走近一个放哨的圣兵，他扛着枪，瑟缩着，站在雨雪中。李秀成解下自己的披风，亲手披在圣兵身上。

圣兵想要推辞："大人……"

李秀成把披风按在哨兵的肩上，默默地走开了。

他走到一堆篝火前，走进一个破旧的帐篷。帐篷里，躺着几十个受伤和生病的圣兵。

"兄弟们，受苦了！"李秀成站在帐篷门边，问候圣兵们。

圣兵们挣扎着要站起来。李秀成急忙去扶他们躺下。

李秀成看着圣兵们被寒冷侵袭的情景，眉毛苦痛地皱着。他对旁边的谭绍光吩咐：

"传令各营，把衣被集拢，送给各营病伤兄弟用。"

淮北平原，衰草在朔风中颤抖，村庄残破了：房屋倒塌、烧毁了，田地里光秃秃的，几十里一马平川，不见炊烟，没有人影。兀鹰在地上连尸体也搜索不到，只在阴沉灰暗的天宇下打转；乌鸦成群地撞过，凄厉地呼叫。

李秀成坐在马上，痛苦地皱着眉，看着队伍前进，看着一双双冻裂的脚，艰难地走着。他握着拳头，愤恨地说：

"曾妖头，曾妖头，你这千古罪人！"

49

曾国藩坐在桌前，眯笑着，书写奏报：

"祁门大营屹立未动，大军在羊栈、桐林二岭克敌制胜，并乘胜追击，歼发贼之四千之众。现忠酋已率残兵败卒，回援苏常。"

他得意地掷下笔，高喊："来人！"

赵烈文从外屋赶进来："中堂。"

曾国藩移了移奏稿："即刻誊写。"

"是。"

"你另拟一稿，令安徽各军，凡所到之处杀贼党、除刁民，务必净尽，焚家毁舍，莫遗余力！"

赵烈文吃惊地看着曾国藩："中堂向以宽厚见称于世，此策一行，学生甚以中堂声名担忧。"

曾国藩嘴角露出一丝讽刺的微笑："书生愚见！为绝发贼上游之势，必须使贼如入无人之境，无饷可筹，无兵可用。"

赵烈文低头不语。

曾国藩吩咐道："再拟致老九信：令他趁安徽得胜，忠酋赴援苏州之机，加紧急攻金陵城。"

第九章

50

苏州娄门。卫兵们精神抖擞地站在城头，枪尖在月光下闪亮。

巡逻队的队伍走过。军帅李容发和旅帅阿虎走在后面。李容发指巡逻队："一个个都添了不少精神！"

阿虎笑了笑："忠王来了嘛。"

巡逻队逐渐消失在远方。

李秀成坐在桌前，埋头看地图。

炮声划破夜的沉静，接着，便爆竹似的响个不停。李秀成抬起头，望着窗外：火光一闪一闪，他站了起来，向外走去。一个卫护跑进来。李秀成问："在哪个门？"

"回大人，在娄门。"

"备马。"

"是。"

马蹄撞击麻石路面，喷吐火星，闪照出疾驰的马蹄。

杂沓的马蹄在娄门前停下来。李秀成翻身跳下马，迅速地向城楼上奔。谭绍光从城楼上冲下来迎接他。

"大人。"

"怎么样？"

"打退了。"

李秀成奔上城楼，谭绍光跟着他。站在城楼上，黑暗中，看得见骑士们幢幢黑影向前飞驰，追击逃跑的侵略军。一阵阵枪弹的闪光，撕破黑暗。

李秀成眼睛望着前面，问："哪个领队追击？"

谭绍光答："容发。"

李秀成转过脸来，闪光照见他的眼睛，惊奇地看着谭绍光："郜永宽呢？"

"郜永宽、汪安均、汪花班这班人都没来。"

"为什么?"

"怕死！就是怕死。怕洋枪洋炮，怕洋鬼子，总是不听调遣。"

李秀成沉默不语。远处射来微弱的炮火闪光，照见他的脸：眉稍微皱，嘴唇紧抿着。半晌，他沉痛地说："人心不齐，不能守住城；有人不坚心耐心，更不能守住城。"

他离开城楼，吩咐谭绍光："收兵吧。"

他快步走下城楼。

两只紧走着的脚，影子被灯笼光拉得长长的。影子在一间明亮的大房间里消失了。说话声：

"罪臣郜永宽拜见戈登大人。"

戈登狗熊似的晃动着又短又胖的两只腿，走近郜永宽："你们准备什么时候献城?"

郜永宽哭丧着脸："忠王来了……"

戈登不耐烦地挥手制止了他："正是因为他来了，我才愿付出代价，让你们献城。"

郜永宽哀求他："有他在，谁个敢动手?"

戈登进逼一步："那你就只有等待被我们消灭。"

郜永宽好像立时就有人向他射击，脸陡然白了，手抖起来了。

戈登阴狠地笑着，拍拍郜永宽的肩："你不会……"他做了个杀人的手势。

郜永宽吓得一把推开他的手："你乱说，你……"

戈登威胁地："我早就向你申明：献城有功，可以不死，又有官做。这都由我负责。"他忽然提高了嗓子："但是，我们攻下城，那你们这些穷人王，都得杀头。"

郜永宽畏缩地低头垂臂："我想……我想……一……想……"

李秀成来到教练场，下马向大炮阵地走去。那儿，一群炮手，围着一尊榴弹炮，洋将伶俐正捧着一枚炮弹讲解。李秀成走近炮前。伶俐急忙把炮弹交到一个英国炮手的手中："你继续讲解。"他向李秀成施礼，高兴地说道："这些年轻人，"他指了指旁边的圣兵们："真是聪明，学得很快，都已经是很好的炮手了。"

李秀成笑容满面："都是你教得好。"他走近伶俐说道："这些炮明天一定都要安到城外去，戈登这些天在那里日日攻打。"

伶俐说："明天一定可以安好。"他望着李秀成忽然压低了声音："我在上海购买枪炮，得到一件惊人的消息，这两天一直没有机会向您报告。"

李秀成一扬眉毛，看着伶俐，等他说下去。

伶俐靠近李秀成，轻声说："我从上海英国友人那里听说，苏州守将里，有人和戈登往还，可能有一个可怕的阴谋。"

李秀成紧紧盯着伶俐："是哪个？"

伶俐耸耸肩，两手一摊："不知道。"

李秀成沉思了片刻，立刻向坐骑走去。

51

李秀成威严地望着分坐两旁的部将们。他用缓慢的、压低的声音说："现今天朝有难，主上蒙尘。"他停住了，略微提高嗓音说："韦志俊这班不义的反臣，怕死的胆小鬼，就反心变妖了！"他压制不住内心的激动，声音陡然变得高而急："苏州守将里，有没有这样不义的反臣？"

"有！"谭绍光霍地站起来，大声说，又用眼睛扫了一下郜永宽等人。

李秀成用目光制止了谭绍光，自己也强压住激动，用尽量和婉的口气说："人生一世，要讲忠义。如今正是我们显忠贞，讲大义的时候。"说到这里，他变换了语气，激动地说："要是有人贪生怕死，想图荣华富贵，我也不留。"

郜永宽怯生生地望着李秀成，不自觉地站起来结结巴巴地："大人宽心，我等从小蒙忠王教导长大，万不能……忘……忘恩负义。"

另一个叛王说道："谁个敢有他心？要有他心，也等不到今天。"

李秀成站起来，走到每个部将面前，用炯炯的射透人灵魂的锐利眼光，看着他们。他走到陈坤书的面前，陈坤书畏缩地把眼光避开了。他又走到其他几个叛王面前，他们一个个把头低得下巴紧压在胸前。

李秀成在屋中间站住，扫视了大家一遍。语重心长地说："你们总要记住今天的话！"

部将们纷纷离去。谭绍光留了下来。

李秀成走到谭绍光的面前，搂着他的肩膀："绍光，苏州城就交给你了。郜永宽这班人靠不住，陈坤书近在常州，又不肯来救。我只有出城调世贤、顺德他们来。你要死守城池，等我领兵从外打进来，解救城围。"

谭绍光目光闪闪望着李秀成说："大人放心，谭绍光在，苏州城就绝不叫一个洋鬼子进城。"

李秀成亲切地望着谭绍光："容发留下跟你。"谭绍光感激地望着李秀成："谢大人，容发还是大人带着吧。"李秀成摇摇头："那班人不能坚心耐心，你要有个左右手！"

52

纳王郜永宽王府的一间密室里，聚集了所有参与叛变的王和天将。郜永宽坐在桌前，宣布他的叛变决定。他轻声说道："忠王走了，苏州是守不住了。等洋兵攻破了城，我们就都是死路一条，要是献城投降，保命不说，还有高官厚禄……"

一个叛王说："……官不官、禄不禄的！留得一条命就好哇。"

另一个叛王站起来："就是慕王不好办。"

郜永宽把手一摇："除了他！"

谭绍光迈开大步，直奔纳王府的大厅。

卫护们吓得不知所措，放他进去不好，拦阻又不敢。一个胆大的卫护上前来："请大人留步，小弟进去通报。"

谭绍光扫他一眼，脚不停步，直往里走，李容发紧跟着他。

他走进大厅，空无一人。

他大踏步闯进密室。

密室里所有的人都惊呆在那儿，不知所措。

谭绍光眼里喷着火，扫视一下所有在座的人。他径直地走到郜永宽面前，指着他的脸质问："召你们会商守城的事，为什么不去？"

郜永宽不敢看谭绍光，冷冷地说："一座孤城，怎么守？"

一个天将说："守是死路一条。"

谭绍光猛一回身，寻找说话的人，那人吓得缩回去了。谭绍光声色俱厉："怕死鬼！"

郜永宽已经镇静下来，顶撞说："要守你自己守！"

又一个叛王接嘴："各人走各人的路。"

"啪"的一声，谭绍光猛击桌子，伸手指着大家："我清楚，你们这些人存心反心变妖！"

郜永宽一不做二不休，站了起来，吼叫："你管不着！"

谭绍光冲过去，一手抓住郜永宽的手："好哇，你这反骨头！"郜永宽想猛然抽出手来，但手像被钉住了。他向汪安均使了个眼色。汪安均突然抽出匕首，蹿前一步，直向谭绍光心窝刺去。谭绍光一闪身，匕首刺进他的左臂，他牙齿咬得"嘎嘣"响，把郜永宽拽得摔倒在地上，从腰间拔出佩剑，举了起来。汪安均冷不防又一刀刺进他的腹部。他本能地捂住肚子，一头伏倒在桌上，但剑仍握在手中。郜永宽爬起来，拔出了刀。李容发从门外冲了进来，举刀向郜永宽劈去，郜永宽急忙避开了。

谭绍光忍痛挺起身，猛然一脚踢翻桌子，又举起剑。几个叛徒一起向前，卡住他举剑的手。谭绍光使尽力气挣脱了，剑又举了起来。郜永宽掏出了手枪，"砰"一声，剑从谭绍光的手中跌落下来，血从他的胸膛冒出。

李容发奔上前来扶他。谭绍光咬牙说："容发，快……走，到马塘桥……"

他倒下了，轰地一声响。

叛徒们不自觉地向后倒退一步，怔怔地看着他。

李容发纵身跳出了窗户，捞过一匹战马，一跃而上，飞奔而去。

郜永宽首先镇定下来，立刻窜到窗前，上身探出窗外。李容发已经奔驰到大门边了。郜永宽急忙放了一枪，只见李容发一仰身，差点从马上掉下来。

53

飞驰的战马，李容发倒伏在战马脖子上，他的右手紧紧攥住马鬃。马在苏州城边停住了，它仰首向前方长啸，像是长出一口气。它踏踏蹄，低下头来随意地吃起草来。它的主人软瘫地倒伏在马脖子上，一动不动。

马蹄声，喊声——追赶的人到了城边。

李容发苏醒过来，慢慢抬起了头，清醒了，忙向后看，追赶的人越来越近了，他猛踢马肚，飞奔而去。……

马塘桥。飞马载着李容发奔到营盘最前面的栅寨前，守卫的圣兵，跑上前去……

李秀成迅疾地在帐里走来走去。李容发左臂裹好伤，倚在母亲宋雪娇的怀里，两人默默地看着李秀成。李秀成站住了，走到桌前，坐下来，用手捂住眼睛……往事冲开他记忆的闸门：各个时期的谭绍光的活生生的形象，浮现在他面前。……

他陡然放开手，霍地站起来。

"天京四周屏障都失了，只有弃城撤走。"

宋雪娇、李容发急步走到他面前，宋雪娇担心地：

"天王肯答应？"

"我亲回天京，奏明大势。"

李容发问："到哪去？"

"到江西去！"李秀成望着李容发，搂着他的肩膀："容发，你带着我的亲笔文书，赶到浙江，叫世贤叔、陆顺德、吴定彩、谭星，火速领兵进攻江西，在那站稳脚跟，等候我保天王驾到，一齐攻湖北，进陕西，跟扶王陈得才会合。"

李容发睁着发亮的眼睛："几时动身？"

李秀成斩钉截铁："就走！"

营帐门口。出发的时刻到了，几匹战马站在门口。

李容发走到宋雪娇面前："娘，我走了。"

宋雪娇把他搂在怀里，抚摸他的头，他的肩，他的背。眼泪在眼里滚动。

"事事要听世贤叔叔的话。"

"晓得。"

她轻轻地、慢慢地推开他："到爹爹跟前去。"

李容发走到李秀成面前："爹爹，我走了。"

李秀成拉着儿子的手，望着他：

"到江西会齐。"

他放下儿子的手："上马吧。"

李容发快步奔到马前，一跃而上，几十名卫护跟着跳上马。

李容发回头看了看娘，看了看爹："娘，爹爹，我走了！"

李秀成、宋雪娇点点头，慢慢抬起手来。

一阵马蹄声，他走了。他远去了。烟尘滚滚。

李秀成、宋雪娇肩并肩站在一起，望着远去的烟尘，直到它消失在天际。

天王府金龙殿上。

李秀成站起来，仰脸望天王，奏道：

"现下，天京四周屏障都已失去，雨花台、下关一个个丢失，若不赶快冲出京城，迟了就……"

洪秀全脸色严峻，紧盯着李秀成，打断了他的话：

"你的两封奏章我都看过，让城别走，朕绝不能同意。有天京在，就有天国在，丢弃天京，天国就名存实亡。"

"不，天王，"李秀成恳切地说，"京外有几十万人马，李世贤、张应芝、李容发已经进军江西，陈得才已经在陕西站住，只要天王亲驾出征，天国大业，定能振兴！"

洪秀全摇头，手指殿外：

"天国京城，朕不能拱手让交给清妖！京城的山山水水，京城的宫殿府邸，京城的几十万父老兄弟，朕不能让妖兵践踏残害。"

"可是，天王，天京四面被围，京内文臣多，妇孺老小多，打仗御敌的少，守是守不住的啊！"

洪秀全昂首举臂："朕要守到最后，只剩一座营盘、一座望楼，也要守，只剩一人一街一馆也要守。丢弃京城，朕无颜对天父天兄，无颜对升天的兄弟姐妹。"

李秀成急切地恳求：

"天王，死守京城，只能合城灭绝！"

洪秀全霍地站起，显露不快神情：

"不要危言耸听，朕领京城几十万百姓，有天父天兄看顾，定要把京城守住，等李世贤、陈得才带领人马前来援救。"

李秀成无可奈何地垂下头，但他立刻猛然抬头，用恳求的眼光看着洪秀全，诚挚地：

"天王……"

但洪秀全打断了他：

"秀胞，让城别走，不要再提。朕永不出京。你只要遵旨一心稳守京城。"

李秀成猛然迈步上前，神色坚毅："天王既不肯亲驾征战，恳求旨准臣出京汇集各路人马，谋解京围。"

洪秀全一惊："你要出京？"他脸色陡变，更加不满："朕铁桶江山，你不保，有人保，你不扶，有人扶！"

李秀成眉毛颤动，赶紧解释："天王，臣不出京，何人在外统领各路人马？"

洪秀全两手一甩："你要出京，你就出京。朕领朝廷忠臣，与京城共存亡！"

他迈步走下宝座，向殿后走去。

李秀成泪痕满面，长跪送驾。

54

忠王府前，人头攒动，妇女、老人、孩子，拥着、挤着，踮脚眺望——太平军家属和京城居民，前来挽留李秀成。人们窃窃地议论：

"不能让他老人家走哇！"

"忠王走了，靠哪个守城？"

"天王不会准他老人家出京。"

李秀成出现在门前台阶上。他那慈祥的眼光环视面前的人群。人群安静下来。千百只眼睛看着他。他向人群深深一揖：

"各位父老兄弟姐妹，我不出京，京城的围困不得解。城里粮食吃光，都要饿死啊！……"

一个老人走上前，抖动着白胡子，泪光闪闪："大人，不能丢下天京百姓啊……"

"是啊，是啊……"人们附和着。

李秀成扶起老人："老伯，就是为了解京围，救天京百姓，我要出京。"

"京外几多王爷，忠王行文调兵，谁个敢不从？"

"现今道路阻隔，行文不通。"

一个白发苍苍的老妇，排开众人，挤到前面，举起颤抖的双手："大人啊，大人啊，你不能出京啊！"

她跪下了。

整个人群纷纷跪下。

一片啜泣声。

李秀成跨下台阶，双手扶起老妇，感动地看着人群："各位父老兄弟姐妹，请起身！"

人群啜泣着，低垂着头。老妇又跪下了："大人不答应，我伲不起来！"

李秀成泪光闪闪，疾步跨上台阶，脸上显出坚毅的神色。他站住了，昂首向着全体：

"好，我不出京。我跟天京，跟各位父老兄弟姐妹同生同死！"

55

曾国荃亲自来到仪凤门外，督促挖地道。

他领着总兵李鸿章等向地道口走去，亲兵跟在背后背着大蒲扇。

李鸿章担心地说："这回总该成吧，第十三个了。"曾国荃沉着脸，白了他一眼。

他们来到洞口，周围挤满了人。地上堆着一包一包炸药。曾国荃看了看洞口，问李鸿章："都准备齐全了？"

"万事俱备！"曾国荃一挥手，"下！"

一群清军，一人一包炸药，钻下洞口。

两个清兵在人群中交谈：

"怕跟往回一样——有下的，没上的。"

"上来就得白花花五十两！"

"哼，拿命换哪。"

许多背炸药的兵勇进入地洞。

李秀成站在仪凤门里城边的一个地洞口，阿虎从洞里钻出来："大人，通了。"

李秀成一挥手："灌烟。"

阿虎接过火把，又钻进洞里。

李秀成转向卫护："马。"他纵身上马，领兵奔驰而去。

仪凤门外。曾国荃从地道边上的布棚里狂奔出来，边跑边喊："点火！点火！"

然而，兵卒们一个个咳嗽着，擦着眼泪，涌出洞口。从洞口冒出黑烟。

曾国荃拔出腰刀，奔到洞口，声嘶力竭地喊叫："下去、下去点火！"

他挥动大刀要砍……

忽然一声喊："长毛来了！李秀成来了！"

李秀成带领骑兵劲旅，冲杀过来，枪弹密如急雨，不断射到地道口。

李鸿章赶到曾国荃面前，惊惶地："中丞，避避吧。"

曾国荃一跺脚，长叹一声，跳上马逃走了。

56

（天京城缺粮，李秀成放粮救民……）

忠王府边一幢竹棚前，挤满了拿着各色家什的男女老幼，忠王府官员给人们发放粮食。一个老妇端着一个盛着糙米的瓦盆，端盆的手抖动着，含泪自语："不是忠王放粮，都得饿死啊。"

桌上摆着一碗饭，李秀成坐在桌前，没有举筷，望着饭碗出神。碗里的饭化成了蒸熟的野草，又化成一碗清水，上面漂着几片野草。

李秀成低声自语："只有放百姓出城。"

人们扶老携幼，涌出城门。

他们走出城，不断地回头看望，和自己的京城，和自己的家园告别。

（曾国荃终于在太平门轰塌了城墙。）

忽然一声巨响……

李秀成霍地站起，冲了出去。

李秀成率领一千多骑士，向太平门飞奔。

"忠王驾到。"

圣兵们高喊，奋勇百倍地向湘军冲杀。

红衫女军在宋雪娇的率领下，也赶来投入战斗。

冲到缺口的湘军向后溃退。

李秀成紧勒住奔腾的战马，下令收兵。

狂奔的战马，前蹄扬起，几乎跟身子成一条直线，卷起滚滚尘土。李秀成回头惊讶地看着。骑士从奔腾的马背上一跃而下，跑近李秀成："章王请大人立刻到天王府。"

李秀成眉稍一挑："什么事？"

骑士回答："章王只说：请大人务必立刻回转。"

李秀成勒紧缰绳，战马昂起了头。他向阿虎吩咐："传令下去，守住缺口，加紧修城。"

"是，守住缺口，加紧修城。"

李秀成拨转马头，向回狂奔。

李秀成匆匆走进天王府。

天王府一片可怕的沉寂。侍臣、引赞官、卫护，一个个都低垂了头，脸色阴沉。大黄龙旗降下了。

李秀成加快了脚步。走到五龙桥上，林绍璋迎面走来，泣不成声："大人……"

李秀成睁大眼睛，紧盯着林绍璋。

林绍璋忍住哭泣："天王……升天了！"

李秀成两道浓眉从未有过地急速跳动，脸上笼罩着惊疑的神色。他看着林绍璋，等他说下去。林绍璋深深地低下了头，声音极细地："天王服毒了……"

李秀成倒退一步，一手扶住了桥上的石栏杆："天王啊……天王啊……"他心里在呼喊。他压住心头的悲痛，放开手，跨着大步，迅疾地奔向后宫。

他奔进后宫，越走越快，走进了天王的卧室。他几步来到龙榻前，双膝跪下，用颤抖的、极度悲痛的声音呼唤："天王！"

天王直挺挺地躺在龙榻上，一块黄绸蒙在他身上。他不睁眼看他的爱臣，他默然不答他的爱臣。

李秀成伏倒在龙榻上，肩背抽搐着，一手抚摸黄绸。

门外传来一声孩子的哭声。李秀成一惊，他的肩背停止了抽搐。他意识到自己肩上的重担。他抽回手，站了起来，转身向房外走去。他泪痕满面。

他走到房门外的大厅，立在门口。林绍璋走上前来，手捧一纸："天王遗诏。"

李秀成急忙跪下。林绍璋捧起诏书，轻声念道：

"朕亲回高天，搬取救兵，尔等定要坚守京城！国不可一日无主，李秀成、林绍璋诸臣共扶幼主，共卫天国江山！"

洪仁发、洪仁达惶恐、惊惧盖过悲痛，怔怔地盯着李秀成。朝臣们也都盯望着他。

十六岁的幼天王洪天贵福两手捂脸，坐在那里，呜呜哭泣。安王洪仁发、福王洪仁达守在他身旁。

李秀成缓步向他们走去。他走到跟前，对洪仁发、洪仁达一揖，两人不自觉地站了起来。

李秀成说道：

"安王、福王，请扶幼天王登基。"

洪仁发、洪仁达长长地吁了一口气，坐下了。

李秀成双膝跪在洪天贵福面前，仰脸看着他，眼里闪着恳挚的光芒："请幼天王下诏，诏令天京军民坚心耐心，死守京城！"

幼天王腾地跳下来，双手扶起李秀成，"哇"地一声，哭倒在李秀成怀里。

李秀成紧紧地搂着他……

忽然，炮声隆隆。

侍臣匆匆跑起来：

"妖兵从缺口冲进来了！"

寂静。可怕的寂静。

李秀成松开手，扶幼天王在宝座上坐下，转身面向大家："我先出去抵挡一阵。各位王兄、王弟，天京不能守了，请大家准备保幼天王冲出京城！"

他疾步奔出后宫。

57

到处是使敌军丧胆的大旗"太平天国忠王李"，被夏风鼓得呼呼作响，像发着进军的号令。旗手阿虎擎着旗跟随在李秀成后面。

李秀成率领一千多名特别组成的劲旅，冲到冲口，李鸿章的几百残军，像惊弓之鸟看见箭影，听见飞矢的响声，一声嚎叫，扭头就跑。李秀成率军勇猛追击。

曾国荃领了大批援军赶到。他举起大刀，向迎面跑来的兵卒猛地砍去，兵卒死猪似的闷叫一声，倒下了。曾国荃喊："回去！"

逃跑的兵勇们又往回跑了。敌军分成左中右三路向城墙缺口的地方猛冲。李秀成立刻也指挥军分三路抵挡。一场你死我活的拼杀在夏季正午的毒日下进行：刀光剑影，硝烟炮火；血与汗交流；枪声，炮声，咒骂声，喊杀声。这是革命与反革命的最后决战。

敌军倾巢而来，援军不断赶来，但是太平军却没有增援，敌我悬殊越来越大。

太平军圣兵身陷重围。

阿虎和几名卫护，紧紧保护着李秀成。

清军大批涌进了缺口。

宋雪娇率领数百名女军赶到了。巾帼英雄们策马奔腾，挥刀砍杀，把一批清兵堵在缺口。

但另一批清军从缺口的另一边冲进去了。

李秀成驰回缺口：城已被攻破，要做最后的处理了。他要赶快回到城里。几百名圣兵簇拥着他来到缺口，一阵砍杀，解救了女营姐妹们。

李秀成驰近宋雪娇，骤然停下的奔马在地上打着旋，李秀成望着宋雪娇，大声喊叫："你回府接娘去！"

"你呢？"宋雪娇尽量靠近他，身子倾得要倒下来。

"我到天王府去。"

一彪人马奔腾而来，李秀成跑在最前面。骑士们全都伏在马背上。战马喘着气，下雨似的淌着热汗，四蹄飞扬。

夏日的风暴，说来就来：墨黑的乌云扯满了天，狂风群兽般吼叫。隐隐的雷声，和着远处的炮声。

骑士们迎着狂风奔驰。

天王府门前，聚满了惊慌的人群，跑的、叫的、呼号的，乱作一团。忽然有人喊："忠王来了！"

人群的喧哗平息了。

李秀成驰近人群，一跃下马，急问："幼天王呢？"

人群让出一条路，洪天贵福闪了出来，跑到李秀成面前，哭着喊叫："秀叔救我！"

李秀成扶着幼主："请幼天王快快上马。臣保驾冲出京城！"

侍臣牵来了马，洪天贵福踏上脚蹬，向上一纵身，脚刚碰到马鞍，又跌下来了。几个侍卫赶上前来扶持。

虚弱的御马，倒在地下。

李秀成牵过自己高大的战马，一手扶着洪天贵福："请幼天王骑这战马！"扶幼天王上了马，他拉过那红色的御马，一跃而上。

圣兵们纷纷上马。

一千多人的队伍，卫护着幼天王，在李秀成率领下，向太平门冲去。

队伍路过忠王府。李秀成在王府前勒住了马，跳下马来，奔向大门。宋雪娇搀扶着母亲，走了过来。

李秀成急步上前，双膝跪下，忍住眼泪叫了声："娘！"

母亲问："你还不上天王府接幼天王？"

李秀成说："接来了。儿子特来接娘。"

母亲摇着满头苍苍的白发："我不能拖累你。你快保驾出京。"

李秀成仰脸看着母亲："请娘上马！"

母亲看着儿子，拢了拢被暴风吹乱的银丝："娘不走！"但她的心一阵痛楚，热泪盈眶。

人喊马嘶，轰轰的炮声、雷声、连珠响的枪声，雨点也大滴大滴地洒下来。一切都在催促。

李秀成眼里闪动着泪光，两手紧握着娘的手："娘，上马吧！"

母亲扶起儿子，用手擦去他脸上的泪珠："秀成，快保驾出京吧！"

李秀成恳求母亲："娘，儿子要救出天王这点骨血，尽我愚忠。儿子也要保娘出京，尽儿孝心。"

大颗的泪珠跟雨点一起从母亲满是皱纹的脸上滴下来，但她抹去泪珠，望着儿子："娘老了，左不过一死，跟你出京，拖累得你，保不了幼天王，也救不了娘。"

李秀成张口要说什么，但母亲用手制止了他，接着说："儿啊，快走吧，幼天王在等你，江西的、京外各地的王兄王弟，几百万圣兵在等你。"

李秀成背转身，把母亲的手往肩上一搭，说："儿子背娘上马。"

母亲顺手握住儿子身旁的佩剑："娘迟早一死，不如……"李秀成赶紧握住剑柄，猛然转过身来，沉痛地呼叫："娘啊！"

母亲一跺脚："你快走！"

炮声、雷声、喊杀声、战马嘶鸣，大雨倾盆而下。时不我待！李秀成知道母亲已下定决心，双膝跪在母亲跟前："娘，儿子不孝！……"他哽咽住了。

母亲扶起他，用那把儿子抚育成人的母亲的手，最后一次抹去儿子脸上的泪痕，无限深情地说："孩子，你忠良一世，对得起天父、天兄，对得起天国，对得起天王，也——对得起娘！"

她又侧过身，对扶搀她的宋雪娇说："你能征惯战，跟他一起冲出去。"

雪娇看着母亲："我保娘！"她深情的秀美的眼睛，转向李秀成，她遇到的是同样深情的眼波。

李秀成看着宋雪娇那被坚毅、勇敢和无限深情笼罩、闪着美丽光辉的面孔，说道："有你，我就放心了。娘交给你了。你能保娘出京，就出京，不能，就在左近乡下躲躲。我们总要打回天京来的！"

"你放心吧！"

李秀成深深地一揖："娘……雪娇……我走了。"

母亲背过身去，她不忍看儿子离去，他是永远地走了啊。宋雪娇身子微微向前倾，手平伸出去："你……"她欲说无言！

李秀成纵身上马。

母亲猛然回身，和雪娇搂在一起。

李秀成骑在马上，回头看：母亲倚着妻子，妻子搂着母亲。啊！这最后的一瞥啊！不知是隔着泪水，还是隔着雨丝，影像竟如此模糊。

但他毅然转回了头，策马奔驰而去。

暴风骤雨越来越急越猛。他迎着暴风、迎着骤雨，向前飞驰。

李秀成率军冲出了太平门缺口。

枪声、雨声、喊杀声、武器的撞击声，雨水和着血水到处流淌。

清军在后紧紧追赶。

和着血的泥浆喷溅，道路泥泞，溜滑，尸体、武器碍脚。许多人跌倒了。

忽然，李秀成的坐骑，一打滑，马失前蹄，栽倒在泥泞中……

一个照彻四方的闪电，一声震天动地的霹雷，狂风怒号，猛雨倾盆。

尾声

香烟缭绕，一张香案前，跪着一家老小，对天一拜。一个老妇——就是她，哭留过李秀成，对天拜揖，跪下祈祷："愿你魂归天国！"

歌声在空中飘荡：

> 碗豆花开花心红，
> 我盼太平军哥哥回家中。

"太平天国侍王李"的大旗飘动，无数的太平军战士高举刀矛，策马奔腾。

"太平天国扶王陈"的大旗，迎风招展。

"太平天国遵王赖"的大旗，在空中飘扬。

红旗蔽天。

（1961年7月11日抄完整理初稿，1962年7月13日第6遍稿完）

下部
雪泥鸿爪零散篇

这里收集的是我从青年时代起到20世纪80年代止，留下的一些零散篇章，主要部分还是我在1978年回到城里、恢复正常工作，并转业到社会科学研究岗位工作以前所发表的作品。——个别篇章则撰写于这以后的时期。

这是极少的一部分。比如影评一项，我自1949年，可谓"少不更事"的年岁上，就撰写了数篇评论当时广受欢迎的进步影片的影评；1950年，我在北京读新闻专业，就在《光明日报》上，发表了以进步电影为例证的、对于人民电影事业的论述；以后在东北日报和辽宁日报担任文艺编辑，长达20个年头，这期间，为了工作的需要，撰写、发表了大量的影评、剧评和书评。现在，只是为了纪念的意义，也还因为能够在一定程度上反映历史和时代的状貌及文化生态，仅仅选择了为数极少的几篇象征性地进入本文集。其他的选录，皆是如此。

这里要特别指出的是，本集的开首3篇作品（即自称的平生"三文"），是我在20个年头的新闻从业期间所撰写和发表的文章，它们是《鲁迅一生》《永生的战士》《工人阶级的好儿子许如意》。第一篇，不仅是我"正式从事学术研究"的滥觞篇，而且，在当时的报刊上还是仅有的一篇简述鲁迅生平的"传略"；至于《永生的战士》则是引发了至今发扬光大了的学雷锋活动，自然是我新闻工作经历甚可纪念的文字。而第三篇，我则为自己曾经在报道已经结束，又利用补充采访所得材料，撰写了长篇通讯而感欣慰，特别是我为先进工人阶级的代表人物许如意作"传"，深感荣幸。

所选文章，按发表时间先后排列。

鱼米之乡的鄱阳

鄱阳，这鄱湖岸边的鱼米之乡，在抗战中侥幸没有受到敌人重大的摧残，敌人占领鄱阳仅一周。但自南昌陷敌后，交通阻塞，鱼之输出减少，客也被窒息了几年，胜利降临后，也就在复员声中复原了。

鱼和米是鄱阳的富产，提到鄱阳，人们总是想起"鱼"。

提起鱼，首先便该说珠湖的银鱼了，珠湖的银鱼产量很丰，每年大量运出。银鱼的种类很多，最小的叫作"绣花针"，较便宜；大的即普通所谓银鱼。其次便是白鱼、鲤鱼等。这些大多数经鱼商腌制后输出，其余则运往浮梁等县。浮梁的鱼几乎全为鄱阳所供给。

捕鱼的方法很多，最普通是用一种水鸟，俗名"鸬鹚"咬啄，或用大网捕捞。

事实上，鄱阳的米输出很少，逢年成好，且墟乡没倒墟的年份，才有少量输出，全县除了三区丰产米外，其次便是溯江而上的墟乡。每年因为昌江上游浮梁，夏秋之交时，水量剧增，不能很快流消，都有倒墟的危险，或因水面过高，盖过墟堤，或因墟堤年久失修，被水冲击倒决。倘逢年成不佳，墟乡倒墟之年，鄱阳米量可能不够自给，而须从万年等地输入。

近年，尤其丰收，墟乡也没有倒墟，农人们总算轻轻地透过了一口气。

（南昌《中国新报》1946年12月2日）

谈何绿音的自杀

——《新闺怨》观后

差不多批评《新闺怨》的人，都是说何绿音的自杀是太大的缺点，不该有这么一个结束，这仅使观众陷入悲观而已。这也许是一个"缺点"，然而并不有损于这部片子的意义。艺术是社会现象的反映，反映了还不够，而且将给予指示，提出来一个问题，还要暗示解决问题的方法。《新闺怨》提出了一个问题：妇女为了生活，将找职业，有了职业，便不能照料孩子；顾了"目前"，便损失了"将来"，伤害了下一代。至于问题的解决，作者也暗示了我们：这是一个不合理的现象。是社会中许许多多的问题中的一个，社会的改革，使之合理，便是问题的解答。——"使幼有所养"。

再就这部片子故事的发展看：绿音的自杀是合乎情理，而近乎必然的。绿音，一个小资产阶级的知识分子，感情当然脆弱。知识分子的精神生活是和物质生活同样重要的（甚至前者更重于后者）。绿音在失去了维持女性精神生活的一半——丈夫的爱后，更接上失去使她生活下去的希冀——孩子，而且孩子的死，是因为她为了职业而不能亲自照料，而职业是为了生活不能不就的，因此，她除了伤心孩子的遽死外，还有着无限后悔和愧疚的重负，更接上她去告诉丈夫这不幸的消息时，竟碰上他正在吻另一个女人的手。这接连的感情上的痛击，以一个感情脆弱的知识女性是无力承受的，于是她走上了大多数知识分子的老路——自杀。如此一步一步地发展下来，绿音自杀是合情合理的，作者在这部片子上的艺术造诣是完整的。绿音自杀只是这部片子在效果上的"缺点"，使观众因这悲惨结束而悲哀，使观众在情感上负荷更重一点。我们绝不可要作者在结尾做一个变更，这是有损整个片子的统一和一致性的，片子的结尾和片子所有以前的一切发展，都是有关系的，要结尾不过分悲惨，就得将片子从头写过。

（《中国新报》1948 年 11 月 8 日）

正确的道路

——为几张国产片所指向的

一个接一个地，如《一江春水向东流》《新闺怨》《夜店》《万家灯火》等国产片出现，为我们的电影事业指出了一条正确的道路——"人民的道路"。

电影对于社会、人民的影响，在某些地方，是更大于文艺作品所起的影响的，因为前者的观众，在数目上更多于后者的读者，而观众与读者的质的比较，前者是较为低一点的；读者多为知识分子，而观众是在各阶层皆有的，他们以其所属阶层的意识，来"欣赏"他们所看的片子，不自觉地从里面吸取好的或坏的"东西"，从而被影响，因此一张坏的影片，对社会的毒害是更广泛，更普遍而深入的，同样，在好的一方面也相同。因此我们要不遗余力地击倒所有坏的片子——色情的片子、无聊的间谍片子……而要珍惜好的片子，像珍惜我们好的文艺作品一样。

不幸得很，在一切都以美国为好的影响下，我们的大多数的影片，把美国的一套，大腿、乳房、热吻、打、杀……一切色情的、低级的、含有毒汁的东西学来了，拿来迎合一般人的低级趣味，毒害着他们，为了赚钱。一些下流无耻的编剧人，正合于一句这样的话："世上最坏的事情，就是用最好的名义，做最坏的事。"他们借着暴露社会的黑暗与丑恶的美名，起先是尽情地暴露，于是极下流色情的场面，或豪华的场面出现了，而最后来一个"善恶报应"的结尾，于是他可以说，他暴露了社会的黑暗，而且教诫了观众，但很明显的，观众自然地被那些"暴露"击着了、诱惑了，他们被毒害了。其次是一些像《海茫茫》一类的片子，用幻想制造一个"美丽""多情"的故事，用那主角或女主角的"自杀"来骗取一些小姐、少爷、姨太太们的可怜的眼泪，虽然其毒害比前一种的浅，然而浪费了人力、物力、财力。

但我们回头来看前面所提的好的国产片子吧，他们的编导们，扬弃了为了吸引观众的一切下流的、无耻的手法，他们从人民中间取得材料、艺术，严肃地在银幕上映出，这些作品，正正地反映了、暴露了社会的黑暗与丑恶，提出了严重的社会问题，而且指出来改革、解决的道路。《一江春水向东流》和《新闺怨》是为大家熟知的，而且在《文林》上有过讨论的，这里且不提。却说最近映过的《夜店》吧（编者按：这是第二次了），这里面写的人，都是所谓下流的、卑贱的，他（她）们是：小偷、走方郎中、卖淫妇……然而编剧者告诉我们，这是社会的罪恶，不是本质的差异，"谁不想学好？""谁是做贼的料？"（小三子语）"好人都受苦受难，坏人却得意。"（全老头语）这告诉了我们，他们是学好的，向上的，但他们都在溃烂的社会里腐朽。最后，他们否定了所谓天（命运）的力量，卑贱者，只有明白"社会"所赐予的相同的"命运"，互助互爱（像闻家店里的居客所做的）、团结起来，才能获得他们的自由与平等。《万家灯火》则写出穷公务员的苦状、痛楚，和代表社会恶势力的人们的狰狞面目，告诉我们，今日知识分子应当彻底清除传统的思想、历史的负荷，而觉悟几千年来知识分子的道路——"向上爬""学而优则仕"等——是错误的、行不通的，正当的道路是向下沉，像小陈和阿珍。

不可否认的，好片子是不大受欢迎的，这是因为一般观众教育水平低落和欣赏能力差，坏片子的毒害也不可忽视。因此，我们不能因为不卖座而否定了那正确的道路，依这条路前进，国产片子是有着必然光明的前途的。我们只可因而警惕，而且要把观众的教育水准和欣赏能力提高，目前甚至可以适当地、谨慎地把片子的艺术气味降低一点。

（《中国新报》1949年2月10日）

《萧红小传》读后

> 但是她所走的路程，也就是人类历史的一段，不管是一寸一
> 分，总是永生的。
>
> ——柳无垢《悼萧红》

绞痛着心我第二次读完了骆宾基先生的《萧红小传》（骆宾基先生在《萧红小传》前面，也有一篇题名为《萧红小传》，然该篇极简略非此单行本）。说它是一本传记，不如说是小说，骆先生不仅为萧红作了一篇传，而且写出了她的思想的形成与历程，也为她向这个落后的封建社会，作了一次控诉。

萧红说过："到哪儿，我不是一个人？"这说明她是怎样的孤独不屈地从荆棘载道的路上奋斗出来。还是十九岁的姑娘时，她就为了不愿做一个仅求温饱的驯善的妻子，一个专会服侍婆婆的大家媳妇，放弃了未完的中学课程，同一个北平青年逃出了家庭，第一次反抗封建的恶势力。不幸的是，这位青年家里有发妻，而且是一个不够坚强的徒有其表者，他骗取了萧红少女天真的爱，于是她只身回哈尔滨，而苦难就开始和她的青春与生命联系着了。在哈尔滨她过着忍饥挨饿的日子，而且已经怀孕了。在极端困厄中，她写信向国际协报的编辑裴馨园求助，于是由白朗的介绍，一个青年诗人流浪者萧军（那时叫三郎）和另一个人去见了她。逃出旅馆后，她同萧军就那么结合了。骆先生用了这样的题目：《不凡的会见，平凡的结合》，他解释说，这是两个战斗力的汇合，他们就这样组成穷困得有时连黑面包都吃不上的家，靠着卖文，他们维持着生活。萧红在病弱中，要操持家务，还要写作，不久，萧红便在医院生了个女孩，后来无钱出院，便把孩子留给院方。当她病危香港时，

曾向在她身边的友人C君说到这孩子，她说："她已经七八岁了吧，该已经长得很高大了。"因为当时东北的日本统治者开始注意他们，便不得不离开了那儿到青岛。萧军便在一个报社里任编辑。连年漂流和困厄的生活，在萧红身上留下的摧残的痕迹，这时便都显现出了，她时常病着，但仍然不断写作，她的长篇《生死场》便成于这时。一九三四年十月底，他们同友人M同到上海来，萧军带了他的长篇《八月的乡村》，萧红带了她的《生死场》。到上海，他们拜访了鲁迅，骆先生说：这是散兵投奔到将军的大旗下了，零星的反封建的力量汇合了。

在上海，两萧的感情开始有了裂痕，萧军同一个作家的妻子恋爱着，然而裂痕之有的主因不是这个，而是萧红不承认女性的从属性。从友人的来往到社会上任一活动，人们都只有"丈夫"萧军，而忽略了"妻子"萧红。中国几千年来，哪一个女子不是如此，有的忍受了，有的认为这是当然。然而萧红不是平凡的女人，对于这种不平等，妻子一切都属于丈夫的传统，她要反抗，她要单独建立社会关系，在任何地方，她要有独立的人格。但不幸，她失败了，她冲破了封建势力在家庭里的枷锁，但却挣不脱她在落后社会上的束缚。作为前进作家的她的丈夫和友人们，也都不了解她的要求，而且这要求是正确的。于是她陷入了孤独和寂寞！她的悲剧一生的后半段，便由此造成。

婚变发生后，她便与端木蕻良结合，使她过了一段更悲惨的生活一直到死。后来她与端木蕻良去重庆，再去香港，最后便死在孤岛上。

萧红是不甘心死的，不当死的，她还有她的计划，有她的前途，她是含苞未放的蓓蕾，然而她死了，而且死得那么凄惨！垂危时，她已不能说话，她用笔向C君写道："我将于蓝天碧水永处，留下那半部'红楼'（她原拟与丁玲合写的书名——著者注）留给别人写去了。"又写道："半生尽遭白眼冷遇，身先死，不甘，不甘！"读到这儿时，心的绞痛和悲伤，文字形容得出吗？

在西安的一个黄昏，萧红已经提出了与萧军分手的要求，她苦痛极了，于是向绀弩隐约地表示，她希望得到一位长者的爱（像鲁迅曾给她的），来填补她情感上的空缺，绀弩似乎没有明白她的意思，而这时端木追求得紧，他装的极尊重她，萧红终于做了情感的俘虏，把一生追求的理想，刚获到的新生命，牺牲了，扼杀了。

丁玲曾后悔没有在生活方式上给她更多的意见，而她只因为怕见萧军，便拒绝到延安去，事实上萧军没去。

在重庆时，曹靖华对她的身体很关心，曾警戒端木别再要她抄稿子，但当端木要她一道到香港去时，曹先生却没肯定地留她在重庆，病危时，她曾对C君说："假如那时曹先生说你就留在重庆吧，我就留下了。"显然，她是后悔到香港去的。这三点，虽然不是萧红致死的主因，但却使她死得更快、更凄楚！这是多大的遗憾啊！

萧红、萧军虽然在形式上分离了，然而一直是相爱着的，这是因为他们的爱情是植根于生活的土壤里，有统一的理想和思想做肥料。萧军曾说："我永远爱她，但她不是妻子，尤其不是我的。"萧红在病中也曾想到他，而且说："假如萧军现在在重庆，我打电报要他来接我，他一定会来。"

萧红是坚贞不屈的，她的一生交织着苦难、沉痛、寂寞、奋斗，她不仅是一位优秀的作家，而且是勇敢刚毅的战士。她的一生是一个悲剧，这也是时代的悲剧。"她所走的路程，就是人类历史的一段。"

看完这本血泪的书，我真想流泪，然而忍住了，用眼泪来悲悼这宝贵的灵魂，是侮辱她。

（《中国新报》1949年2月12日）

发展人民的电影事业

电影是种为多数人所能接受的艺术，尤其是城市居民对它有着极大的爱好，电影是他们最主要的娱乐。人们，都是以各自所属的阶层意识去欣赏所看的影片，从而获得教育（或毒害）。因此，它对社会的影响是广泛而深刻的。用列宁和斯大林的话说：它是"最重要和最大众化的艺术"，是"最伟大的群众煽动手段"，这是因为它比它的姊妹艺术具有更轻便的优越条件，它是综合性的艺术，是最能够教育群众的工具。也正因此，当它被掌握在反动统治阶级手里时，它对人民的坏的方面的影响与毒害也是更广泛、更深刻的。美帝及其走狗国民党反动派在中国长期的统治，在这方面给人民的毒害是极其广泛而深刻，值得我们正视的。因此，我们今日的艰巨的工作，不仅是在于建设人民的电影事业，而且有着更急迫的工作，那便是肃清铲除留在人民脑里的毒素，而其先行的工作则是排除一切美国式的堕落的、下流的充满着大腿、乳房、狂吻的影片，用健康的、向上的、有极大教育意义的影片代替之，使曾经受毒害的、蒙蔽的广大人民清醒过来，更认识建设伟大祖国的艰巨工作，全心地拥护或把自己投身到这伟大的事业中去。在今天，客观条件的限制下，我们要做这一件工作，当然是大量地输入苏联的电影，而且也向他们积极地学习。

　　"在旧中国每年放映的影片约达四百部，其中三百部是从美国进口的。"（陆定一《欢迎苏联电影》）这三百部电影是些什么呢?我们可以说，除了美国的生活方式，大腿、乳房、打、杀、恐怖而外，别无所有。这些迎合了人们的低级趣味，造成了人们对美国的羡慕与幻想。（这正是美帝国主义者的阴谋啊!）商人们也赚了不少钱，而人们也就随着堕落了，看不清世界，分不清是非了。有一次，我陪一个十五六岁的孩子去看电影，那是美国片《小五义》，里面是虚构的，不知为什么的打杀，当他看见片子里的孩子们（小五义兄弟们）跳汽车、开枪时，高兴得跳起来叫好，他是这样陶醉于这种打杀的紧张恐怖场面!我的心沉重了!余下的一百部片子中，除了凤毛麟角的几部国产片和偶然一两部苏联片外，都是和美国片一样的。其中有些间谍片低级得就连"恐怖"的故事也没有安排得好。一个美国电影迷曾说："中国的间谍片结束永远是这样：一部汽车装走了所有的人。"在这一点上他是对的。其他则是些为了赚钱向美国片看齐的大腿乳房片，然而名义总是好听的，幌子总是美丽的。无聊的编导们，在弄够了热吻、大腿、乳房后，会来个善恶报应的结果，"教育"了群众，但，群众看见了什么呢?那当然只有编导们所成心要给他们的一切下流卑鄙的肉欲的镜头。这里我们不能忽视一些国产片，它们在表面上似乎是可取的，为很多人所欢迎的，像《小城之春》《海茫茫》《艳阳天》，它们的好处是没有像其他片子那么下流、用肉欲来吸引人，然而，不能否认它们对观众的无益以至于有害。有人用这样一句诗形容了《小城之春》："惟有门前流水，应知我终日凝眸。"这是对的，有人说，它像一首美丽的诗，这也是对的，它只是像一首软弱的柔情的切合小资产阶级的唉声叹气的诗，给观众的是不健康的情调。其他影片也有类似的问题。因此，我们可以断言，下流、卑鄙、色情的美国片及大部分为帝国主义者服务的编导们所摄的影片，对广大观众的毒害是长期深重的。当然，我们首要的工作是清除这些毒害，排斥所有的美国片，抵制下流的国产片，像我们打击帝国主义及其走狗一样。这除了大量输入苏联影片以外，更希望曾经在反动派限制、迫害下努力的电影作者们，发扬以往的奋斗精神，为人民的电影事业而继续努力。新的伟大的时代赋予我们新的伟大的任务；八年抗日战争，三年解放战争中，有着太多的伟大的英勇故事、工农自己的英雄人物，都需要我们和值得我们搬上银幕，拿来教育人民，使他们知道胜利是多少烈士的鲜血换来的，并珍重它，积极地参加到巩固并发扬这胜利的建设事业中去，而且从英雄人物身上获得教育。为了在银幕上逼真地、确当地刻画这些新的英雄人物，我们要求电影工作者们必须积极地、虚心地向工农兵学习，而在今天的新中国，是允许他们充分地这样做的。这是一切愿改造自己、全心全意为人民服务的文化工作者们的一个极大的幸运。我们也要求电影工作者们加强自己的思想锻炼，提高思想和技巧的修养，只有这样做了，我们才能在银幕上刻画出新型的、光明的、正面的、肯定的英雄人物。我们，为了清除帝国主义者给我们人民的毒害，为了教育广大人民投身到新民主主义的建设事业中去，就一定要积极发展人民的电影事业，这是伟大的新民主主义建设事业的一环。

（《光明日报》1950年1月12日）

电影：教育人民的伟大工具

—— 看新片展览月映出影片

列宁和斯大林对电影都有过很高的评价。列宁称电影是"最重要和最大众化的艺术"，斯大林也说过："电影是大规模宣传鼓动的最伟大的工具。"在新中国，自从电影这个武器被掌握到人民的手中后，就担负起教育人民的重大任务，而且有了初步的良好的成效。

新中国的电影艺术，以最大的努力来反映人民革命的历史和革命的英雄人物，以最大的努力来反映新中国的社会改革和新的社会面貌。它的革命的、鼓舞教育人民向上的主题和内容，不仅比诲淫诲盗的美国片优越千倍万倍，而且也是旧中国的电影所不能比的。因此，仅仅一年多的时间，新中国的影片就迅速地将过去美国影片在市场上的统治地位取而代之，博得广大群众的欢迎，获得一定的国际声誉。

巡视国营电影厂"新片展览月"放映的26部影片，我们可以看出，它们的内容有一部分是反映中国革命的各个时期——土地革命、抗日战争、人民解放战争（包括土地改革）——的斗争历史；另一部分则反映了新中国成立后的改革、变化和新的社会面貌。

中国革命的艰苦复杂、先烈们前仆后继、英勇不屈的斗争精神，是我们无尽的艺术源泉；新中国的电影工作者从这里获得了宝贵的主题与题材。《陕北牧歌》和《新儿女英雄传》都是以农民的斗争为主题的，不过所反映的是两个不同时期的革命斗争。前者是一九三五年陕北农民在共产党和红军领导下与白军（国民党反动军队）和地主的斗争，后者则是冀中农民在共产党的领导下对民族敌人——日本侵略者——的斗争。成宝娃（《陕北牧歌》男主角）是地主张瑞堂的牧童。父亲被地主打死了，自己则终年过着挨饿受冻的生活。他的爱人白秀兰，一个农民的女儿，也过着受剥削和欺压的日子。地主张瑞堂曾经要把她卖给白军的邱团长做姨太太。但红军救了他们，他们得到幸福与自由而且双双参加了游击队。牛大水和杨小梅（《新儿女英雄传》的男女主角），一个是普通的农民，一个是受苦难的媳妇，彼此有着不能如愿的爱恋。在共产党领导冀中农民反对日本帝国主义者"扫荡"的残酷斗争时期，他们都参加了革命，在革命中得到锻炼与教育，成为坚强的革命战士。

《白毛女》和《翠岗红旗》反映了地主阶级和国民党反动统治加于农民身上的深重苦难。《白毛女》集中地表现了旧中国农民在封建势力的压迫和剥削下的苦痛、灾难；《翠岗红旗》表现了国民党反动统治者依靠它在农村的统治基础——地主保甲，对革命农民的屠杀、摧残。但最后，它们却都是以喜剧的结果来结束的。白毛女终于在吃了三年的供献、野果、在深山中历尽风霜后和她的大春哥欢乐地在田野里劳动。《翠岗红旗》中的伍儿（片中女主角）也终于在忍受了十五年数不尽的苦楚后和猛子（片中男主角）见面。这种悲欢离合和大团圆的结果，不是幻想，而是人民革命斗争的胜利果实，是历史的真实。

反映人民在战斗中成长和人民的战士的英勇顽强的精神和意志，在集中营里，野兽们以非人的酷刑和百般的折磨来摧残"囚徒"们，但敌人摧残得了肉体，却动摇不了英雄们的意志。在共产党员、新四军政治部组织部长钱子英的领导下，他们对敌人不屈地斗争着，并先后发动了两次胜利的暴动。中国人民自有共产党起，就不能一刻离开他的领导，而共产党人，即使在监牢里，也从未放弃领导群众对敌斗争的责任。

这里，我们当然要想起影片《刘胡兰》来。它的主角的英雄事迹是人所周知的。刘胡兰和钱子英、施珍（《上饶集中营》中的女共产党员）及刘兴、牛大水、杨小梅等人物，代表了中国人民的高贵品质。他们为人民的事业而奋不顾身、坚贞不屈的精神，教育、鼓舞着我们向上、前进。

新中国的成立，引起了全世界进步人类的注意和欢呼。站立起来了的中国人民，显示了无比的力量，使全世界都不能不重视她的存在。《世界青年访华记》所记录的世界民主青年联盟代表团访问新中国，表现了这种感情。另一个纪录片《打击侵略者》则记录了美帝国主义侵华政策的彻底失败。

《中国民族大团结》是一部值得推崇的纪录片。它是那么紧凑、充满了喜悦的气氛。这种民族的大团结是空前的，是由于人民胜利才有可

能的，是毛主席民族政策的胜利标志。故事片《内蒙人民的胜利》也表现了少数民族在共产党领导下获得解放的事实。

新中国成立后的工人以新的劳动态度来从事生产，工厂里掀起了火热的竞赛。《胜利之路》记录了人民铁道兵团在一年半的时间内和艰难的条件下，修复了贯通祖国的三大干线，显示了中国人民无比的力量。但长期的国民党反动统治，使一部分工人对新的事物还不能迅速地理解和接受。《高歌猛进》和《红旗歌》便是通过工人李广才和马芬姐的转变，表现了工人阶级觉悟的提高；同时，反映了工厂的生产竞赛的火热情况、工人们的幸福生活。

社会的变革，表现在许多方面。《儿女亲事》反映了农民男女的幸福婚姻和新的生活。《新人村》是原来在上海的流浪汉、扒手、流氓经过改造后，用自己的手建立起来的新村庄。这批过去不事生产、被称为"人渣"的人，在劳动中改造了自己，他们在荒野上建立了自己的家庭，自己的工厂、学校、图书室和医院。从这里我们不仅看到人民政府与人民的关系，也看到人与人之间的新关系。

24部影片给我们展示了祖国的过去和现在，也启发我们向往未来——那美丽和幸福的未来。我们看到革命的艰难困苦，也看到这种长期复杂的斗争中所锻炼与成长起来的无敌的人民力量。我们感谢人民电影工作者的劳动，并希望有更多更好的、反映胜利了的中国人民的英雄事迹的影片出现。

（《东北日报》1951年4月6日）

人民的好儿子彭达

东北工学院教师思想改造展览会的第五馆，是一个特别的陈列室——彭达烈士事迹陈列室。

走进这间陈列室，看到烈士的遗像、烈士牺牲时的血衣、白色的花圈和挽联……我们即刻会为复杂的情感所感动：对烈士的悼念和崇敬，对匪徒的仇恨和愤怒。这间陈列室将长期保留下来，纪念彭达同志。

彭达烈士（中国新民主主义青年团团员，东北工学院建筑系二年级学生）为了保护祖国财产、援救同志而英勇牺牲在1952年6月21日早晨9点40分。这是一个晴朗的早晨，也正是东北工学院老师思想改造的高潮阶段。彭达同志是系内帮助教师的一个小组的组长。早晨，他主持了一个小组会后，便到教师家里去帮助教师。从教师家里出来后，路过铁西区广昌街。这时他忽然听见枪声和"抓特务"的喊声，并看见一个匪徒正持枪抢劫一个女同志——她已经被打伤了。这时他便奋不顾身地奔向匪徒，与他搏斗起来。匪徒被打倒在地上了，但当彭达同志抱住他时，他得空向彭达同志连开两枪，枪弹穿过彭达同志的胸膛，他立时倒在血泊中了。

被打伤的女同志，是东北工学院合作社出纳员于黎娟同志。她这天早晨从中国人民银行铁西区分行取款回校，途中遇到匪徒吴正中持枪抢劫。为了保护祖国财产，她英勇与匪徒争夺钱包，并高声喊叫"抓特务！"匪徒便开枪打中了她的左肩。彭达同志赶到时，他们两人便与匪徒扭打在一起。不幸，彭达同志中枪倒地了，她便又带伤拉住匪徒。匪徒将她踢倒，骑自行车向南逃去，但被工学院附小校长刘宇放（青年团员）挡住去路；匪徒又向西逃跑，被工学院北门警卫于教友同志持枪堵住；匪徒再向北逃跑，转弯时被工学院机械厂练习生岳学安同志从侧面击倒。这时，刘宇放同志、岳学安同志、刚下岗的警卫周世文同志及工学院机械厂徐先羲同志都赶上，四人与匪徒搏斗，刘宇放把枪夺下，周世文又把匪徒手中的一把刀抢下。其他不少同志这时也已冲上，在群众的努力下，匪徒终被捕获。7月5日，沈阳市人民法院公审匪徒吴正中，这是一个一贯与人民为敌的惯匪，系伪满警尉，蒋匪少校团副。公审后，沈阳市人民法院当场宣布其死刑，并立即押赴刑场，执行枪决。

为保护祖国财产而英勇负伤的于黎娟同志已经伤愈出院。但彭达同志因伤势过重当时即英勇牺牲了，当把于黎娟同志和彭达同志送到中国医科大医院去时，大家就为伤势过重的彭达同志担心，但却都怀着一丝希望，愿他能脱离危险，将来重回学校。他的几位同学，还有他死前热情帮助过他的教师陈竹林，以为需要输血，曾赶赴医院。但是，因为枪弹打中了心脏附近，我们的彭达同志在途中就牺牲了。一个年轻的生命遽然逝去，一个优秀的青年团员和学生被杀害，引起了教师、学生的极大哀痛，许多人哭红了眼圈。但他是为了保护祖国财产，为了援救同志而牺牲的，他死得壮烈而英勇，哀痛之外，人们也更崇敬他。

彭达同志是辽西省铁岭县人，今年24岁，他虽然出身地主家庭，也受了资产阶级教育的影响，但自1948年参加革命后，在党和团的教育下，在自己的努力下，他不断摆脱旧的影响，向前迈进，在自己的身上成长起毛泽东时代的青年的新的品质。

自1944年到1948年7月，他在北京盛新私立中学读书。这是一所教会学校，这里曾给了他一些不好的影响。但是1947年和1948年有着革命传统的北京城的几次学生运动："五二〇""七九""七五"等，给了他不少的教育。在他寄居的舅父家里，住着几位做地下工作的共产党员和进步青年，他们也给了他以启发和教育。这些，使他有了初步的觉醒。1948年8月，当蒋介石反动政府大肆逮捕进步青年学生时，他的亲戚和朋友，一些共产党员和进步青年决定到东北解放区来，他也随着他们一起来到了哈尔滨。1948年9月，他被介绍到东北军区军工部工业专门学校学习。1950年，8月又被分配到沈阳工学院（东北工学院前身）学习。1949年11月他加入了新民主主义青年团。

在他被批准为新民主主义青年团团员的那天，他在笔记本上写道："新民主主义青年团员，是要把自己坚强与充实起来，把自己的工作与能力，用去为新民主主义建设服务。今天我被批准为青年团员了，这使我更勇敢与坚强。……这是一个新的开始，我将更努力，更有信心，朝着无产阶级党的目标前进，争取做一个光荣的共产党，决心为无产阶级的事业奋斗。"在另一本日记本上，他在毛主席像旁写着："您的光辉照耀着我，我永远也忘不了对您的誓词。"是的，彭达同志是忠于他的誓言，不断地努力改造着自己，向着既定的目标迈进。为了这个，他注意锻炼与修养自己的身心，以便献给党，献给祖国和人民。

在他的思想品质中，我们看得到突出的一点：是对于祖国的热爱。1950年抗美援朝开始时，为了捍卫祖国，为了援助朝鲜人民，他在日记本上写道："我不怕战争，我要在战争中锻炼自己能够做一个海军战士，真正地把自己献给祖国。"为了上前线，他着急得"嘴唇都烧焦了"。在另一天，他又写道："有一天祖国需要的时候，组织呀，千万别忘了我！"这一天终于来到了，祖国向青年、学生发出了参加军事干部学校的庄严的号召，他第一个写了申请书。但是因为身体不合格，他留下了。他留在学校里了，但他热爱祖国的心，使他总想为抗美援朝，为前线尽力。于是，1951年5月他为伤员献血300mL；8月又献血200mL。输血后他写信给他姐姐说："我特别高兴，因为我合格了，可以将我的血输给志愿军同志。"

彭达同志是一个热爱生活的人。他是优秀的足球队员，会游泳也会滑冰，他也是乐队的队员，爱弹吉他、爱按手风琴，他的素描也画得不错。正如他在给团组织的汇报中所写的：他知道怎样来热爱祖国，怎样来珍惜自己的生命。但这生命，他说："是属于人民的，属于人类解放事业的。"他实践了自己的诺言，虽然他是那么热爱生活，珍惜生命，但当为了维护祖国和人民的利益——抢救祖国财产和同志时，他便毫不顾惜自己的生命。热爱祖国的情感，是深入在他的心灵里的，只是这样他才能表现出那么英勇的行为。"什么东西平时统治着自己，什么东西将在生死关头决定着自己。"

彭达同志平常就很爱护祖国财产，爱护公共财物，对别人不爱护公共财物的行为也经常批评。他是建筑系设计课的课代表，同学要领图纸、蜡纸等学习用品时，他总要问："老师允许了吗？""你上次领的那一张能不能用橡皮修一修再用？"而且常对同学说："这都是祖国财产，更加爱护，有多大就裁多大。"为了说服同学爱惜蜡纸，他给同学算细账，一卷蜡纸值多少钱，每人浪费一些会浪费多少祖国钱财。一次，两大张蜡纸被弄坏了，他便一定要追究是谁弄坏的，他气愤地说："这些人对人民财产太不爱护了。"在工学院长春分院时，他是纠察队员，有一天晚上发现校舍闪了一下火花，他就拿了一个火钩子，绕校园巡视一圈，没有发现什么，但他仍不放心，便一人蹲在门洞里守了一夜。校内发生过几次火灾，他每次总是拿着灭火器跑在最前面，而回来得最迟。

彭达同志对待自己是严格的，是富于自我批评精神而又勇于改正缺点的。他有一个小本子，在这个本子的前页，他写了几个字："要时时检讨自己的思想作风。"在以后的记事中，常夹有几行字，他命名为"检讨自己的缺点"。比如6月4日写道："在学校不能联系、团结同学，在工作岗位上就不能联系、团结群众，这样就不能发动群众的力量，不能完成党的事业，为了无产的利益与新社会的发展，就必须联系与发动群众，不要做孤芳自赏的人。"以后还有："发火急躁，这是我存在小资产阶级意识的表现……""没有根据地答复别人的问题，这是一种不负责的态度……"他认识到了的，便能在实际行动中克服它。他的俄文成绩原来不太好，但当他认识到向苏联学习的重要性后，便纠正自己的缺点，每天早起读俄文，买了不少俄文的参考书籍。很快地，他在课堂上就能很好地回答教师的提问了，成绩迅速地提高了。他的应用力学一科成绩曾经不好，一次考试得55分，为此团支部对他进行了批评。他马上加紧了这方面的学习，再一次测试成绩就上升为88分了。他因为身体不合格而未被批准参加军事干部学校后，就努力锻炼身体，每天练习单杆、双杆，课间的十分钟也用来练习倒立，他也劝说和帮助别人为了祖国需要而锻炼身体。

他牺牲以后，工学院各系都开了座谈会：许多人含着眼泪甚至哭泣着座谈彭达同志的英勇行为对于自己的极大的教育。许多教师说："彭达同志为了祖国的利益英勇地牺牲了自己可贵的生命，难道我们还有什么肮脏的思想和缺点不能丢掉吗？"在他牺牲前一天，还受过他的帮助的孟雪波同学说，彭达同志的英勇牺牲，教育了她，使她不再只是考虑个人的事情，而开始思考新的问题——自己的进步、祖国的前途等。从彭达同志的牺牲中，人们看到鲜明的爱与憎，看到如何正确处理个人与祖国的关系。人们也从彭达同志看到在党、团的教育下，在毛泽东思想的教育下，一个青年的高贵品质是如何成长起来的，因而增加了自我改造的决心和信心，他的同班同学尹世英写道："我每当发现我的缺点时，一定想到你英勇牺牲的精神，毫不犹豫地克服它、丢掉它。"

彭达同志的英勇事迹不但教育了东北工学院的全体师生，而且也教育了其他学校的教师和学生。许多学校的教师和学生以个人、小组或全班的名义写信给东北工学院和彭达同志家属，表示他们的哀悼和向彭达同志学习的决心。其中有从沈阳市大学、中学校寄来的，有从哈尔滨寄来的，还有从长沙寄来的。

彭达同志是为了保护祖国财产，为了救助同志而牺牲了自己年轻的生命的，让我们在哀悼他时，牢记要学习他的英勇行为，学习他的高贵品质。我们活着的人工作得更加努力，来弥补因他的牺牲而造成的损失。

安息吧，彭达同志，你的精神永垂不朽！

（《东北日报》1952年8月5日）

理想与现实

俄国杰出的革命民主主义者车尔尼雪夫斯基说过一句话："现实伟大于理想。"这是千真万确的。但，这并不是说理想就是无足轻重的东西。理想总是和创造伟大事业的蓬勃热情相连的。伟大的理想产生伟大的力量。共产党人，就是最有理想的人。为共产主义的伟大理想所燃起的热情是气势磅礴的，是持久不渝的。

我们也常看到为某种理想所鼓舞者的热情却很容易迅速冷缩。比如，有一些刚从学校毕业的学生，在离校前、离校时直到在火车上，都是那样地为自己的理想所振奋，为热情所鼓舞。当他真正分配定了工作，开始干了，却不几日就热情消散了，遇见自己的朋友便要诉说自己的"不幸"，叹气地说："一切都不如理想那么好！"为什么他们的热情是这样地容易消散和被挫伤呢？

有一些人很有热情，也有"理想"，但却不切实际。比如有人到东北工作，是为那在江南所看不到的"白山黑水""满山遍野的大豆高粱"；有人去搞地质勘察工作，是想着游山玩水，"到新疆吃哈密瓜"；也有人想到鞍山去工作，因为那儿有巨大的建设，宏伟的气魄，却很少想到建设工作本身的意义。为这样的"理想"所支持的热情，一定会迅速地消散以致熄灭。因为我们每天所接触的，当然不会总是"白山黑水"的美景，巨大规模的基本建设也不是供人欣赏的。何况在工作中，特别是在我们这样复杂艰巨的建设事业中，不仅有工作顺利和成功时的愉快，而且也有工作中大大小小的阻碍、困难和苦恼。伟大的理想、为祖国为人民服务的志愿，会成为排除阻碍的力量。而那种不切实际、掺杂着个人打算的"理想"却是一触即破的。

我们还要明白建设事业的实际情形，明白它的复杂和艰巨。它需要持久的、踏实的热情，而不是空泛的热情，更不是不切实际的幻想。热情必须和求实精神相结合。加里宁曾教导苏联青年"要善于逐日克服不断发生的障碍，要使实际生活中每日每时在他面前出现的种种障碍，不至于扑灭他的高涨情绪"；要在寻常工作中看清终极目标。这是值得我们深深记取的。

让我们把美好的理想变成艰巨努力的行动！

（《东北日报》1953年7月24日）

文艺干部必须努力学习政治和文艺知识

最近沈阳市文化局举行了一次全市文艺干部的政治、时事、史地知识和文学艺术知识的测验。测验的结果，暴露了一个十分严重的情况：沈阳市文艺干部对于政治理论知识、许多政治理论和时事政策方面的常识性的问题，回答都错误很多。如对"政治与文化的关系如何？"这个问题，竟有这样一些错误的回答："文化是政治的基础""政治是文化的集中表现""政治和文化是互相反映的关系"。许多人对"我国工农联盟是建立在什么基础上的？"一题，不能做正确的回答。一般历史、地理知识更差。文化局办公室的一位负责干部把太平天国革命说成新民主主义性质的革命；有人则把太平天国革命说成发生在明朝，其代表人物有李自成、岳飞、黄巢等。有人甚至连五四运动发生的时间都答不正确，如说五四运动发生在3月4号。文艺知识的测验成绩同样不好。从事文艺创作的干部，不能比较完整、正确地表述社会主义的特征，有的说"社会主义现实主义就是以社会主义现实主义的劳动去教育人民，不是单从形式出发"，有的说"是非自然主义的，掌握本质的"。有人对毛主席《在延安文艺座谈会上的讲话》中提出了什么文艺方针，回答不对。对我国古典文学和五四运动以来的新文学，对苏联的著名文学作品也都十分缺乏了解，有人甚至连鲁迅的主要著作是什么、《子夜》是谁写的都答不上来。

这些情况说明，沈阳市文艺干部的政治修养和艺术修养都十分不足，政治和文艺的学习很差。同时说明：今年七月发表的、受到全国各地文艺干部热烈拥护和十分重视的《人民日报》社论《提高文艺干部的政治修养和艺术修养》，在沈阳市的文艺干部中并没有引起足够的重视。他们很多人并没有认真学习这篇社论，没有采取切实的方法来改善自己修养严重不足的情况，这是十分不应该的。这说明，沈阳市文艺界不仅政治业务学习情况不佳，而且对这一问题的严重性还没有足够的认识。现在，经过这次测验，趁大家都为自己知识的贫乏大吃一惊的时候，就应该实事求是面对这种情况，切实努力地学习政治和业务了。

正如《人民日报》社论正确地指出的："文艺干部的修养不足已经成为横在我们的文学艺术事业前进的道路上的严重阻碍了。"沈阳市的文艺创作干部几年来作品不多，作品的质量不高，有的甚至不能正确地反映生活，歪曲党的政策；话剧团曾经一连几个演出不能成功；戏曲改革的成绩不大；不久前举办的全市第三届美术展览中，美术作品思想内容贫乏；等等，这些不都说明文艺干部的政治修养、艺术修养的十分不足，已经阻碍了文艺事业的发展吗？

文艺工作者必须学习政治理论这个道理，文艺干部不但很耳熟，甚至常挂在嘴上。但为什么实际上却没有学好呢？这是因为在口头上虽然那么说，但在思想上却另有想法。在文艺干部中，存在着一种错误论调，即认为政治学习对提高业务水平帮助不大。因此有些文艺干部对政治学习不感兴趣，看作负担；有人甚至长期不看报纸。他们觉得学习政治是多余的，并不能帮助他们去创作文学和美术作品，不能帮助他们的表演：有的甚至觉得学习政治会"打断自己的灵感"，遇有政治学习，就强调正在酝酿一个作品，正在排戏，不愿参加。这些显然是一种忽视政治的倾向，持有这样观点的人是不懂得马克思列宁主义的世界观对于文艺创作的决定性作用的。文学艺术是党和政府用社会主义思想教育人民的重要武器；它要用新的思想来教育人民。但如果缺乏马克思列宁主义知识，不懂得党的政策，不关心国际国内斗争，不努力使自己成为具有先进思想的人，能够完成这个艰巨的任务吗？谁能把自己还缺乏和不懂的东西给予别人呢？事实已经很好地证明了这一真理。有些文艺工作者经过一个阶段的生活体验，积累了一些材料后，仍然写不出作品，或者写出来了却不能够反映实际生活斗争，甚至有错误；有些演员虽然下工厂下乡去体验过生活，却不能很好地创造角色，甚至因为歪曲人物形象遭到观众不满；许多美术工作者常常只是画一些缺乏生活气息的速写、素描，有时甚至画些工厂里破旧景象带回来；他们常常又止于画一些人物和景物的素描、速写，不能在这些素材的基础上创作有一定思想和艺术水平的作品；等等，这些都说明马克思列宁主义的缺乏和思想水平、政策水平不高，使得观察生活的深度和广度受到限制；材料的分析、研究和运用的能力也不够高。

另有一些文艺工作者，在创作作品或排演节目时，也去翻阅有关政策和理论书籍，他们就把这样一种"现得利"的学习，当作了政治学习的全部内容，满足于这种学习方法。当然，这种学习是必要的，但是却不能代替经常性的、系统的理论知识的学习。马克思列宁主义并不是"临阵磨枪"式的学习可以学得的；而如果没有马克思列宁主义知识的准备，没有政策知识的准备，对于政策的领会和理解也不可能是深刻的甚至会是错误的，当然更谈不到融会贯通了。

文艺干部的艺术修养也十分不足。有些文艺干部甚至缺乏普通的文学艺术知识，这是一种不正常的现象。一个文艺知识贫乏、艺术修养不足的文艺工作者，怎么能够创作出具有较高的思想性和艺术性的作品，怎能有感人的艺术力量的表演呢？这同向一个技术很低的工人要求质量很高的产品是同样困难的。但是现在许多文艺干部，对业务学习却有一种极狭隘的看法，即认为业务学习，就是学习技术。文艺创作干部一提起业务学习，就想到怎样描写；美术工作者就想到画素描；音乐工作者就想到和声学和拉提琴。技术是必须学习的。但文学艺术中的技术是为政治服务的。如果我们不学习马克思列宁主义的文艺理论，不学习党的政策，不学习社会主义现实主义理论，我们怎么能够正确地掌握和运用技术呢？为了改善文艺工作落后的状况，必须在提高文艺干部的政治修养的同时，提高他们的艺术修养，这是不可分割的两个方面，缺乏哪一方面都会是跛足的，对我们的文学艺术事业是不利的。

为了切实有效地学习政治和文艺知识，除了必须扫除上述一些错误观点外，还要克服、纠正存在于某些文艺干部中的一些错误思想情绪，如盲目自满，掩饰自己知识的贫乏，以及懒懒散散，不愿学习，等等。必须培养刻苦学习的习惯、谦虚忠实的学习态度，在文艺干部中形成学习的风气。同时，必须指出，要使文艺干部的政治和文艺学习搞好，文化领导部门对文艺干部的学习必须重视起来，并有计划地领导他们的学习。目前，沈阳市文化局已注意并开始加强这方面的工作，这是好的，希望能坚持下去，因为提高文艺干部的政治修养是一个长期的学习过程，不是靠短期的突击就能解决的。

在辽宁省其他各市的文艺干部中，同样存在着政治修养和艺术修养都十分不足的情况。沈阳市这次在测验中暴露的问题，应该引起辽宁省各地文化领导部门和文艺干部的注意和重视。社会主义建设事业的不断发展，人民文化水平的不断提高和文化生活需要的逐步增长，越来越向文艺工作者提出更多更高的要求。但现在我们却赶不上这个要求，落后于实际的需要。努力提高文艺干部的政治修养和艺术修养，就是改变这种落后的一个关键性的问题。我们必须实事求是地面对缺点和困难，以革命者应有的自信心和坚毅精神来克服困难，赶上国家和人民的要求。

（《东北日报》1953年10月15日）

对年画创作的几点意见

在今年年画的销售中，反映了新年画创作的若干问题。像这样的情况是值得引起注意的：上海华美画片社、环球画片社、三一印刷公司等私营出版家出版的年画，比东北人民出版社出版的、美术工作者所画的某些新年画销路更好些。不仅是农民，而且不少干部都购买上海年画。特别是胖娃娃画和戏曲故事画，更是受群众欢迎。

东北地区今年所出的新年画，有不少很有意义的主题：如表现中国人民志愿军战争生活的《侦察员归来》；表现农村丰收的《农业生产合作社的小麦丰收》，表现农民学习文化的《第一堂作文》（郝凤作），等等。据一般反映，今年的年画在表现主题、刻画人物等方面，也都有提高。如《第一堂作文》《未婚媳妇来到婆家》，在选材和刻画人物等方面都比以往表现同一主题的年画有了进步。在这方面，无疑问的，比上述那些私营出版家出版的年画好。就我所见到的上海私营出版家出版的年画来说，许多是取了很好的画名，但却远没有表现出应该表现的主题：画中的人物，一般来说男的还是不脱"洋场少爷"气，女的不脱小姐气，胖娃娃也只是画得红润白胖而已。群众对这种画也这样评论："细看没有什么讲究""没有什么意思"。那么，究竟群众对于新年画为什么不十分欢迎？他们的要求在哪些地方没能得到满足？那些"细看没有什么讲究"的年画销路反而比较好说明了什么问题？这里，我根据所知道和理解到的，提出几点建议。

首先，就东北地区新年画的题材来看，选材的范围是不够广泛的。年画，按照群众的习惯，是买来装点年节的。——年画可以使他们家里更加有春节的欢乐、喜悦气氛，这就是农民所说的"图个吉庆"。同时，也是群众，特别是农民群众接触艺术、欣赏艺术的一个重要方面。因此，"四季平安""五谷丰登""人寿年丰""农家乐""胖娃娃"等，就成了农民所喜爱的年画主题和题材。这种丰收和幸福生活，在旧时代，只是农民在沉重的压榨下的渺茫的希望和幻想。那些画着幻想中的幸福生活的年画也就被当作一种寄托和慰藉。这样，就形成长久以来的农民对于年画的内容、题材方面的要求和欣赏习惯。今天，农民对于年画的这种要求和喜爱，已经不是一种对幻想的追求，不仅是一种习惯的作用，而是有它更现实的意义了。因为丰收、幸福生活已不再是幻想，已经是他们今天过着的生活，而且他们对明天也有了更加美好、更加热烈的希望。因此，他们要求反映自己今天的幸福生活，引导他们瞻望更幸福的明天。上海私营出版家出版的某些年画正是因为迎合（当然还没满足）了群众的这种要求和欣赏习惯而受到了欢迎。而我们的年画却缺乏表现这类题材的。我们已画的许多年画题材，都是很需要的，但却没有广泛地、多方面地满足群众热切希望表现美好生活的要求。也许有人以为胖娃娃之类的题材不会有什么思想内容，或者怕会弄成套用旧形式吧。我想这是不对的。就以胖娃娃为例，这也是人民幸福生活的一方面的表现。而对于婴孩、儿童的喜爱，也是人同此心的。我们都很喜爱苏联华列索夫斯基作的宣传画《壮士，成长起来吧!》，这幅画不就是画的胖娃娃吗？然而作者使"那个被保育的坐在秤盘的健壮的婴儿，充满了未来的希望，给我们带来了许多合理的幻想。有人觉得他似乎已经具备着苏联人那种英雄气概。"（王朝闻：《新艺术论集》，117页）这不是具有了深刻的思想内容和教育、鼓舞力量吗？今天我国人民的新生活是旷古未有的。我们需要表现农村的新的农家乐。民间戏曲故事如《梁山伯与祝英台》《白蛇传》等，既然至今还为人民热爱，还是我们经常演出的戏曲节目，其故事、人物都是人民所熟悉的，那为什么不可以作为年画的题材呢？这些戏曲节目所具有的思想意义，为什么不可以通过年画来表现呢？如果我们不是像某些上海私营出版家的年画所画的那样，只是画些红润白胖的娃娃，画些穿红戴绿、眉目传情的戏曲故事画，画些穿裳戴笠、赤脚光膀的少爷小姐的所谓农家乐，而是像《壮士，成长起来吧!》那样来处理胖娃娃这类题材，而是根据戏曲故事中所刻画的人物的性格等来创作戏曲故事画，而是在画中着意体现在工人阶级领导下走互助合作道路的农民的农家乐，那一定会更受到群众的欢迎，会给群众更多的有益的东西。这是无疑的。这，我认为绝不是什么"迎合落后"、套用旧形式。如果运用得好，这正是从群众的欣赏习惯、欣赏水

平出发，创作适合群众的要求和口味的年画，而又在作品中灌输新的内容，不断改造、发展原有的形式，再从而不断改变群众的欣赏习惯和提高欣赏水平。

问题当然不只是在于我们没有画胖娃娃、四季平安、人寿年丰等类题材的年画，更重要的是我们应从这里看出问题的实质，我们要扩大眼界，多方面地来选择主题和题材，并利用各种各样的形式来反映现实生活和斗争。1951年中央人民政府文化部、出版总署《关于加强年画工作的指示》中曾指出："充分利用与发挥民间年画的优良传统。在内容方面，凡有关人民对于幸福生活的希望与追求（如平安、长寿、多儿女、丰衣足食之类），对于美好风物的欣赏与爱好（如山水、风景、人物、花草之类），以及为人民所熟悉的优秀历史故事、民间传说、民间戏曲故事画，等等，都可以适当地加以保留。在形式方面，诸如四扇屏、农历图、月份牌，中屏幅及连续图画故事等，一向为人民所喜爱，应该很好地运用与改进。"这段话，是值得美术工作者好好研究的。

再谈为什么我们有些主题很有思想意义的年画，群众却提出了不少意见，不十分欢迎。难道是群众"忽视政治"，不关心、不喜欢这些吗？不是。我们且听听群众的呼声。一个农村供销合作社的同志来信说："很多老乡对年画内容有新的要求，有的老乡问：'有互助组的画吗？''有带拖拉机的画吗？''有抗美援朝的画吗？'有老乡指着画上的拖拉机愉快而兴奋地说：'将来我们就使它种地！'"这些，很好地反映了群众的要求，这不是正合群众的心吗？但为什么没有受到应有的欢迎呢？毛主席说过："我们的要求则是政治和艺术的统一，内容和形式的统一，革命的政治内容和尽可能完美的艺术形式的统一。缺乏艺术性的艺术品，无论政治上怎样进步，也是没有力量的。"（《在延安文艺座谈会上的讲话》）我们年画缺乏"力量"的原因，正在这里。那么，群众在这方面有些什么意见呢？还是那个合作社的同志写道："但很多人遗憾地说：'颜色怎么不新鲜呢？'因此就不买而恋恋不舍地走了。"有的工人说有些年画像画的"黑天（夜晚）"，他们说："过年谁都想要新鲜，可是这样的年画像是旧年画。"对有些年画，群众批评说："眉目不清"，画中的小孩"像胶人（玩具）"，"场面大，发假（即没有真实感）"，"像舞台场面"，等等。这些意见是片断的、零碎的，但却是尖锐而中肯的。其中可能有偏颇之处，但总的精神是对的。

综合上述的意见我们可以看出：第一，美术工作者要不断提高艺术修养，提高作品的质量；第二，美术工作者同时应该既研究提高艺术水平又必须吸收民间年画的优良传统，"推陈出新"，调查研究群众的要求，与群众的欣赏习惯相结合，从而创作符合他们要求的、为他们"乐见"的新年画。这里所说的艺术水平，必须适合群众的欣赏习惯、与群众的要求相结合，这一点，过去似乎是注意得很不够的，用一个借喻的说法，我们的年画还不"通俗"。比如色彩不鲜艳，这并不是新问题，去年及前年，群众就有年画"有雾"的中肯的批评。但这个问题却至今还存在。色彩鲜艳是年画的重要特色之一，也是那些私营出版家出版的年画销量较好的重要原因。而使作品的颜色鲜艳，并不是我们技术水平所不能解决的问题。那么问题何在？我觉得是对群众的要求、群众的呼声不够重视的结果，是"非不能也，乃不为也"。（当然，印刷好坏对颜色是否鲜艳，会有一定影响，但主要的是看画得是否鲜艳。颜色鲜艳当然也不必就是大红大绿，这问题比较专门，这里不谈）

要改进年画创作工作，当然必须加强年画创作的思想领导和组织领导工作。在美术工作者创作年画的过程中，美术领导机构除了帮助作者选择、确定题材和评审作品外，最好还能注意帮助作者解决体验生活、创作上的困难等问题。关于群众对年画的要求和喜好的调查研究和如何吸收跟改进民间年画的优良传统等工作也是重要的。总之，希望美术工作的领导机构能更加强对年画创作的领导。

发行工作也是一个值得注意的方面。这是完成年画的宣传教育的最后一道"工序"。在前引中央人民政府文化部、出版总署的指示中就指出过，要"改进年画的发行方法"，"年画只有经过良好的发行才能到达广大人民手中"。并指出："今后应该注意采用各种方法，以达到家家户户都能买到新年画的目的。"这是很值得发行机关注意的。春节前后，我们在街道上常看到那些红红绿绿的上海私营出版家的年画在招引人，却很少见到国家出版社出版的年画。这正反映了我们在发行工作上的缺点。

年画是群众接触得最广、最深的通俗艺术形式之一。因此正是值得美术工作者注意掌握、利用的一个很好的宣传教育武器，正是美术工作者用美术品来为国家过渡时期的总路线、总任务服务的一个重要方面。就是热切地希望文艺工作的这一重要方面的状况能得到改进，我提出了以上的意见。意见是粗浅的，或者还有不恰当的地方，同时对今年年画的成绩和进步谈得很少，目的只在借此能引起美术界对这些问题的注意。希望得到美术界同志们的指正。

（《东北日报》1954年2月19日）

看纪录影片《闽南傀儡戏》所想起的

伏契克在他的不朽著作《绞刑架下的报告》中曾用木偶来形容那些庞克拉茨监狱里的特务、狱卒们。这是说，他们都是些像木偶似的没有灵魂的人。是的，木偶本身是没有灵魂的，但在艺人们的手下，它却可以活起来，成为有"灵魂"、有"生命"的东西。从影片《闽南傀儡战》纪录的《新潞安州》和《大闹天宫》中，我们便可以看到那些木偶怎样在艺人的巧手下活起来了。在《新潞安州》中，就是那些木头人，要表现或怒或悲，或英勇或凶残，以至于生离死别、英勇就义等情感、动态和场面。在《大闹天宫》中，则要表现我们熟悉的那个孙悟空的机灵、勇敢等品性。

从这两出木偶戏里，我们可以看到我国木偶戏艺术的高超的表演：在《新潞安州》中，当陆登和妻儿告别，要去就义时，我们看到旁边抱着婴儿（陆文龙）的乳母，忧伤地摇头：用手轻轻地抚摸那酣睡的不知大难临头的婴孩。那动作很逼真、细致。而这一表演，更增加了那生离死别场面的悲壮气氛。在《大闹天宫》中，孙悟空和天将打仗时枪来棒挡，棒去枪迎和一躲一闪，一低头，一闪腰，等等动作，也都表演得很逼真，而且其速度甚至超过真人的表演（因为杖头木偶是用手指顶住木偶表演的，故能比真人快）。特别是打过几个回合后，那战斗后的急促的呼吸状态的表演，真是栩栩如生。木偶，只有在具有高度技艺的艺人手下，才能担当这样的"演员"，才能表现出这些栩栩如生的动作。影片使我们看到后台的活动，在前台紧张的时候，后台更为紧张，这一点更使我们看到，是人，是艺人，赋予这些木偶以"生命"和"灵魂"。

于是我们看到，以木头雕成的木偶，由于人的智慧，人的劳动和技艺，能够表现出许多细致、动人的情景和感情，达到艺术的效果，这正是木偶戏在艺术上的特色和引人之处。我们在日常生活中，看到一个玩具能做出一两个人类的动作时，便不觉一乐（这一点对儿童特别有力，也因此木偶戏特别为儿童所爱好）。那么，当我们看到以上一些精彩表演时，怎能不更为兴趣盎然，感受到一种欣赏艺术的况味呢！

木偶戏也像动画片一样，有表演富于想象的童话、寓言、民间故事等的充分条件。腾云驾雾、动物说话等幻想的东西，都可以通过木偶来表现。这，我们从过去辽西木偶剧团演出的《奔月》等节目中可以看出来。影片纪录的《大闹天宫》如果利用木偶戏这一特点，是可以更好地表现那些幻想的成分的。

木偶戏，是一种综合性的艺术。首先，雕制木偶，这是造型艺术。在这里，有进行艺术创造的充分可能性。其次，木偶戏都有唱，都配音乐，这当然也可以给木偶戏以多样的"色彩"。影片中的两个木偶戏都是配的福建的地方戏曲。全国各地都有木偶戏，也配戏曲。这些戏曲因地而异，因此在音乐上也会各有特点。最后，观看苏联木偶戏专家奥布拉兹卓夫的表演后，我们看到，木偶戏还可以根据现实生活，不断创造简短的、有风趣的、讽刺旧事物的戏来表演。如果我们在这方面能够进行新的努力，将使木偶戏起到更大的作用。

看了《闽南傀儡戏》这一纪录影片后，使我们对木偶的艺术特色，对中国木偶戏的优良传统，都有了进一步的认识。中国木偶戏有着悠久的历史，种类也繁多，在民间流传很广，为群众所喜闻乐见。我们自己大概在儿时都做过那些民间木偶戏班的忠实观众。根据它的艺术特色和与群众的广泛联系，木偶戏是有其发展前途的。我国木偶戏近几年来，得到了人民政府的重视和扶持。像其他民间艺术一样，如果经过不断的改进，它将得到更大的发展。《闽南傀儡戏》影片的摄制和演出，对木偶戏的发展，将会起到一定作用。

（《东北日报》1954年6月1日）

读《马克思列宁主义经典作家的工作方法》

马克思、恩格斯、列宁、斯大林不但是伟大的革命领袖和导师，而且是伟大的科学巨匠。他们在从事革命工作和伟大科学著作中，所表现的认真严肃的精神和所创造、运用的工作方法，是我们学习的典范。《马克思列宁主义经典作家的工作方法》论述和介绍了他们的这种精神和方法，从它所叙述的许多事例中，我们可以汲取非常珍贵的经验。

作者格拉塞在书中说："列宁在开始进行任何工作时，对于他自己都提出一些最高的要求，这是他的最突出的特点之一。"这句话也完全适用于马克思、恩格斯和斯大林。他们每做一件工作，每著一本书，都是向自己提出最高的要求的。正是在这种要求下，他们的态度总是极其认真严肃，一丝不苟。也正是因为要达到自己所立下的必须达到的目标，他们在工作中创造、运用了许多科学方法。马克思在从事他的科学著作时，总是博览群书，不遗漏一本哪怕是无关紧要的书。他有一次因经济困难，写信请恩格斯汇钱给他购买麦克拉伦的《货币史纲》，而这本书并非十分重要的。马克思在信中说："这本书对于我来说也许没有什么新东西，只是由于一个经济学家所持的态度，由于我自己读过的摘录，我的理论精确性的高度要求，不容许我不读这本书。"被列宁称为"是世界社会主义文献中一部优秀的著作"的《英国工人阶级状况》一书，是恩格斯在青年时期写的。在这个时候，他就以极严肃认真的态度来写作，为了写这本书，青年恩格斯不但详尽地研究了以前出版的有关这个问题的著作，批判地审查了官方和非官方的文件，而且亲自到工人区调查，认识许多工人，同他们讨论，并且把工人家庭和街道的情况速写下来。为了研究，恩格斯也常搜集必要的书籍资料，有时甚至花几个星期去找一本必要的书。列宁还在学生时代，就养成了认真的工作作风。他写作论文时，从不像其他同学一样，在交作业前夕匆匆动笔，而是事先写好论文的计划、引文和结论，寻找参考书籍，作索引、注释，只有做了这一切准备工作他才动笔写作。他这种作风一直保持在日后的一切写作中。斯大林说过："伟大的精力，只有在伟大目标的鼓舞下，才能出现。"这句话，正是他自己和马克思、恩格斯、列宁的精神的写照。

仅从这本书中所写到的材料，我们就可以看出，马克思、恩格斯、列宁、斯大林总是不断有计划地刻苦地学习，他们有意识地用人类宝贵的知识来丰富自己，武装自己。马克思在大学时就努力、刻苦地自学，他"在两学期内自修所得的知识，是照例用羹匙喂似的讲演二十学期也不能给他的。"马克思也从不隐瞒自己知识上的缺陷，而是正视它，用深入的研究来补救。1842年到1843年，他在莱茵报担任主笔时，因为参加有关经济问题的争论，感到在这方面的研究不够，便立刻开始进行深入研究。晚年的马克思，已经是创造了马克思主义的科学巨匠，但他还"为了个人的理解"，编写"编年史"。列宁从学生时代起就好学不倦，后来在紧张的、到处奔波的革命生涯里，也从不间断学习，他从狱中写出的书信中，常常向家里人要书。他在狱中读书写作的故事是为许多人所传颂的。斯大林也是从少年时代起就在政治压迫和经济困难中不断学习。他在中学时曾经许多次因为读革命书籍而被学校出布告"训斥"。他为了阅读《资本论》，曾经和马克思主义小组的几个人从商人那里把书租来，在短短几天内将它抄完。下面的苏联炮兵少将萨夫青柯所写的一段谈话录，很好地描写了斯大林怎样把这种学习精神和习惯一直保持下来：

"我们到了约瑟夫·维萨里昂诺维奇的住宅。看到刚从印刷所里送来的一大堆书。有纺织工业、制革业、战史和文学方法的著作。

"'您有时间看这些书吗？约瑟夫·维萨里昂诺维奇。'我无意地溜出这句话。

"斯大林同志笑了，他说：'我也许还是这样忙，但是，无论如何，我每天一定要读五百页书……这是我的定额！'

"'一个伟大的定额啊！约瑟夫·维萨里昂诺维奇。'

"'没有什么，我已经习惯了，这是我在监狱里和流放所中学会的。你们看到，现在书已经堆满了，但是，我要迎头赶上。我还要介绍你们尽量多读书。'他接着说，并送给我们每人一本书。"

他们的学习都是按照一定的计划有步骤、有系统地进行的。恩格斯曾写道："无计划的学习是荒唐。"列宁也曾说："无计划的阅读是没有多大益处的。"他们学习正是有计划、有系统地学习的楷模。恩格斯为了研究军事学，系统地研究过基本战术、筑城学、战争科学通史及正规炮兵学等。马克思、列宁、斯大林的学习也是如此。

这种学习，是他们工作的一部分。他们的阅读和研究，都是和他们正在进行的政治斗争、思想斗争相结合的。他们广泛地读着和深入地研究着各种著作，使得自己的著作具有浓厚的内容、丰富的材料、生动的语言。只要举出在他们的著作中都经常巧妙地引用文学作品，就可以窥见他们的学识是何等渊博了。

马克思、恩格斯、列宁、斯大林在著作时都有一个共同的特点，这就是充分地掌握所有的材料，并对它们进行深入细致的研究和批判。马克思为了著作《资本论》，钻研过1500种书籍，而且都作了提要，这个提要都是写得详尽备至的。恩格斯、列宁和斯大林在著作时也都运用这种占有充分材料、深入钻研的方法。列宁为了著作《帝国主义是资本主义的最高阶段》，从148种图书和232篇论文中作出了许多摘录。并附有对原书和作者的批判。总之，他们所奉行的都是马克思所说的："研究必须搜集丰富的材料，分析它的不同的发展形态，并探寻出这种形态的内容联系。"

这本书比较具体地介绍了马克思、恩格斯、列宁、斯大林的许多工作情况和工作方法，其中可供我们学习研究，获得教益的地方很多。上面只是我所能领会到的浅薄的几点，但愿借此将这本书推荐给读者。

（《辽宁日报》1954年10月10日）

对怎样学习鲁迅作品的几点体会

——为纪念鲁迅先生逝世十八周年而作

鲁迅的作品，在思想上滋养着我国一辈一辈的青年。他的数量众多的作品，吸引着每一个追求进步的青年。然而，对于我们年轻的一代，阅读他的作品确有许多困难。许多青年怀着很大热情想学习鲁迅的作品，但却因为遇到许多困难，领会不多而苦恼，我自己就是其中之一。这不仅因为鲁迅的作品在思想上精深博大，在艺术上造诣极深，而且，也因为鲁迅的作品都和写作当时的政治思想斗争血肉相连，如果对其作品产生时的历史、政治情况缺乏了解，就会感到困难。同时，因为国民党反动统治的政治压迫和文化统治，使鲁迅在写作时，不得不采取隐晦曲折的方法，这也增加了我们阅读上的困难。当然，这些困难不是不可以克服的，就看我们有没有决心和毅力。但是，究竟应该创造哪些条件，才可以减少困难，使学习的收获更多呢?这也是我在学习鲁迅作品的过程中所遇到而且尝试着来解决的问题。在这个学习过程中，我逐渐地有所体会。这当然是极其肤浅的。今天，我愿把这些体会写出来，就正于和我一样想学习鲁迅作品而又感到困难的青年朋友，并虔诚地以此来纪念鲁迅先生逝世十八周年。

一、政治理论知识方面的准备

为了正确地和较多地领会鲁迅的作品，当然首先要全面地认识和理解鲁迅。而这一点对于爱好文学的青年在一开始常常是比较困难的。为什么这样说呢?我从自己走过的学习道路中有这样的体会：一般地说，我们青年往往是首先把鲁迅只作为一个文学家来崇敬和学习。我在很长的时间里，就是一直把鲁迅只当作一个作家来仰慕，我极狭隘地理解

"鲁迅是中国最大的文豪",把他只看作一个最出名的大文学家。这里面甚至还杂有许多属于个人崇拜的成分。这当然要大大妨碍、限制我对鲁迅作品深邃的思想内容的理解。只是在我读了毛主席在《新民主主义论》中对鲁迅的高度评价,即"鲁迅是中国文化革命的主将,他不但是伟大的文学家,而且是伟大的思想家和伟大的革命家"[①]这些话以后,才开始感到应当更全面地来认识和理解鲁迅。只是从这以后,我才能够开始不再把鲁迅的战斗的杂文,看作一些私人之间的论战,不再人云亦云地说:"鲁迅骂人真厉害!""谁遇到鲁迅就会被骂得体无完肤",等等。从此才逐渐懂得,鲁迅为什么那样无情地抨击胡适、陈源(即陈西滢)、徐志摩及所谓民族主义文学家黄震遐和无聊文人曾今可等一流人;才逐渐明白,他的锋利的作品,并不只是和所谓学者、诗人、文学家的论战,而更重要的是对封建的、买办的、资产阶级的和国民党反动派的帮闲帮凶文人的猛烈打击;才逐渐领会他这一切论战的战斗意义和功绩。也是从此以后,才逐渐地将鲁迅的作品,主要是他的杂文,和每个革命阶段的斗争联系起来学习。这样做以后,才逐渐比以前领会到更多的东西。当然,我并非说一经了解鲁迅不但是文学家而且是思想家和革命家,便会豁然开朗、一下子读懂所有鲁迅的作品,这是绝不会的。但了解这一点,却无疑是一个很重要的钥匙。

政治理论的学习,即对马克思列宁主义和毛泽东著作的基础知识的学习,会给我们学习鲁迅作品以正确的指导思想,提高我们对鲁迅作品的理解力。我一直很爱读鲁迅的一本艺术成就极高的著作——《野草》,不过也只是更着意于欣赏它那优美精湛的文字,而对其思想内容却理解得很少,一直到现在还是如此。但是,随着理论知识的增加(当然也有对鲁迅思想和其他作品的知识的积累),才对这本书的思想内容有一些理解,才认识到在写这二十三篇短文的时期(1924—1925年)鲁迅还未成为马克思主义者;对无产阶级的、人民大众的革命力量还没有充分的认识和估计;因此,当时他一方面是一个勇猛地战斗着的革命民主主义者,一方面又对革命前途感到模糊,还没有找到民族的真正出路,只是"相信进化论","以为将来必胜于过去"(《三闲集·序言》),并且在战斗上感到孤独和寂寞。当时的鲁迅,既然尚未具有马

---

① 毛泽东:《毛泽东选集》第二卷,人民出版社,1951,第669页。

克思主义的世界观，与人民群众力量还有某种距离，产生这种思想和情绪是很自然的。根据这种认识，重读《野草》时，就发现和可以理解到鲁迅在这本书里所反映的思想上的缺陷；但更重要的是看出鲁迅即使是在这样的作品里，纵然对革命的前途看得不怎么真切，他还是表现出不顾一切的勇猛的、彻底的战斗精神。这是一个在时代的暴风雨中搏斗的勇士的自发，开始明白这里包含了鲁迅的深刻的战略战术思想。鲁迅正是从自己的战斗中，从对社会政治斗争的长期观察及对历史教训的深刻理解中，体会到敌人的阴险恶毒、卑鄙无耻，斗争的残酷性和对战斗者的坚韧性的要求及保存有生力量的重要性，等等，才提出坚韧、彻底、丝毫不妥协的战略原则。这种战略思想贯穿在他的战斗作品中，特别是在《论"费厄泼赖"应该缓行》（《坟》）和《两地书》第一集里的通讯二等文章里，有直接的论述。如果只持所谓"鲁迅的战法"的肤浅幼稚看法，那么对这些重要的文章将很难有比较深刻的理解。

二、近代史特别是新民主主义革命史知识的准备

当我只是笼统地知道鲁迅是伟大的文学家、思想家和革命家时，我对他的作品也还是只能限于个别文章的断片的领会，而不能跟他的整个宇宙观、社会观，特别是和他写作当时的历史背景联系起来理解，这自然会要影响对他的作品的思想内容及其历史价值的领会。等到学习了近代史、新民主主义革命史和中共党史以后，获得了一些关于从辛亥革命到五四运动，从"五四"到中国共产党的成立，到第一次国内革命战争、第二次国内革命战争，这几十年来每个历史阶段的阶级斗争、思想斗争的基本知识，才对鲁迅思想产生的历史背景和社会根源，对他从彻底的革命民主主义者进到共产主义者，从进化论进到阶级论等方面，有了概括性的认识。总之是对鲁迅之为思想家和革命家有了一些具体的认识。只是在这时，才得以和历史情况相对照、印证，逐渐认识到鲁迅每个时期作品产生的历史背景和所反映的阶级斗争和思想斗争的状况，以及作品的历史价值，等等。比如，《阿Q正传》中写到阿Q的革命：阿Q只是梦想着白盔白甲，还没有革命就想着要抢夺宁式床和别人的老婆等。我最早只是把它看作阿Q的糊涂和可笑而已。当学习了关于辛亥革命的历史后，才领会到，伟大的现实主义作家鲁迅，在这里正是深刻地

反映了辛亥革命致命的弱点：没有发动农民，没有农民的自觉的支持。读《风波》也是同样的情形，没有关于辛亥革命的历史常识以前，只感到小说中反映旧农村的落后、农民的愚昧可笑，而看不出鲁迅在这里反映了辛亥革命在农村影响的薄弱——在鲁镇，只革去了常进城的七斤的一根辫子；而封建势力代表人物赵七爷在农村的统治地位纹丝未动。

《华盖集》和《华盖集续编》中许多篇是关于女师大事件和陈西滢等"正人君子"的论战，我对这两本杂文集的喜爱，也是在知道当时北方军阀罪恶统治下的历史情况和陈西滢等帮闲帮凶文人的反动阶级实质以后。在这以后才认识到鲁迅的这些杂文是在当时代表着正义和大众的利益，向封建军阀及其御用文人的正面的勇猛的战斗。这是鲁迅正式运用杂文这个形式，当作战斗的投枪和匕首，向敌人冲锋陷阵的开始。这是面对面的白刃战。这比他在前一本杂文集《热风》中对扶乩、静坐、打拳、"保存国粹"等的批评和讽刺，当然具有更直接的政治斗争的意义了。《二心集》以后的八部杂文集，是鲁迅最后十年，以共产主义者和无产阶级战士的姿态，向帝国主义者和国民党反动统治者战斗的业绩。如果对处于第二次国内革命战争时期的这些年代里的历史情况一无所知，就很难读懂这些辉煌的作品，也不可能理解鲁迅作为文化革命的主将的战斗功勋。如鲁迅在这个时期所写的《"丧家的""资本家的乏走狗"》(《二心集》)和打击反动的民族主义文学家的论文（见《二心集》)，只要拿来跟当时革命斗争和思想斗争的历史情况联系起来学习，就能看出鲁迅正是以这些命中敌人要害、致敌于死命的论文，反击了反动的文化"围剿"，"而共产主义者的鲁迅，却正是在这一'围剿'中成了中国文化革命的伟人"①。在同一时期他所写的《"友邦惊诧"论》(《二心集》)等辉煌的锋利至极的时事政论，也只有和当时日本帝国主义侵略日深、国民党反动政府一面积极"剿共"，一面投降妥协的历史情况联系起来学习，才能领会其战斗的意义。

当然，近代史和新民主主义革命史的知识，对我们学习鲁迅作品的更直接的意义是：许多历史情况和历史事件我们如果茫无所知，就很难甚至无法读懂鲁迅的作品。如关于1926年的"三一八"惨案，关于1931年国民党反动政府杀害柔石等共产党员作家的事件，如果我们一

---

① 毛泽东：《毛泽东选集》第二卷，人民出版社，1951，第674页。

点不知道，就无法很好领会他的《无花的蔷薇之二》《记念刘和珍君》《为了忘却的记念》《中国无产阶级革命文学和前驱的血》等极出色的文章。

三、阅读有关评介鲁迅思想和生活的论著

现在关于评介鲁迅的论著较前增加了不少。在过去，我们只能看到少数的几种。其中给我教益最大的是瞿秋白同志的《鲁迅杂感选集序言》。这是第一次对鲁迅本人和他的杂文进行正确的评价和论述的文章。是读了这篇文章以后，我才第一次知道鲁迅的思想历程和他的杂文的巨大战斗意义和价值。在这篇文章里，我第一次知道鲁迅怎样经历了辛亥革命、五四运动和以后的文化阵营的分化及1927年大革命的失败；怎样从这些激烈、尖锐的阶级斗争中，由于热爱祖国和人民，忠于正义和真理，终于从进化论走到阶级论；从封建阶级的逆子贰臣成为无产阶级的战士。也是在这篇文章里，我第一次知道，鲁迅为了人民革命斗争的需要，曾经忘我地写作如投枪和匕首般的杂文，而不能从事长篇的创作，因而开始正确地认识鲁迅的杂文。也是这篇文章，使我第一次知道鲁迅"在儿童时代就混进了野孩子的群里，呼吸着小百姓的空气"；他的杂文"其实是一种'社会论文'"[①]。以上这些出色的论述都大大帮助了我对鲁迅的作品的理解。

此外，像冯雪峰同志的许多关于鲁迅思想和作品的论著，他和许广平、许寿裳等先生关于鲁迅生活的记述，也都大大帮助了我对鲁迅及其文章的理解。这里我想特别提出的是冯雪峰同志在《党给鲁迅以力量》和《回忆鲁迅》中，关于鲁迅和中国共产党的关系的记述，不但大大感动了、教育了我，而且在学习鲁迅的作品方面给了我很大的帮助。从他的论述中看出了，鲁迅，作为中国近代伟大的思想家和革命家，是怎样摆脱了自己思想上的缺陷，建立了对革命前途的确信：正是靠了在中国共产党领导下的人民革命运动的发展，靠了马克思主义和中国共产党的帮助。认识这一点，对我理解鲁迅1927年以后的著作和思想有极大的帮助，而因此也帮助我理解鲁迅的其他作品。

---

① 瞿秋白：《瞿秋白选集》，人民文学出版社，1959，第313、319页。

我觉得，如果说政治理论知识和历史知识是学习鲁迅作品的准备，那么阅读有关鲁迅的论述，则是一个指引；在这些文章的引导下，我们会逐步深入地从鲁迅的作品中吸取思想的营养。

四、学习的目的和学习的精神

最后我想说一说，如果我们学习鲁迅的作品的目的不明确和没有思考、钻研的精神，就将一无所得或所得不多。这一点当然在学习任何其他的作品时也如此，但在学习鲁迅作品时则特别重要。如果我们学习鲁迅的作品，只是为了看论战的热闹和表皮地学习所谓鲁迅笔法，那将使我们不能从鲁迅作品中有所收获或收获微小。因为在鲁迅的作品里，结晶着他的深沉的革命思想、丰富的政治情感和热烈的斗争精神，要是我们不同他共同爱憎，我们就会无法理解、领会他的每一句话中的深刻含义和他整篇作品的精神实质。也正因为这样，如果缺乏思考和一再阅读的钻研精神，想很好地领会鲁迅的作品，从中学习东西，也是困难的。养料丰富的东西，是不能囫囵吞枣不加咀嚼的；否则，就要消化不良。我从自己没有很好地学习鲁迅作品的教训中，感受到这一点的重要。

当然，对鲁迅作品的深入理解，还和我们的生活经历和斗争知识的增加，有密切的关系。因为本文主要是谈一般知识方面的准备，而我在这一方面的体会也更少、更肤浅，所以只在这里提一提。

（《辽宁日报》1954年10月19日）

《瞿秋白文集》：革命文学的宝贵遗产^①

今天，是瞿秋白同志为党、为革命英勇牺牲的二十周年纪念日。在这悲痛的日子里，我们除了对先烈表示无限的哀悼和追怀之情外，还想到应该怎样努力从他的遗著中吸取教益。

十几年前，在秋白同志英勇就义后，鲁迅先生曾经怀着沉痛的心情，花了不少心血，编辑、出版了两部秋白同志的著作和翻译选集：《乱弹及其他》和《海上述林》。这曾经是我们非常珍爱的重要革命著作。但是在国民党反动政府的压迫下，不但只能出版秋白同志的部分文学著作，而且已经出版的著作也不能够广泛流传。只是在新中国，我们才有了可能汇集、整理出版比较完善的秋白同志的文集，我们广大青年才能广泛阅读这部著作。

去年陆续出版的四厚册《瞿秋白文集》是秋白同志给我们留下的宝贵的文学遗产。他毕生为革命事业而奋斗不息，把主要精力和时间用在党的工作和实际政治斗争上，因而在文学上没有能够付出更多的时间和精力。但是他仍然给我们留下了这样丰厚的遗墨。我们可以想象到，他是怎样辛勤地劳动过啊！这一点，是我们学习他的文集时不能不首先受到感动和感到要好好学习的。

秋白同志的文集是五四运动以来，中国革命文学的成果的重要部分，是我国革命文学的不朽的丰碑。这里有的作品记录了秋白同志自己，同时就是反映了"五四"以来中国思想界的先进分子，怎样在马克思主义和十月革命的影响下，从革命的民主主义者成为共产主义的战士，如《饿乡纪程》《赤都心史》等。这里有在战斗上是和鲁迅互相配合着向敌人冲锋陷阵，在文学造诣上堪与鲁迅的辉煌著作媲美的杂文，

---

① 原题名为《革命文学的宝贵遗产——〈瞿秋白文集〉》，收入本卷中改为现名。

如《乱弹及其他》《文艺杂著续辑》中的杂文。这里有极重要的，至今不减其战斗意义和教育作用的文艺论文，如《论文学革命及语言文字问题》《论大众文艺》《文艺论辑》中的诸篇文艺论著。这里有宝贵的介绍马克思主义文艺理论的多篇译述；有堪称我国翻译文学的典范的译作及关于文学翻译的论述。这一切，是我们极珍贵的文学遗产，是在思想上、文学上哺育我们青年一代的富于营养的乳汁。

在《赤都心史》《饿乡纪程》两篇作品中，秋白同志以充沛的、热烈的感情，优美的文词，歌颂赞美了新生的、但还处于经济上的困境中的苏联。他赞美它是"黎明的先兆"，虽然"春意还隐于万重的凝雾"，但"还可以静待灿烂庄严的将来"。歌颂它是自己"心海中的灯塔"。

在这两篇优美的散文中，秋白同志还记述了他怎样从一个破产的士族家庭中走出来，经受了五四运动、伟大十月革命及新生的苏维埃俄国的实际生活的影响，从激进的民主主义者成为一个共产主义斗士。他生动而又深刻地记述了他的思想的演变。因此他说这两篇作品是记录了自己的"心程""心史"。我们可以说，《饿乡纪程》《赤都心史》这两篇作品，不但作为五四运动后不久的优秀文学作品是宝贵的，而且，在当时所有资产阶级国家和中国反动统治者正无耻地造谣污蔑新生的苏维埃时，正确地、满腔热情地报道了它的真实情况，歌颂赞美了它，因此是极有价值的历史的记载；同时，作为记录了五四时期我国思想界先驱者之一的秋白同志的思想历程的著作，它还是研究秋白同志的思想、著作和研究当时我国思想界和文学界历史的极宝贵的思想资料。

值得我们特别注意学习的是他的辉煌的杂文。这些杂文和鲁迅的杂文一样，都是攻击当时的社会弊病，为了和反动统治、反动思想作斗争而作的。他所抨击的方面很广，有时局，国民党的卖国勾当和血腥统治，反动的封建阶级、资产阶级的文化，腐朽的资产阶级文学潮流，胡适、徐志摩等帮凶或帮闲的文人，等等。所有这些作品，都有着强烈的战斗性，有着命中敌人要害的力量，有很深刻的思想性，因此在当时起到了巨大的政治和思想的影响。比如，收在《乱弹及其他》中的《流氓尼德》，对从蒋介石起的买办兼流氓的反动统治者及其爪牙的本质和罪恶卑劣的伎俩，做了多么深刻有力的分析和讽刺。他剥掉这群"人"的"文明"的外衣，指出他们卑鄙伎俩是："会赌""会打""会抵赖""会发咒"。（"自然，一面嘴里在发咒，一面脚在底下写着'不'字。"）还要"会十二万分的没有廉耻"。他指出这一切手法是欧洲资产阶级的海盗行径和封建流氓的伎俩的结合。这是何等惟妙惟肖地刻画出了流氓头子蒋介石和他的大小爪牙的流氓特务嘴脸。

在《红萝卜》里，他又同样深刻和惟妙惟肖地描绘了那些国民党里反动的御用文人、打着"文艺"幌子的特务等的真面目：他们有些人装作革命的朋友，但"表面做你的朋友、实际是你的敌人，这种敌人当然更危险。"因此他把这些人比作"红萝卜"，它们"外面的皮是红的，里面的肉是白的。它的皮的红，正是为着肉的白而红的"。这里，秋白同志正中要害地揭穿了这些两面派的面目。

当时秋白同志就曾猛烈地抨击了反动文人。在《猫样的诗人》和《鹦哥儿》两文里，他揭露了所谓学者、诗人为反动统治帮凶、帮闲的伎俩，剥开了他们花言巧语的外衣，露出那致民于水火的"肉身"：原来是学嘴学舌的、向主子献策的"鹦哥儿"和"猫样的诗人"；他们像猫一样外貌"温文尔雅"，但见了革命者就像猫在捉老鼠时一样"凶狠"，见了主子就像猫一样驯服。秋白同志的这些杂文，不但在当时打击了敌人，教育了群众，起了极大的战斗作用，我们今天读了，也能受到教育。这些作品，以其强烈的战斗性、高度的思想性和艺术性，至今是我们革命的战斗杂文的典范。

秋白同志的文学论文是他留下的最值得珍视的宝贵遗产之一。这些论文包括关于文学革命和语言文字问题的论著，对于反动文艺的抨击和批判，对于当时普洛文学运动（即无产阶级革命文学运动）的批评和指导，以及几篇出色的文艺批评论文。

《瞿秋白文集》第二卷中的《论文学革命及语言文字问题》中的几篇论文，对五四运动到写作当时（1931年）的文学革命的历史和问题作了精辟的论述。他论述了"五四"以来文学革命的成就和缺点；指出了日后这个文学革命的分化；一方面向封建文化妥协，向资产阶级、买办文学发展；另一方面，向普罗文学（无产阶级文学）发展。同时，对前者作了深刻尖锐的批判和抨击，指出这些文学是"绅商文学"（即封建、买办文学），是"时髦绅商的清客文学"，是"载买办之道"的"肉感的享乐主义"的市侩文学，是写洋场无赖，"欧化的落拓文人"之实的"写实文学"。这种对反动文学的猛烈抨击和精辟论述，对当时国民党正施行的"文化围剿"所能起到的揭露和战斗的作用，当然是很大的；就是我们今天读了，也能加深对反动文学及今天还在流毒的黄色书刊的认识。

同时，秋白同志还论述了当时的革命文学。他指出这种文学是为无产阶级革命服务的，它已经"大大活动起来"了。同时，他指出了这种文学在当时还没有能够创作出真正的无产阶级文学作品，在内容和形式上都存在着脱离群众的缺点。当时的无产阶级文学还是在城市小资产阶级学生、知识分子中，离劳动群众还很远。这些，是对于当时的无产阶级文学运动的非常确当、中肯、尖锐的批评，对于当时革命文学运动的开展是具有很大的指导作用的。

在《论大众文艺》中的几篇论无产阶级文艺运动的论文中，对于当时革命文学运动中所存在的根本问题、这些问题产生的原因和如何解决等都有明确的论述。

秋白同志指出了当时无产阶级文学和群众隔离的缺点之产生，固然和"五四"以来"欧化"传统有联系，但更主要的原因是当时的普罗作家们大都是些小资产阶级出身的知识分子，他们没有经过思想改造，也不熟悉劳动群众和他们的生活和斗争；甚至有些人轻视群众。因此秋白同志尖锐而中肯地指出："现在的问题是：革命的作家要向群众去学习。"认为这是"问题的总答复"。他还根据当时的情况，提出并论述了为什么写、写什么、如何写，普及与提高，以及作家的学习等问题；他甚至涉及我们近年来讨论过的"赶任务"问题。

对于写什么的问题，秋白同志明确指出，在内容上："当然首先是描写工人阶级的生活，描写贫民、农民兵士的生活，描写他们的斗争。""同时，小资产阶级、资产阶级、绅士地主阶级的一切丑态，一切残酷狡猾的剥削和压迫的方法，一切没有出路的状态，一切崩溃腐化的现象，也应当从无产阶级的立场去揭发他们，去暴露他们。讽刺的笔锋和刻毒的描写，对于敌人是不知道什么叫宽恕的。"

关于采取什么形式来描写这些内容，秋白同志根据革命文学必须为劳动群众服务，为他们所接受的文学党性原则，根据群众的需要和水平，提出革命的大众文艺必须用"群众读惯的看惯的"形式；要采取、运用一切符合群众要求和水平，为他们所熟悉的民族、民间文艺形式。当然，他并不是主张无批判地运用和永远停留在这个水平上。他在说到运用旧形式的同时，即指出要防止"盲目地去模仿旧式体裁"；而要"做到两点：第一，是依照着旧式体裁而加以改革；第二，运用旧式体裁的各种成分，而创造出新的形式"。另一地方，他又提到利用旧式时，要"逐渐地加入新的成分""应当随时创造群众容易接受的新的形式"。这些正确地说明了利用和改革旧形式的问题，其原则正是"推陈出新"。这里，当然还必须解决普及与提高的问题。对于这，秋白同志一再地指出：革命的大众文艺必须"同着群众一块儿去提高艺术的程度"。"这种初期的革命的大众文艺，将要同着大众去渐渐地提高艺术的水平线。"在这些论点里，已经正确地分析和论述了普及和提高的关系问题。

秋白同志更进一步指出，为了解决这一切问题，"'不下水是学不会游泳的'。这里，将要有真正的机会去观察、了解、体验工人和贫民的生活和斗争，真正能够同着他们一块儿感觉到另外一个天地。""要知道：单是有无产阶级的思想是不够的，还要会像无产阶级一样的去感觉。"这里，已经接触到作家投身到火热的现实生活和斗争中去，不断改造思想和情感的问题，并在原则上初步地解决了。这一问题毛主席在《在延安文艺座谈会上的讲话》中，才最后根本而完全地解决了。

所有这些关于革命文学运动的论述，不但对于当时的革命文学运动具有很大的指导作用，而且对我国的现实主义文艺理论来说，起了奠基作用，是我国革命文艺理论的宝贵遗产。因此是我们今天还应该细心研读的。

还有值得我们重视的是《"自由人"的文化运动》和《文艺的自由和文学家的不自由》等辉煌的文艺论文，这些文章，和鲁迅先生的同样辉煌的论文互相配合，对当时资产阶级反动文艺理论，给予了猛烈的、体无完肤的抨击，狠狠地回击了他们对无产阶级文艺的攻击。今天我们读了这些论著，也能提高对反动资产阶级文艺思想、理论的认识和批判能力。

《瞿秋白文集》中的《〈鲁迅杂感选集〉序言》，可以说是一篇正确地分析、论述了鲁迅思想发展道路和高度的，论述了鲁迅的战斗的杂文的伟大价值的文章。它也是我们革命文艺理论的典范作品。

秋白同志曾经花了不少心血来从事翻译工作。四册文集中有两册（第三、四两册）全是翻译的文艺作品。秋白同志和鲁迅先生一样，把翻译先进的俄国和苏联的优秀文学作品和马克思主义文艺理论，当作帮助中国革命文学运动发展、成长的重要手段之一。在他的大批译作中，除了《爱森的袭击》是一本德国小说外，其余全是俄国和苏联的作品。其中分量最多的则是无产阶级文学的创立者高尔基的作品。而他所编译的《现实——马克思主义文艺论文集》和《列宁论托尔斯泰》，对于在理论上帮助中国无产阶级文学运动的开展，作用是很大的。他的这些翻译作品，至今还是我们翻译文学的典范。他对于翻译工作的重视和一丝不苟，严肃、认真的态度，一直是值得我们很好地学习的。

在这里还要提到他的著名的两封给鲁迅讨论翻译问题的信。在这两封信里，他论述了翻译的重要作用。同时，提出了翻译的标准："绝对的正确和绝对的中国白话文。"这些论述，对于我们今天的翻译工作，仍不减其指导意义。

雪峰同志在《一九二八至一九三六年的鲁迅　冯雪峰回忆鲁迅全编》一书中，对于鲁迅和秋白同志的诚挚的战斗友谊，曾有专门的记述。我们从秋白同志的文集中，可以看到这种友谊的具体表现。秋白同志在第一封给鲁迅的信中，即有这样深切的表白："我们是这样亲密的人，没有见面的时候就这样亲密的人。这种感觉，使我对你说话的时候，和对自己说话一样，和自己和自己商量一样。"正如雪峰同志所说的："他们的友谊的主要根源，是他们为中国人民的解放和人类解放的胜利而奋斗的共同的思想和行动。"（《一九二八至一九三六年的鲁迅　冯雪峰回忆鲁迅全编》，124页）在文集中，我们在好几处，看到秋白同志的作品，是和鲁迅的战斗互相配合的，有不少篇甚至是用鲁迅的笔名发表的。秋白同志曾经编选了《鲁迅杂感选集》，并写了那篇著名的序言。而秋白同志殉难后，鲁迅在政治和物质条件都很不好的情况下，扶病编辑出版了秋白同志的作品，这些，都是他们两人浓厚的战斗友谊的体现。从这里我们可以看出，对于他们的友谊的理解和认识，是会帮助我们理解他们的共同斗争的功绩和意义的。雪峰同志在《一九二八至一九三六年的鲁迅　冯雪峰回忆鲁迅全编》中说他们的友谊"具有时代的意义""对于我们后辈又还有教育的意义"。这话是非常正确的。

每当我们学习《瞿秋白文集》的时候，就会为贯穿全书的革命家的战斗的精神所感动，也会为他为了革命事业而辛勤劳作的精神所感动：他经常是在紧张的革命工作中，反革命白色恐怖的威胁下，拖着被疾病侵袭的身躯而写作的。每当我们学习他的辉煌的著作时，就想到要怎样向他学习：从他的作品中吸取思想、文化的养料；并且，学习他的战斗不息的精神，学习他的劳动不倦的精神。

（注：文中引文，除注明者外，均见《瞿秋白文集》。）

（《辽宁日报》1955年6月18日）

这是对建筑艺术的歪曲

我们还在小学时候就读到一个远古的传说：当我们的祖先还在蒙昧时代时，有一个叫有巢氏的教民"构木为巢"，防御禽兽虫蛇的侵袭。这虽然只是个传说，但从中却可以看出：人类是为了防禽兽虫蛇的伤害，也许还为了躲避风雨，才开始"构木为巢"——造屋子住的。随着社会的发展，建筑也在一天一天地进步，从搭鸟窝似的"巢"，一直发展到建设现在的高楼大厦，而且产生了建筑艺术。不但使房子建筑得坚固、适用、舒适，而且还很美观。不过建筑的根本性质——为了适用，却还是和远古一样的，虽然"适用"的内容已大大地丰富了。

令人遗憾的是，最近竟有些同志，而且是一部分搞建筑的同志忘记了建筑的这个根本性质，孤立地宣扬起"建筑就是艺术"的论调来了。他们单纯追求建筑物形式的美观，却忘掉了建筑艺术的美的概念，是应该包含在"适用"里面的。他们忽视了建筑虽是艺术，但对其首要的要求是适用。当人类还是"构木为巢"时，是不会想到"巢"的美观问题的，只是在以后的长期发展中，才对建筑物产生了美的要求。因此这种美的要求永远不会脱离适用的要求。

对这种忘掉适用的"建筑就是艺术"的思想，绝不能等闲视之。因为这种思想是要用巨大的国家财产来做它的牺牲品的。正是在这种思想支持下，人们建造了一些不适用的所谓美的建筑。例如有不少建筑为了外形的美，建筑物里面出现了一些没有用场的走廊、楼梯之类；出现了不能使用的黑房子；或者是"画蛇添足"地加上些飞檐、斗拱之类。东北体育宫，名为体育宫，但能够作体育活动的面积却只有全部建筑面积的百分之四十几。

孤立宣扬"建筑就是艺术"的人，是往往忘掉经济这个原则的。他们为了"艺术"可以任意挥霍。他们为了华丽美观，可以用那比水泥瓦贵十倍的琉璃瓦。一幅漫画很好地嘲笑过这些不爱护国家财产的人！画上出现了挥霍无度的慈禧太后，她拍拍那讲究"艺术"的建筑者说，我当年修颐和园的时候，还不曾用琉璃瓦来盖御膳房呢。当这些人大讲其建筑的"艺术"时，完全忘掉了他们大肆挥霍的国家资财的来之不易。

那么，我们是不是取消了建筑的艺术性，取消了建筑的美观呢？当然不是的。我们是真正要"按美的法则来改造世界"的。我们绝不取消建筑的艺术性。但我们在谈到建筑艺术时，也绝不忘掉，建筑的基本目的是满足人们生活和生产需要；其次才是艺术。马克思主义的一般的美学原则，应该也适用于建筑艺术：艺术绝不能脱离生活，绝不能没有内容；脱离生活的、无内容、无思想的美，是没有灵魂的躯壳。当我们看到那些用挥霍和糟蹋巨大资金换来的外形似乎美观的建筑物时、看到那些"美"而不适用的建筑物时，我们很难产生美感，而只会感到痛心和憎恶。对于那些不顾适用于经济原则的"建筑就是艺术"论者，我们可以对他们说：这是对建筑艺术的歪曲，它们会糟蹋材料和浪费资金。

（《辽宁日报》1955年4月25日）

渐

"放下屠刀，立地成佛"，应该是说的最后转变的关头，真要成佛，在放下屠刀之前，无疑会有一个思想变化的过程；放下屠刀之后，更免不了苦修苦练的功夫。佛家要求做到："难行能行，难舍能舍，难忍能忍，难学能学"，要达到这境界，岂能是放下屠刀，立地可成的？

其实，岂止成佛，任何事情，真要有所成，都无不有一个逐渐发展的过程，有一个努力不懈、逐步提高的过程。种子播在泥土里，要收获果实，既要经过萌芽、生枝、长叶、开花等阶段；又少不得要在这各阶段，坚持做施肥、锄草、剪枝及除虫等工作。做学问也如此，古今中外的大学问家，无不是"功成在步趋"。李时珍写他的《本草纲目》之前，曾经博览而且仔细研究历代浩瀚的医药著作，还曾经好几年在深山野谷间采集各种药材。马克思写《资本论》之前，仔细研究了1500种著作，而且作了提要。瓦特该不是只在水壶面前"格物"，就"格"出了蒸汽机；牛顿也绝不是老在苹果树下呆坐，就悟出了万有引力定律；他们在此之前和之后，都不知费了几许心血，作过多少精细的研究和深入的思考。最近看到一篇关于著名科学家钱学森的报道，谈到了钱学森研究空气动力学，曾经每天坚持工作十几小时地努力了三年，才掌握了这门科学——以前为了打下研究的基础所花的时间当然还不在内。一个人参加革命了，从原来的觉悟水平，提高到一个真正的革命者、一个优秀的共产党员的水平，也一定要经过不断的、逐渐的锻炼、改造、修养的过程，所谓脱胎换骨的变化，岂能是一个早晨所能完成的？老子说："合抱之木，生于毫末，九层之台，起于累土，千里之行，始于足下。"俗话说："一锹掘不成一口井。"这都道出了这个从无到有、从小到大、由浅及深、自近至远的渐进的过程。

大而至于学问事业的伟大成就，高尚品质的臻于完美，小而至于掌握一门专业知识，学会一宗技能，都无不有如涓滴汇成江河、毫末长成合抱之木，自足下起步而行千里，要靠垫底的积累，逐渐发展和脚踏实地一步步前进。

正因为是渐进的，所以在有所成之前的进程，是漫长缓慢的，迂回曲折的，充满艰难阻碍的，急于求成的人，见异思迁的人，缺乏毅力的人，易于满足的人，就都不免会因为心急而看不起点滴成绩，因为惧难而畏缩不前，因满足于稍有所得而不愿继续前进；其结果都是：半途而废，一无所成。

我国有句老话："大处着眼，小处着手。"这正说出了要在"渐"字上下功夫的精神。既要"大处着眼"，即不是鼠目寸光、昏聩平庸，而是看得广、看得远，心目中想着远大高尚的目标；又要"小处着手"，即不放过细小的事情，要以点滴计功过，脚踏实地、稳扎稳打地一步步前进。无论是提高思想觉悟，是培养高尚品德，是做学问，是学习专门知识和技能，都应该如此：处处刻意锻炼，时时用心修养，在前进的长途中，像善于治家的主妇锱铢必较地积蓄财富一样，积累、储蓄、增长自己的知识学问和好的思想品德。我们的前人，我们的革命导师和领

袖，我们的许多学者、作家、科学家，都以他们的一生经历和成长过程，证实了、证实着这个道理。

前进和衰退，是背道而驰；但是它们的过程却是一样的：一个是渐进，一个是渐退的过程；人的思想品德也如此，由健康高尚而至衰退坠落，也不是一朝一夕的事。谁见过向来艰苦朴素的人，忽而变得挥金如土？从连一枚大头针都很爱惜，到对于以千万计的大浪费熟视无睹，从乐于穿布衣、吃粗粮到追求享受、堕落腐化，都无不有一个"渐退"的过程。这过程，是思想病菌侵蚀健康肌体的过程；也是好的品格被腐蚀而逐渐衰退的过程。

正因为是"渐退"，所以以时日计，变化不大，不易觉察，或者觉察到了，又被当作"无伤大雅"，而轻轻放过去了。这样，直到"百病缠身""蜕化变质"的地步，才大吃一惊，然而悔之晚矣。很多年前，丰子恺写过一篇题名也是《渐》的文章，很好地形容了这"渐退"之不易觉察，他说："因为其变更是渐进的，一年一年地，一月一月地，一日一日地，一时一时地，一分一分地，一秒一秒地渐进，犹如从斜度极缓的长远的山坡走下来，使人不察其下降的痕迹，不见其各阶段的境界，而似乎觉得常在同样地位，恒久不变……"正是这样，"渐退"常常以其变化缓慢细小，不易觉察，而因不被人注意，使人"不察其递降的痕迹"因此放松了警惕，不严格要求自己。

但是，要治衰退病，却正要严于律己，要有高度的警惕，经常反省，看出递降的痕迹，觉出今天和昨天的不同。这就是所谓"防微杜渐"，这也算是"以其人之道还治其人之身"。比如说，在机构变动时，考虑自己的去留，全是打的个人得失的算盘；在评薪晋级时，总是苦恼自己涨得太少，提得不高；在工作中，总要给自己挑轻的，把重的推给别人；在平常，总要竭力使凡好事都属自己，凡坏事都归别人；等等，这都是所谓不算什么了不起的问题，都是"微"和"渐"。但是，要防衰退，就必须防止、杜绝所有这些"微"和"渐"。在具体的、细小的、日常的事情上，不战胜不好的东西，不求"渐进"，就会被不好的东西战胜，逐渐后退。积"渐退"而为衰退，由衰退而发展成为蜕化变质，这条路是可怕的。

为了求进步，就要"大处着眼，小处着手"；为了防衰退，就要"防微杜渐"。

写到这里，我想：你也许会要问我——其实我也在反复自问：你自己做得如何？我回答：愿与你共勉。从认识到实践，也有一个渐进的过程；而且，如果以上所说可算一片道理，或者多少有些道理，那这道理，也是我的失败的教训，而不是成功的经验。我愿今后身体力行，一步步做下去。

（《辽宁日报》1957年4月28日）

蔷薇开在工人阶级家

《蔷薇何处开》给我们展现了当今日本儿童的另一种不幸的命运，为我们在电影《混血儿》和《二十四只眼睛》里所不曾见到的另一种不幸。有支旧歌，歌词有云："人世的惨痛，岂仅是失掉爹娘？"这不适用于剧中四个孤儿的命运，这四朵"蔷薇"，在他们所处的那个一切都只是赤裸裸的金钱关系的社会中，失去爹娘，就真像花儿离了土壤，没有阳光和雨露，是人世惨痛之最——含苞夭折！

如果戏只是对于四朵"蔷薇"的命运的哀叹，那意义是小得多了，然而它从他们的命运中，展开了对于两种截然不同的人的描写。而且于描写中，灌输了愤怒的谴责和热诚的歌颂，寄托了对于未来的展望，或者说是象征。它揭露、谴责了那些孤儿们的至亲——一群资产阶级老爷太太们，他们谁也不肯收留孩子，连一家收留一个也不肯。它歌颂、赞美了那因为四个孤儿的意外到来而影响了婚期的两个青年工人，他们收留了四个孩子，而他们与孤儿的关系只不过是：孩子们是百合子已死的姐姐的丈夫的远房亲戚的遗孤。他们不仅收留，而且关怀孩子，爱护孩子。剧作者真山美保以女性的细腻笔触，淋漓而不琐碎地描写了百合子那种对孩子的真挚的爱。她送别四个孩子时，细细地叮嘱每一个人；在与丈夫谈情时，一触及"孩子"二字，就心痛地怀念四个孤儿；当孩子们偷偷跑回来后，她是那样充满欣慰与喜悦。她有一颗纯真、慈祥、善良的心。作者越是细致地刻画，我们就越是感受到一个女工性格的真、善、美，而同时就越加照见那群资产阶级老爷太太的伪、恶、丑。

鲁迅说过："比较是医治受骗的好方子。"我们在剧中看到两个对立的阶级——工作阶级和资产阶级——的比较，资产阶级总是欺骗人们说，他们是清白的、高贵的、善良的、有教养的，他们最有人道主义精神；而工人阶级则是脏臭的、卑下的、凶恶的、粗野的，是反人道的。但是，从对四个孤儿的不同态度的比较中，我们却看到相反的东西：资产阶级老爷太太们的眼珠是两颗金元，它们所照见的只有金钱，而没有一点人的影子，更不要说什么人道主义。而另一方面，两个工人却能牺牲自己生活的幸福，来收留算不得亲戚的亲戚留下的四个孤儿。在脏的工人服里，有着纯洁而善良的灵魂，只有这个阶级，才能实现真正的人道主义——无产阶级的人道主义。它，正如高尔基所说："它在自己面前树立一个伟大目标：改变我们这个世界社会经济生活的一切基础。"这个对比，我想，是我们，尤其是日本人民，医治和防止受骗的好方子。

中华人民共和国成立以来，读过多少旧社会的孤儿成为大学生、干部，参加工作，过着幸福生活的报道。有人也许对此都已经不大感到可贵，而年青一代则甚至不很理解这种可贵了。比较也是医治淡忘的好方子，看看——《蔷薇何处开》，看看日本的四个孤儿的不幸命运吧，我们就会对我们的祖国，我们的社会制度，激起更加诚挚深沉的热爱之情。

（《辽宁日报》1962年11月18日）

陈玉成之死（历史小品）

——纪念他就义一百周年

（附记：此后，还接连撰写和发表了数篇"历史小品"，如《土地故我有》，写郑成功收复台湾，《徐霞客和他的游记》等）

安庆终于失陷了。太平天国守城将领和全体圣兵，实践了他们对天父天兄的誓言，全部壮烈牺牲了。

曾国荃的湘军强盗们焚烧抢掠这个安徽首府，像对他们占领任何城市一样，极力使它成为万劫不复的死地。这是曾国藩极其恶毒的政策的实施：他命令烧光抢光每一寸土地，使太平军在这片土地上陷入"无饷可筹，无兵可用"的绝境。

太平军安庆保卫战的首领、英王陈玉成看着安庆城头，一片火光，就像火直接烧烤他的心似的痛楚。他那年轻俊秀的脸上，笼罩着痛苦混合愤怒的表情。他的秀眉不住地颤动着。他哀悼升天的弟兄们，他痛苦地思索安庆保卫战的最后失败，他考虑到已经面临的严重形势：安庆一失，天京（太平天国建都南京后，改南京为天京）失去屏障，安徽全境几同瓦解，而他的最亲密的战友忠王李秀成又正在江南跟外国侵略者作战，无力回援。千头万绪，都上心头。但渐渐地，一个主要的考虑盖过了一切，占据了他整个的心：应该率领队伍到哪儿去？他迈着快捷的步子，在房里走着，思索着。

忽然，部将赖文光匆匆赶进来，禀报说："大人，天京送来火急诏书！"

陈玉成眼睛一亮：是要派来援军？是天王下诏部署军务，指明下步军事行动？他那清秀的、但由于两眼下一边有一颗黑痣而于秀气中透出威武的脸孔，陡然一变：像往日一样，英气勃勃，神采奕奕。

他快步走了出去。

然而突然晴天霹雳：天王罪责陈玉成没有守住安庆，下诏革除了他的爵位。乌云罩在他那年轻英俊的脸上。这痛苦超过以前的痛苦。啊，天王呵，天王，你的烈性子又发了！但你不是不晓得，安庆城里弹尽粮绝，实在不能守了；你不是不晓得曾国藩妖头全力以赴夺取安庆，宁可冒了"抗旨不遵"的风险，而不肯调兵去援苏州、常州、上海；你不是不晓得我率领的各部损失太多；你不是不晓得……他把头埋在张开的手掌中……

陈玉成出生在广西藤县，跟忠王李秀成是同村。幼年就失去父母。到十四岁跟随叔叔陈承镕参加了金田起义。他勇敢、聪明、能干，到太平天国建都南京时，他，一个17岁的青年，已是右四军正典圣粮，职同监军了。第二年，他坚决请求到前线去，东王杨秀清批准了，于是他去到武汉前线。那是在太平天国四年（1854），武昌城下，布满太平军营寨，围城几个月了，但清妖一直困守孤城。一天，陈玉成探明了城中的情况，在深夜进到梁子湖，绕到武昌城东面。五百人分成了两半，他对左边三百人吩咐："你们留在这里，假攻城池。"他自己带领二百人，迅速地隐蔽在僻静处。火绳枪声、喊杀声，突然响起。"攻城"了，城里守军敲起紧锣密鼓准备迎战。陈玉成猛然跳出，头一个轻捷地缒城而上，跳上城头，一声喊："天兵登城了！"后面圣兵跟了上来。喊声大作。清军慌作一团，挤着、拥着，打开城门逃跑了。武昌被攻克了。东王亲封陈玉成为殿右三十检点。不久，又封其为十八指挥。从此"十八指挥陈玉成"的威名，到处使清军震慑。

太平天国六年（1856），他升任冬官又正丞相，和李秀成等数丞相一起，随燕王秦日纲解救镇江。为了进城联络，他驾一叶扁舟，孤身冲过江面上无数清军水师的战船，冒着如雨的炮子枪弹，进到镇江城。里应外合，终于打败了清江苏巡抚吉尔杭阿，攻克了镇江。

不久，不幸的内讧发生。东王被杀，北王韦昌辉被诛，翼王石达开带兵远走。在这艰苦的年代，他担起了重任，被封为成天豫，任又正掌率、前军主将。几年里头，他跟后军主将李秀成一起几次解救天京围困，保卫了天京，保卫了太平天国。他和李秀成成为太平天国两根大支柱。

他回忆起自己这几年的战斗生涯，严格地审查了自己的过往。他对自己说："不，我没有贪生怕死。"没有辱没东王的栽培、天王的信任，不致愧对天父天兄。他觉得安心了。他深信，天王是烈性发作了，才这样严诏革爵，他一定会和以往对忠王一样……

他想起了忠王曾经多少次被天王革爵，而且都是因为被谗言陷害，但他从无怨言，照旧忠心耿耿，作战、安民、管理朝政，教导部下不要学翼王走上分裂的路，为了取得天王的信任，他，一个以孝顺出名的人，把母亲送到天京当人质。他的忍辱负重、委曲求全、尽忠天国的精神，团结感召了所有的王兄王弟和圣兵，是啊，秀成哥，你是榜样。我要学你。他抬起了头，眼里闪着光芒，快步走出房间，走进天厅。

讨论下一步军事行动计划的会议开始了。陈玉成宣布了和部将们议定的部署：扶王陈得才、遵王赖文光、启王梁成富等率军乘虚攻入河南、陕西，在那儿招兵买马、立稳脚跟，然后在养精蓄锐之后，回援安徽、天京。陈玉成自己留守庐州，保住一块根据地，照顾整个战局。

扶王陈得才等不久就进军豫、陕，陈玉成带少数兵马困守庐州。清荆州将军多隆阿攻庐州，陈玉成寡不敌众，庐州失陷。他率两千残军奔寿州苗沛霖。苗沛霖是捻军首领，曾几次投清，又几次投太平军，反复无常。当陈玉成兵临寿州城下，这个叛徒又已投效清钦差大臣胜保了。

然而陈玉成一无所知，来到寿州城下，迎接他的是苗景开。苗景开跳下马，上前一揖："英王瑞驾到寿州，小弟特来迎接！"陈玉成下马扶起他，问："苗大人可好？"

"托天王福，一切安好。苗大人有话，请英王瑞驾到府赴宴，好替大人压惊，所有圣兵兄弟，就在城边安营，苗大人有酒肉犒赏。"

陈玉成跳上马，跟苗景开一起策马奔进城去。

一代英豪，就这样落入叛徒之手……

这是太平天国壬戌十二年四月二十三日（1862年6月4日），他只有二十六岁。

胜保威风凛凛，一声大喊："解四眼狗！"（清军因陈玉成眼下有两颗黑痣，污蔑他为"四眼狗"）

陈玉成戴着脚镣手铐，昂着头，两手紧握，靠在胸口，迈着稳重的步子走来。他走到胜保面前，昂首屹立。

胜保哈哈大笑，忽然收住笑，吼道："怎么不跪？"

陈玉成昂首挺胸，用鄙夷的眼光一扫胜保，说："我堂堂太平天国英王，向你这个手下败将下跪!"

胜保往前一倾身："你怎么成了我的阶下囚?"

陈玉成秀眉一皱，愤恨地说："我认错了人，上了反心变妖的苗贼的当!凭你，莫想碰我英王陈玉成!你忘了当年在合肥官亭，你两万骑兵，败得一个不剩?"

胜保威胁不成利诱又无效，终于对陈玉成下了毒手。

苏州忠王府天厅。太平天国十三个王正在一起会商军情。忽然承宣进来禀报："疏附衙送来十万火急文书!"忠殿尚书汪宏建上前接过文书，拆开一看，惊得倏地站起，走向李秀成，说："大人，英王升天!——在延津被清妖杀害!"

所有的人都站了起来。震惊、哀痛、愤恨充满每个人的心。李秀成站起身来，走出帐幔，来到窗前，背过身，翘首凝神，眺望远天，又在背后的两手紧紧地握着。景物在他眼里一片模糊。忽然，他看见了陈玉成，啊，玉成子，你还是这般英气勃勃，神采奕奕，还是这般威武之气扑人眉宇。他快步地走过来，走过来，近了，但是，面影却模糊了。李秀成想定睛看个清楚，他用手一擦眼睛，泪水浸湿了他的手指。

部将们知道他的哀痛的深沉，都悄悄退出去了。他依然伫立窗前，轻轻唤着："玉成子、玉成子……"应着召唤，陈玉成又出现了，他骑在马上驰骋，大红披风，飘扬似羽翼，他挥刀砍杀，一个清妖被砍倒了，是胜保，又一个，是曾国藩，又一个……但是，一切又都模糊不清了。李秀成仰天长叹，轻声但有力地说："太平天国一根擎天柱，折断了!"他缓缓地低下了头。他沉默地一动不动地站着。

但他终于抬起头来。他似乎感到哀痛的过于深沉，情绪的过于压抑，为了抖落这一切，他伸手向腰间，抽出了佩剑，猛地向前一伸，又向下一劈，迅疾地在宽敞的天厅里舞起剑来。

剑光闪闪。

（《辽宁日报》1962年6月10日）

一朵俏丽的电影艺术之花

——看故事片《小花》

　　看完影片《小花》，很自然地，也是高兴地想，"这是电影！"——它很好地发挥了电影艺术的特长。你看，女游击队长（她也叫小花！）抬担架运送身负重伤的解放军排长那一段戏，急行，遇敌，钻进树林，爬山，没有一句台词，"尽在不言中"。小花抬着伤员，一步一步跨上似乎没有尽头的山间石阶，走不动了，停一停，擦擦汗，又走；站不动了，跪着用膝盖走。她的膝盖的特写镜头间歇出现：红了，肿了，破皮了，出血了，血肉模糊了。观众眼看着这变化，似乎感到她的膝盖骨都要露出来了。剧场里不断发出"啧啧"声。这情节抓住了、感动了观众，"此时无声胜有声"。小花对于解放军感情之深沉、诚挚，在行动中表现出来了。尽量用动作，而不是靠对话来表现人物的思想感情，这正是电影艺术的特征。

　　影片一开始就是小花找哥哥。队伍过完了，没有。银幕上出现的是"哗哗"的流水，空漠的田野，静静的远山，小花孤身一人面对着这一切。画外音是那优美动听的歌曲。同样是以无言胜有言的视觉形象性的手法，来表达了小花的失望与苦痛的深情。影片中这样的成功之处还有不少。

　　电影中的倒插笔，对于中国观众来说，往往不受欢迎。但是，影片《小花》却多次使用这种手法，并且颇为成功。道理何在呢？因为它插得是时候，插得不仅合乎理，而且合乎情。当小花忽然意外地得知哥哥就在村里时，急忙跑回村去。此时镜头却转为旧社会小花往家跑着，要去告诉哥哥，国民党正在抓壮丁。这段插入的回忆，正合乎小花的心情。在奔跑着去见久别的哥哥时，她所想的正该是她当年和哥哥临难哭别的情景。以后，当小花不理解哥哥执行共产党的政策的行动，生气跑

207

一朵俏丽的电影艺术之花

回来后，哥哥来到了家门口，听着屋里妹妹的哭泣声。年幼的妹妹哭叫着，仅仅年长一点的哥哥紧搂着妹妹，说："哥哥能养活你！能养活你！"难忘旧时情，便生今日意。哥哥挑开了门闩，进到屋里，用欢声笑语去对待妹妹的哭闹。已经是解放军干部的哥哥，站在家门口，听着妹妹的哭声，怎能不忆起旧社会兄妹俩那段孤儿生活的苦难？这痛苦的回忆，就直接成为今天执行共产党的政策，耐心说服妹妹的动力。在这里，昨天和今天，历史和现实结合得多么紧密。而且通过这些插笔，使情节、人物的思想感情都发展了，把观众引进"戏"里去了。

敢于大胆地表现人物的感情，而且淋漓酣畅地去表现，也是影片《小花》的一个突出特点，周总理曾经批评《达吉和她的父亲》的导演不敢让观众哭，当父女相逢时，却"欲言还休"。《小花》却没有这个缺点。父女、母女、兄妹之情都大胆地给予表现。当然，它表现的不是抽象的人性。劳动人民之间的阶级情，人民与子弟兵之间的鱼水情，游击队和解放军之间的战友情，都结合在母女、兄妹的觉悟之中了。这就是共性通过个性来表现。

古人云："言而无文，行之不远。"电影缺乏电影艺术的特点，不招人看，即使思想内容再好，岂不也是白费力？影片《小花》在这方面，给了我们有益的启示。而且，它在艺术上的成功，也给了观众以美的享受，这对提高人民的艺术欣赏力，进行美育教育，也是有好处的。

（《辽宁日报》1979年10月21日）

话本书目：唐与唐五代目

关于《话本书目：唐与唐五代目》的说明：

这是我为著名老作家舒群同志过录、整理并增补的他的旧著《中国话本书目》中，我所增补的部分书目。关于我应舒群同志多次邀约，又有他的老战友、时任辽宁社会科学院常务副院长石光同志的"上级的叮嘱"（我那时是文学所所长），我勉力接受任务，并以数年时间，为之完成邀约和嘱托等的具体情况，我在回忆录《我帮舒群过录、整理、增补〈中国话本书目〉兼及晚年舒群琐忆》（见本文集第二十二卷《〈秋日的私语〉及其他》）中，有详细的陈述。其中特别记载了，当我将完成稿交舒群时，他关于序言如何写的谈话记录。其中说道："是我们两人合作的。我在病中也向家人申明过，是我们两人的东西。你写信说过（你的意见），这是你的谦虚精神。"所谓我的意见，是我不同意他提出的署名"舒群/彭定安合著"而提出署"舒群著/彭定安过录、增补"。后来，情况变异，其中的因缘机变，该文中也有记载，此处不赘。据后来出版的舒群著《中国话本书目》中的前言说明，有两句话："20世纪80年代，戈扬女士出于善意曾推荐彭定安先生整理二稿。但是，后来，父亲本人又明确表示还是以他自己的原稿为准。"这两句"说明"，前一句，完全是没有事实的误记。事实上，这件事与戈扬毫无关系，她并不知晓我和舒群的合作；而且，既然是我"整理的二稿"，自然是舒群交给我他的原稿，我才能整理，而既如此，又哪里需要戈扬来推荐呢！不过，后面的话是真实的，舒群的确使用了他自己修订、增补后的原稿，而没有采用我所增补的整理稿。所谓我的增补，即我增加了部分唐目和唐五代目，另外，我在舒群的原稿所有话本书目的条目下，均增加了集注和考评两项内容，所以我建议署名改为《中国话本书目集注考评》。

现在，舒群原著已经问世，他所弃置的我所增补的部分，就可以单独付梓了。不过，其后的诸多书目的集注考评，均在我交给舒群的整理稿中，它们与舒群的原目"骨肉相连"，就无法、也不能单独使用，而只能弃置了。

前 言

　　鲁迅在《中国小说史略》中指出，宋代的志怪传奇虽然上承唐之传奇，渊源深厚，但是，却较唐传奇后退了；就志怪言，"既平实而乏文采"，而"其传奇，又多托往事而避近闻，拟古且远不逮，更无独创之可言矣。"《中国小说史略·第十二篇（宋之话本）》）鲁迅对有宋一代的志怪传奇是评价甚低的。然而，这种后退，却又有另一方面的进步来补偿，这就是鲁迅所说的"别有艺文兴起"于"市井间"。鲁迅所说，即指随着城市经济的发展，城市人口的数量增加和质量变化（人口构成发生变化，大量手工业工人、小商人等增加），市民文学在"市井间"兴起来了。它的特点即"以俚语著书，叙述故事"。这就是"平话"：用文字记录下来，就是话本即白话小说了。但是，这种平话即白话小说的产生，自然不是平地而起，如无源之水、无本之木。鲁迅根据敦煌文学的发现和它在世俗文学方面的宝藏，推定这种白话小说，最早当滥觞于唐代，其原因有二："一为娱心，一为劝善，而尤以劝善为大宗。"（同上）

　　陈汝衡在《说书小史》（1936年2月，中华书局版）中，根据李商隐《骄儿诗》中句（1）和段成式《酉阳杂俎》续集四《贬误篇》中的记载（2）指出："二种记载，谓唐时已有说书"；并由此推定"说书滥觞于唐代"之说可以成立。又根据敦煌俗讲出现，认为"不得不认唐时已有说书之举"。以后，吴小如《中国小说讲话及其它》（1955年，上海出版公司），北大中文系编著《中国小说史》（1978年，人民文学出版社），张锡厚《敦煌文学》（1980年，上海古籍出版社），程千帆、吴新雷《关于宋代的话本小说》（《社会科学战线》1981年第3期）等论著中，均对此有所论述。

　　从以上写于不同年代的诸家研究及其结论中，我们可以看到在"说话"源流研究上的发展状况，其趋势是资料逐渐增加，研究不断深入。综合这些研究成果，虽然繁简不一，提法各异，但有一点是大致相同的，即"说话"在宋以前就有了；有的认为可远溯到汉代甚至更早；到唐代，就已盛行了。根据现有资料和诸家论著，我们可以肯定：唐代，是"说话"盛行的时期；而在此时，由于传授和讲唱的需要，又产生了话本，这是很自然的。

不过，由于时代的久远和历经变乱，唐代的话本至今留存的不多，唐目至今能够得知的也不是很多。虽然如此，我们为唐代话本立目，仍然是很有必要的。这有利于了解我国话本的全貌；也有益于研究话本发展的历史；当然，唐目本身和唐代话本本身也是很有研究价值的。

这里集采的唐目，主要是上述各家著述中所提到的篇目。但有的篇目，在上述各家著述中，或者提及并肯定为唐代话本，有的则持保留态度，不予著录。不过，本目则取"全纳"态度：凡诸家著述中提及的，均予著录并注明所有著录的著作；凡仅一二著作中提及的，为搜备齐全，以供参考，亦均著录不漏。

这里，还须特别说明的是：本目各条次序不全按年代先后排列，而以变文之三类不同内容，分别入目。这三大类为：讲经；历史故事、民间故事；当时人事。不过，三大类之外，又有《庐山远公话》等三篇话本，原题印标明"话"或"画本"者，可以完全肯定为唐代话本，为醒目突出，特列于最前面。另，在变文三大类之前，亦附简要说明。

每篇集注考评中，先集录各家著录情况，其顺序一般依照论著出版之先后排列；次考本目故事源流及发展情形；如有考释，则列为第三部分；最后，则是简要评述，或对本目内容、艺术成就和对后世文学艺术的影响，略作考评，或对其发展情形、研究成果，作适当评述。内容不求一致，视各目具体情况而定。

说　明

　　变文是至今唯一能够看到的唐代话本了。虽然它只不过是唐代话本的一部分、一支流，但由于别无所见，因此唐目部分，只能以变文为主体了。虽然如此，我们从变文中仍然可以窥见唐代话本的面目。因为，民间说书和变文的发展，是互相渗透、互相影响、互相推动的，这种交流，不仅表现在艺术形式和风格上，而且也体现在内容上。

　　变文，源于寺院里的俗讲，也叫"说经""谈经"。其主要内容是讲唱佛经故事，但也有讲唱民间故事、民间传说及当时人物和事物的。变文的这种发展，是在同人民群众的接触中，接受人民群众的爱好的影响，汲取民间文学的营养，而取得成就的。既是这样一种发展过程，当然在内容上会要逐渐"离经叛道"，或者表现在内容上，或者在一篇中掺杂着这种内容。同时，有的故事是从民间传说、民间故事中借取或移植来的。胡士莹指出："很难设想，'四大皆空'的和尚会比民间艺人更关心祖国的兴亡，更有激情去歌颂恢复国土的义士。因而可以认为，许多非宗教性的俗讲内容，最初是民间艺人说唱的题材，和尚为了竞争，也学着唱起来。……所以主要是市民和市民的'说话'影响了俗讲，使一部分俗讲有了适应市民意识内容。"（《话本小说概论》，第25页）赵麟《因话录》卷四《角部》载："有文淑（淑）僧者，公为聚众谈说，假托经论，所言无非淫秽鄙亵之事，不逞之徒，转相鼓扇扶树，愚夫冶妇，乐闻其说，听者填咽寺舍，瞻礼崇奉，呼为和尚教坊，效其声调，以为歌曲。"根据这一记载，可以看出当时的和尚是如何地"离经叛道"讲人情故事，群众又是如何欢迎的，文淑和尚曾因此受到惩罚，被遗外地，但不久又不得不让他回来，重操旧业，这更说明俗讲及讲唱故事之受欢迎，以及从内容到形式都离开了佛经的状况。当然，同时发生的还有另一面，即民间艺人也从俗讲中借取故事，进行移植，并在说唱形式上、艺术风格上受到影响。不同的是，在结果上，则是一方面在民间艺人的创作中，掺进了宣扬宗教迷信的杂质；而另一方面则改造了佛经故事，大量地输入了"人间烟火"味，把人民的生活、愿望、理想、爱憎，用人民喜闻乐见的形式，反映出来了，这简直可以说是"俗讲变文"的自赎和新生。胡士莹认为敦煌发现的"变文""话本""词文"绝大多数作为俗讲僧用来讲唱的本子，"从名称来看，亦可看到不少是民间艺人的底本"（《话本小说概论》，第25页），是很有道理的。这样，我们就看到俗讲变文与民间话本的"你中有我，我中有你"的汇流现象。因此我们从变文中不仅可以看到民间艺人和人民群众对于佛经故事的改造和发展，也可以看到俗讲变文如何离经叛道，逐渐地不仅吸收民间艺术的思想与艺术的营养，而且也突破佛经故事的范围，讲起民间故事、传说及当代人事来了。

因此，以变文为主体的本目，虽然不能反映唐代话本的全貌，却是可以从一斑（而且是重要的一斑）而窥全貌的。

唐　目

（一）庐山远公话

【集注】程毅中《古小说简目》（中华书局1981版）著录："残。/撰人不详。/原题。敦煌写卷S2073。收入《敦煌变文集》。"

《中国小说史略》（人民文学出版社1978年版）列入，认为是"'说话人'的底本"。

张锡厚《敦煌文学》（上海古籍出版社1980年版）列为唐代话本小说之重要例证。指出："特别是当变文从寺院走向民间，演绎佛教经义的神变故事为世俗的历史传说所代替，民间艺人的演唱逐步取代俗讲僧的时候，说话更易招来听众，显示出比较变文更多的优越性。这时，话本小说才成为有意识的文学创作活动。敦煌藏书发现的话本小说，有的原写本就标有'话'或'话本'，如《庐山远公话》，原题为'话'。"

胡士莹《话本小说概论》（中华书局1980年出版）载录：第一章（"说话"的起源和演变）第四节（唐代传奇，通俗文学与话本的关系）第二段（通俗文学）之1（话本）中说："《庐山远公话》今有两个写本：一为《敦煌变文集》所载的斯字2073号，一为《大正藏新修大藏经》卷85所载的《惠远外传》。"原注："此卷注明原大英博物馆藏敦煌本2073号有异文，书写年月及书写人姓名亦不尽相同。斯2073号有异文，书写年月及书写人姓名亦不尽相同。斯2073号作'开宝五年张良继书'，《惠远外传》'五'作'伍'，'张良继'作'张长记'，它是当时佛教徒宣传教义的话本，可能是当时'说经'话本之一。"（下略）它的体制，有诗有文，开头一段用排偶句子概述佛教的庄严盛达，接着便是："说这惠远，家住雁门，兄弟二人，更无外族。"

这种开头的写法为宋代话本所采用。在描写景物或人物时，往往用骈俪的语句，……在描写景物或某一事件结束时，往往插入一首律诗或绝句来加强故事气氛。……此后偈语屡见，这种偈语，实际就是诗。宋人话本诗文相间的形式，印本于此。

王重民等编《敦煌变文集》（人民文学出版社1957年版）上集收入。"校记"："本卷编号为斯2073，标题原有。"

【考评】《庐山远公话》通篇写惠远和尚去庐山修道，如何遭逢各种际遇苦难，篇幅颇长，原文写到惠远离庐山历经磨难后重回山上，在距离寺院十来里的地方结一草庵，继续修行，并造法船，"不用凡间料物，也不要诸般，自持无漏大乘，已为缆索，菩提般若，用作拘（勾）栏，金刚密迹已为"，至此断缺，显然尚未完。这篇变文，内容尽是宣传佛法，故事平平。《敦煌文学》论及本目时指出："这篇以佛徒言行为中心内容的话本小说，里边充满了轮回报应、前世宿缘等佛教宣传，其思想内容是不足取的。不过，这篇话本的情节曲折动人，语言通俗流畅，通篇以散叙为主，具有话本小说的一些特点。"本篇语言清顺畅达，叙事谨严，较之《秋胡变文》的粗俗不通，高出多多。但是内容却不如《秋胡变文》具有民间气派、生活气息。在形式上，诚如胡士莹在《话本小说概论》中所说，为话本小说之渊源，对后世话本小说有很大影响。

文中所说，惠远和尚"向西行五十余里"，便是嵇山。按江州即江西九江，庐山即在其西南，故知"嵇山"即庐山。又变文中描写庐山山风貌："嵯峨万岫，叠嶂（嶂）千层，崒嶷高峰，崎岖峻岭。猿啼幽谷，虎啸深溪。枯松挂万岁之藤萝，桃花弄千春之秀色。"其形势亦颇类庐山面目。特别是变文中写到惠远在香炉峰旁造一禅庵，香炉峰正是庐山名峰之一。李白《庐山谣寄卢侍御虚舟》中有句："香炉瀑布遥相望，回崖沓嶂凌苍苍。"又《望庐山瀑布》有句："日照香炉生紫烟，遥看瀑布挂前川。"

（二）韩擒虎话本

【集注】《古小说简目》著录："存。/撰人不详。/题原缺，据故事内容拟题。原卷末云：画本既终，并无抄略。/敦煌写卷S2144。收入《敦煌变文集》。"

《敦煌文学》列入唐代话本小说。"敦煌藏书发现的话本小说，有的原写本就标有'话'或'话本'，如……《韩擒虎话本》最后题为'画本既终，并无抄略'，把'话本'写成'画本'，这也是抄手笔误造成的。"

《话本小说概论》第一章第四节第二段话本中，将此目与《庐山远公话》《师师慢语话》并列，认为"无疑是宋元话本的先驱"。然"话本"作"画本"，大概是根据卷末云"画本既终"，推定为画配文形式，故称画本。同节还介绍本目说："《韩虎》画本，是叙述隋文帝杨坚建立帝国和韩擒虎立功的事迹。首段有'说其中有一僧名号法华和尚'，结语有'画本既终，并无抄略'等句，通篇首尾完整和叙述一个故事，也分明是一个历史事实和民间传说相结合的话本。"

《敦煌变文集》上集收入，题作《韩擒虎话本》。"校记"称："本卷编号为斯2144，原无标题。依故事内容拟题。"

【考评】本篇全篇写韩擒虎如何为杨坚先后制服任蛮奴、周罗侯、萧磨呵、北番单于等，最后作"阴司之主"。篇末注明"画本既终，并无抄略"，说明并无漏抄省略。全文首尾无缺，故事亦完整，足见是一全本，这是敦煌变文中不很多见的。

《敦煌文学》对本目有详尽的评述，指出："《韩擒虎话本》是敦煌话本小说中保存得相当完整的一篇，比较详细地叙述隋代武将韩擒虎辅佐隋文帝灭陈、降伏大夏单于的历史故事"。"这篇话本无论是情节穿插，叙事详略，还是次要人物的铺垫，都集中表现韩擒虎少年有为、武艺绝伦、胆识过人、多谋善断的特点，以及他亲领将士深入虎穴，直取敌巢和奉使和番，降伏单于，赤胆忠心辅佐隋文帝的不平凡经历，成功地描绘出韩擒虎智勇双全的英雄形象，是一篇比较出色的话本。"

然而，本目故事虽详而平淡，叙事亦平平，文词不佳，较之《秋胡变文》，实是远为不如的。

（三） 师师慢语话

【集注】诸话本小说研究著作均未著录。仅《话本小说概论》列为唐代话本。作者认为在敦煌石室文献中，可以标作"话本"的，主要有《庐山远公话》、《韩擒虎画本》、《师师慢语话》（斯字4327·拟题）等三种。

并指出："后一种（指本节）已残缺，从其内容和'话'之一字看，当为小说家言。"又肯定地指出："这三种话本，尽管情节还比较简单，语言还不通俗，但无疑是宋人话本的先驱。"

《敦煌文集》下集收入，题作《不知名变文》。"校记"称："本卷编号为斯4327，标题原缺。今以体裁仍似变文形式，姑拟今题。"

【考评】变文仅一页，前缺，文后注明"原文至此完"。在韵文前有句："以下说明阳人×（慢）语话，更说师婆慢语话。"可见为说话人底本。本篇宣传老子思想："故老子曰：'吾有大患，为吾有身，及其无身，患将何有。'身是病本，生是死源。若乃无病，死何有。"虚无思想表现突出。

（四） 董永变文

【集注】鲁迅《中国小说史略》第12篇列入唐末五代时期。

陈汝衡《说书小史》（中华书局1936年版）列为"唐时话本"，题作《孝子董永传》。

王重民《敦煌古籍叙录》（中华书局1979年版）著录，题作《董永变文》，题注："斯2204王重民校录本载敦煌变文集。"正文中，作者改订云："右卷藏伦敦，著录号码为2204。句七言，共937字。文义有不衔接处，则以仅录唱词，而略其说白也。……/董永故事，最早见于武梁祠画像。画像不知建于何年，以武梁碑立于元嘉元年（151）证之，则画像亦当去此不远。"

刘向《孝子图》称："前汉董永"，其书未必为向撰，……其说似为近之。图绘永父执杖坐车上，永在车旁作役，盖印《孝子图》所谓"鹿车载父"事，干宝《搜神记》所记，大致与刘向同，然余疑《孝子图》或反袭《搜神记》。自两晋至三唐，董永故事之传演不过如《搜神记》及诸《孝子传》所记述而已。前乎此者，有曹植《灵芝篇》，云："董永遭家贫，父老财无遗，举假以供养，佣作致甘肥。责家填门至，不知用何归，天灵感至德，神女为秉机。"植谓："佣作致甘肥，是汉魏时尚无卖身葬父之说，答则卖身葬父当从'佣作致甘肥'演出也。"

《敦煌变文集》上收入。"校记"："篇题依故事内容拟补。原卷编号为斯2204，共937字，叙述了整个故事，但文艺多有前后不相衔接处，疑原本有白有唱，此则只存唱词，而未录说白。《降魔变文》画卷，亦有唱无白，但其他抄本则有唱有白。"

【考评】《敦煌变文集》上集所录本目，全篇134行，前后均未注"缺失"，故事亦完整，唯中间多处意思不连贯，内容跳荡，显是中间仍有过渡性叙白。全文都是七字句，叙事清顺流畅，然少刻画。以后历代唱本，与此篇类同，可能是受它的影响。

变文开头叙董永来历及事迹："孝感先贤说董永，年登十五二亲亡。自叹福薄无兄弟，眼中流泪数千行。为缘多生无姐妹，亦无知识及亲房。家里贫穷无钱物，所买（卖）当身殡耶娘。"以后叙董永卖身离家，"路逢女人来委问，'此个郎君住何方？'"于是经过一番交谈，女人表示"不起人微同千载，便与相逐事阿郎"。以后成婚、生儿。再后，仙女要"辞君却至本天堂！"终于"娘子便即乘云去，临别吩咐小儿郎。但言：'好看小孩子'（意为看好小孩子），董永相别泪千行"。最后叙儿子董仲思母、寻母。

董永故事最早见于刘向《孝子传》，东汉武梁祠有描绘董永行孝的画像石刻，东晋干宝撰《搜神记》卷一第28记董永事。注释称历来有以《董永自卖》或《后汉董永》为题者。宋朱熹《二十四孝原编》和元郭居敬《二十四孝图》均载有孝子董永事。以后，变文、唱词、戏曲，更多有表现这一故事的，名目繁多，如《遇仙》《百日缘》《七步桥送子》《天仙配》《柳荫记》等。民间也流传这种故事。相传湖北孝感现老屋公社所在地是董永卖身葬父感动天地的所在。原有"董永墓"，"董孝子祠"，七仙女洗澡的"仙姑池"，与董永之子董仲有关的"饭山"。历代记载和各种形式表现的董永故事，多有出入。刘向《孝子传》文："有董永者，千乘人也。小失其母，独养老父，家贫困苦。至于农月，与辘车推父于田头树荫下，与人客作，供养不阙。其父亡殁，无物葬送，遂从主人家典田，贷钱十万文。语主人曰：'后无钱还主人时，永与殁身主人为奴一世常（偿）力。葬父已了，欲向主人家去，在路逢一女，愿与永为妻，'永曰：'孤穷如此，身复与他人为奴，恐屈娘子。'女曰：'不嫌君贫，心相愿矣，不为耻也。'永遂共到主人家。主人曰：'本期一人，今二人来，何也?'主人问曰：'女有何能?'女曰：'能解织。'主人曰：'与我织绢三百疋，放汝夫妻归家。'女织经一旬，得绢三百疋。主人惊怪，遂放夫妻归还。行至本相见之处，女辞永曰：'我是天女，见君行孝，天遣我借君偿债。今既偿了，不得久住。'语讫，遂飞天上。"另有《孝子传》，与此仅略有词语差别。

干宝《搜神记》卷一第28，故事类同，然叙事简略："汉董永，千乘人。少偏孤，与父居肆，力田亩，鹿车载自随。父亡，无以葬，乃自卖为奴，以供丧事。主人知其贤，与钱一万，遣之。永行，三年丧毕，欲还主人，供其奴职。道逢一妇人曰：'愿为子妻。'遂与之俱。主人谓永曰：'以钱与君矣。'永曰：'蒙君之惠，父丧收藏，永虽小人，必欲服勤致力，以报厚德。'主曰：'妇人何能?'永曰：'能织。'主曰：'必尔者，但令君妇为我织缣百疋。'于是永妻为主人家织，十日而毕。女出门，谓永曰：'我，天之织女也。缘君至孝，天帝令我助君偿债耳。'语毕，凌空而去，不知所在。"（《中国古典文学基本丛书》，中华书局1979年版）

《雨窗集·补佚目董永遇仙传》入话："典身因葬父，不愧业为庸，孝感天仙至，滔福自供。话说东汉有一人，姓董名永，字延平，年二十五，幼丧母亲，只有父亲，年六十余岁。家贫惟务农工。时直荒旱，井内生烟，树头生火，米粮高贵，有钱没买处。父因饥寒苦楚成病，五六

日身亡。董永哀哭不止，昏绝凡番。端的是：屋满更遭连夜雨，行船又撞打头风。董永自父死后，举手无措，心思一计，迳授傅长者家曰：停柜在家，无钱殡葬，今日特告长者，情愿卖身千贯，回家葬父，便来长者家庸工三年。长者便叫院子取一千贯付与。董永拜别。回家安葬已毕。收拾随身行李，逶迤便行。行到一株大树下歇脚。董永睡着，抬头见一女子……，那女子向前道个万福问：郎君何故在此?董永答礼道……，仙女道：情愿与官人结为夫妻，同到傅家还债。董永答道：多蒙娘子厚情，又无媒人难以成事。仙女道，既无媒人，就央槐树为媒，岂不是好。董永无可奈何，只得结成夫妇，携手而行，二人拜见长者，具言同妻织绢之事。长者便问要多少丝?仙女道：起首要十斤，一日织十疋，夫妻二人去织，果然一天一夜织成十疋丝，原来仙女到夜自有众仙女下降帮织，以此织得快。光阴描指，一月之期，织成丝三百余疋。董永当时拜谢长者，领妻出门，行至旧日槐荫树下暂歇。仙女道：当时我与你在此槐荫树下结亲，如今又三月矣。不觉两泪交流……"

从上引诸文看，此故事原来纯为宣传孝道的劝诫文，但一入民间，即为人民所改造，增加了生活气氛，有了人间烟火味，董永、仙女结为夫妻（以后又在这方面逐渐发展，而成为以孝感动上天派仙女下凡为引子，而主要表现董永、仙女的纯真爱情了）。这是人民将宣扬封建道德的故事加以改造使其向好的方面发展的一个例证。

前引《孝子传》所记与《孝子图》叙述的故事全同，只字句略差，末后写仙女升天，增"永掩泪不已"一句，平添一点人情味，不为画蛇；但最后为"天子征永，拜为御史大夫"，却是说明因孝得官，带着腐臭味了。

（五）张义潮变文

【集注】《中国俗文学史》载录："这一本变文当是歌颂功德之作，特为张义潮而作的；这可见和尚们讲唱变文的时候，也不得不顾虑到环境，或甚至不得不献媚于军府当道。"

《敦煌变文汇编》著录："藏法国，刘复收入敦煌掇琐，拟名西征记。原卷首尾俱残阙，无标题。"

《敦煌古籍叙录》著录。题注："伯二九六二，刘复校录本载敦煌掇琐，孙楷第校录本载图书副刊一四五期，周绍良校录本载敦煌变文汇编，王重民校录本载《敦煌变文集》正文引孙楷第《敦煌写本张义潮变文跋》（《图书副刊》第一四五期，一九三六年八月二十七日（大公报））一文，考证史实甚详。"

《敦煌文学》列为"直接叙述唐代时事，以当代英雄为题材的敦煌变文"。指出《张义潮变文》作于大中十年（856）以后。（原注："《张义潮变文》云：'先去大中十载……至十一年，八月五日。'记载的是大中十年、十一年前后事。变文称张义潮为仆射，正是大中上左近的加衔。"）关于张义潮收复河湟地区的事，《新唐书·列传一四一下·吐蕃下》云："义潮阴结豪英归唐。一日，众擐甲噪州门，汉人皆助之，虏守者惊走，遂摄州事。缮甲兵，耕且战，悉复余州。……成通二年（861），义潮奉凉州来归。……八年，义潮入朝，为右神武统军，赐第及田，命族子淮深守归义。"张义潮就是在唐宣宗大中年间（849—859）领民众赶走吐蕃和回鹘守将，收复瓜、沙、伊、肃等广大地区，派人奉十一州地图户籍归唐的。这样一个来自民间，为巩固边防立下汗马功劳的民族英雄，受到文学作品的讴歌和赞颂是很自然的。

【考评】据史书记载，张义潮曾为巩固边防效力，亦有劳绩，故人民对之有好感。和尚之讲其故事，恐非全为歌颂功德，"献媚于军府当道"，而且因为人民喜闻乐见，故亦宣讲之。

本篇写张义潮作战，也有成功处：

"仆射即令整理队伍，排比兵戈；展旗帜，动鸣鼍，纵八阵，骋英雄。分兵两道，裹合四边。人持白刃，突骑争先。须臾阵合，昏露涨天。汉军勇猛而乘势，曳戟冲山直进前。"

这是写两军对垒，决战沙场，后又有写战局形势者，亦概要清顺。

"敦煌北一千里镇伊州城西有纳职县，其时回鹘及吐浑居住在彼，频来抄劫伊州，俘虏人物，侵夺畜牧，曾无暂安。仆射乃于大中十年六月六日，亲统甲兵，诣彼击逐伐除。不经旬日中间，即至纳职城。贼等不虞汉兵忽到，都无准备之心。我军逐列乌云之阵。"这些描写，有分有合、有粗有细、有虚有实，如此展开，头头是道。它对以后的长篇章回小说，如《三国》《水浒》，可能都产生过影响。这些小说的"战争"描写，风格颇有类似处。

（六） 张淮深变文

【集注】《中国文学发展史》载录："《张义潮变文》和《张淮深变文》就是说唱他们叔侄团结边去人民收复河湟失地的故事，前篇作于大中十年以后，后篇写于乾符年间"。

《敦煌古籍叙录》著录。题注："伯三四五一/周邵良校录本载敦煌变文汇编，王重民校录本载敦煌变文集，/正文节录孙楷第《敦煌写本张淮深变文跋》（《历史语言研究所集刊》第七本）。"文中指出："此本之作，以其记事推之，至晚不得在中和四年以后，或当在乾符中，未可知也。"

《敦煌变文集》上集收入。题作《张淮深变文》。"校记"："原卷编号为伯三四五一。篇题依所叙故事拟补。孙楷第先生《敦煌写本张淮深变文跋》，（《历史语言研究所集刊》第七本第三分。）谓张淮深破沙州回鹘，唐天子遣上下九使到沙州的年代，'至晚不得在中和四年以后，或当在乾符中'。"大概是对的。

张景球撰的《张淮深墓志铭》，称"乾符之政，以功再建节髦，特降皇华，亲临紫塞，中使曰宋光廷"，可能就是这件事情，而宋光廷就是上下九使中之一。所以这篇变文的写作时期，应在乾符年间（874—879）。

【考评】本目故事与前目衔接，而其体裁、风格均类似，为同一性质之作品。

根据上述诸著，本篇写作年代可定为唐乾符年间即公元874—879年。

（七） 韩朋赋

【集注】《敦煌古籍叙录》著录，题注："伯二六五三、三八七三、斯二九〇二、三二二七、三九〇四、四九〇一，刘复敦煌掇琐校刻本（伯二六五三）王庆菽校录本载敦煌变文集。"

正文部分节录荣肇祖《敦煌本韩朋赋考》（《庆祝蔡元培先生六十五岁论文集》，《历史语言研究所集刊外编》第一种下册）。荣文指出：

"《韩朋赋》疑是唐以前的作品，至少《燕子赋》亦在唐开元间，在唐代文人的传奇体，以及随佛教由印度而输入的'俗文''变文'等体盛行之前，民间述说故事，却有这种白话的韵文赋体，这是研究我国的文学史，所不可忽视的。"

《中国俗文学史》载录，指出："《韩朋赋》恰好和《晏子赋》相反，却是很沉痛的一篇叙事诗，明人传奇有《韩十朋义记》，但所叙与《韩朋赋》非同一之事，赋中的韩朋原应作韩凭。"

《中国文字发展史》载录，指出："《韩朋赋》虽以赋名。但与传统的赋体不同，乃民间所为，富于故事性，近于小说，可能也是说话的底本。这个故事，原见于晋干宝《搜神记》。叙述韩凭夫妇争取婚姻自由，反抗封建残暴统治者的悲剧。"

又论及其与《搜神记》之不同时，指出："在《搜神记》中，叙述这个故事，只有二百多字，到了敦煌的民间作品，发展为近两千字的长篇，韩凭为韩朋，何氏名为贞夫，文中增加了许多细节，描绘生动，对话活泼，语言犹为通俗很像说话的口气，正当时很可能是，韩贞夫的形象很鲜明，特别是贞夫，赋予非常坚贞勇敢的性格。"

《敦煌变文集》上集收入，题依原作《韩朋赋一卷》。

【考评】《韩朋赋》在《搜神记》简略的故事基础上，开拓扩展、加工改造，成为一篇故事完整、语言生动纯净、充满美丽幻想、富有反抗意义的民间作品，其思想性与艺术性都达到了很高的程度，可以说是变文中的上乘之作。

这一优美动人的故事在民间流传，当时就有许多诗人，以此典故入诗。如：李白《白头吟》："覆水再收岂满杯，弃妾已去难重回。古来得意不相负，只金惟见青陵台。"又，李商隐《青陵台》："青陵台畔日光斜，万古贞魂倚暮霞。莫讶韩凭为蛱蝶，等闲飞上别枝花。"后世更有戏曲如《青陵台》《相思树》等。

（八）秋胡变文

【集注】《中国小说史略》第十二篇《宋之话本》中叙敦煌变文，列入本目，拟题为《秋胡小说》。

《古小说简目》著录，题作《秋胡》：

"残。撰人不详。题原缺，或拟题为《秋胡变文》。然文题似非变文。敦煌写卷 S.133，收入《敦煌变文集》。"

陈汝衡《说书小史》第一章（说书源流）中，题作《秋胡戏妻》。又以《秋胡小说》题，引《敦煌变文集·秋胡变文》中自"行至妻房中，愁眉不尽"，至"桑蚕织络，以事阿婆"一段（叙秋胡至妻房告知欲游学求功名到秋胡走后，其妻尽心服侍阿婆）。

引文后指出："今人既承认《京本通俗小说》及《五代史平话》之类，确是宋人话本，是则秋胡、伍子胥等断烂不全之故事，视之为唐时话本，又谁曰不宜？"定为唐时话本。

【考评】原文前后皆缺，无头无尾。大意谓秋胡执意"远学三年"，以求闻达，说服母妻，离家而去，就学于一"数千年老仙"，"便乃祗承三年，得《九经》通达"，后投魏国，拜为左相，"赐户三千，锦绮绫罗，更赍十万，歌谭（弹）美女，随意简将，细壮奴婢，任情多少。"秋胡在魏为官六年。在此期间，其妻"来孝养勤心，出亦当奴，入亦当婢，冬中忍寒，夏中忍热，桑蚕织络，以事阿婆，昼夜勤心，无时暂舍。"此时，秋胡母"愧见新妇独守空房"，便劝她"我儿当去"，"任从改嫁他人"。但秋胡妻很坚决地拒绝了，"婆儿游学不来，新妇只合尽形供养，何为重嫁之事"。又过了三年，已经九载了，胡秋才想起回家，向魏王告假，得到准许，并赐给礼物。秋胡回到家乡，快到家园时，遇见妻子"忧心采桑"，彼此并不认识。秋胡见她貌美竟上前调戏，说是愿赐"黄金二两，乱采（彩）一束，暂请娘子片时在于怀抱"。秋胡妻下得树来，讲出了一篇道理："新妇夫（婿）游学，经今九载，消息不通，阴（音）信隔绝。阿婆年老，独坐堂中，新妇宁可冬中忍寒，下（夏）中忍热，桑蚕知络，以事阿婆。一马不被两鞍，单牛岂有双车并驾？家中贫薄，宁可守饿而死，岂乐黄金为重，忽而一朝夫至，遗妾将何申吐？纵使黄金积到天半，乱采（彩）堕（垛）似丘山，新妇宁有恋心，可以守贫取死。"一番话羞死秋胡，"乘车便过"，回到家中。当秋胡妻回来，秋胡母欢喜地告诉她秋胡已归，"身为国相"，又有黄金缯彩，叫她领受时，她一见正是"桑赠金宰贵。情中不喜，而变泪下交流，结气不语"。阿婆问她为何不喜。她说秋胡"于家不孝""于国不忠"。阿婆又问她为何这样说，她说："天恩赐金，……桑间已赠于人，所以于国不忠，于家不孝。"原文至此中断，很难推断下一步将如何发展。

秋胡故事，原出《列女传》，以后流传甚广，有多种著作。戏曲敷衍其事，发展成小说、戏剧，有诗文中亦引此事为典故。

鲁迅《古小说钩沉·水饬》第六十四题为《秋胡妻赴水》。鲁迅序《游仙窟》刊本中有：岂秋胡之眼拙，枉费黄金；念交甫之心狂，虚当白玉。《金瓶梅》第二十三回："只听老婆问西门庆说，你们家第五的秋胡戏迷娶她来家，多少时了？"

在诗歌中也有不少反映。南朝宋颜延之《秋胡诗九首》："君子明大义，谁与谐没齿；愧彼行露诗，甘子长川记。"唐代高适有长诗《秋胡行》：

> 妾本邯郸未嫁时，容华倚翠人未知。
> 一朝结发从君子，将妾迢迢东路陲。
> 此时顾恩不顾身，念君此日赴河津。
> 莫道向来不得意，故欲留规诫后人。

清顾芜《秋胡行》有句云："君怜采桑妇，不念桑榆人。"

此外，戏曲中有多种"秋胡戏妻"戏。如明《永乐大典》中之《宦门子弟错立身》中述宋元戏二十九种，其中第九种即《秋胡戏妻》。（按《宦门子弟错立身》）本身即戏文，收于《永乐大典》卷一万三千九百十。此戏中主角为一行院女戏子，她在演戏时，在戏中唱出奇中，第三本即《秋胡（原本作湖）戏妻》。（谭正璧《话本与古剧》，上海古典文学出版社，1956年版）

据谭正璧在《话本与古剧》中考证，《秋胡戏妻》剧情与《秋胡变文》所写者大致相同。谭文称：

"此戏亦不见他书引述。原书已佚，残曲亦未见。作者无考。

"本书出刘向《古列女传》，仅魏乐府有《秋胡行》，亦咏此事。与之同题材的，有元石君宝《鲁本夫秋胡戏妻》杂剧，存《元曲选》中。叙鲁人秋胡，娶妻五日而出为陈大夫。五年后始归，于道上见采桑妇，甚美，爱而挑之，诱以金，不从。及抵家，妻适出外，追归，即采桑妇也。妻见胡，大愤，欲投河。因他人之功，夫妇复归和好。但《列女

传》则云妻愤丈夫行为失检，投河以死，无复和之事。"（见《宦门子弟错立身》所述宋元戏二十九种考）

秋胡故事之源远流长，反映了人民对它的喜爱，也反映了我国人民历来在婚姻家庭方面伦理道德观、情操和美学的理想。在故事的发展、传播过程中，在各种文学形式的表现中，故事情节、人物形象都得到发展，秋胡妻子的形象越为丰满。《秋胡变文》虽然仅存三千多字，头尾皆缺，故事不完整，但仅此片段，已可见它情节描写生动，人物刻画比较深刻的艺术成就。

这个变文，用了许多俗学俚语，且多借代字，词语不畅，且不免粗俗。这正说明它是说话人的底本，是话本小说的早期作品。这种夫归弃贫妻的故事，以后在话本小说中陆续出现，很可能是受其影响。在故事展开中，对于秋胡妻的性格，描写刻画得比较真切动人。对于她的苦守待夫归、尽心侍婆母、对"陌生人"（秋胡）的以黄金调戏而坚拒及最后不认秋胡，这几段描写都是比较好的。尤其是后面说到秋胡的黄金缯彩，在桑间已经赠给人了，这种责备，甚是苛刻而富情趣，据此可以推断，她这种责备仍是含情脉脉，可能只是对夫婿的一种批评式的规劝。但后来故事如何发展，则不可考。不过从"秋胡行，胡妻死，后人哀而赋之"的说明及《秋胡妻赴水》的记载看，秋胡后来可能并未转变，而秋胡妻则终于殉情而死。

（九）唐太宗入冥记

【集注】《古小说简目》著录："残。撰人不详。题原缺，依王国维、鲁迅以来拟题。敦煌写卷S2630。收入《敦煌变文集》。"

《唐代文学》（万有文库刊本）列入："敦煌石室的唐太宗入阴间的故事，全用浅显明白的俗语写出，可算是宋朝通俗小说的远祖了。"

鲁迅的《中国小说史略》第十二篇《宋之话本》指出："然用白话作书者，实不始于宋。"并说敦煌藏经中之"俗文体之故事数种"，"盖唐末五代人钞"，其中列举了《唐太宗入冥记》及《孝子董永传》、《秋胡小说》、《伍员入吴故事》。

又称：《唐太宗入冥记》首尾并阙，中间仅存，盖记太宗杀建成、元吉，生魂被勘事者；讳其本朝之过，始盛于宋，此虽关涉太宗，故当仍为唐人之作也。文略如下：

> "……判官懍恶，不敢道名字。帝曰，'卿近前来。轻道''姓崔，名子玉。''朕当识。'言讫，使人引皇帝至院门，使人奏曰，'伏惟陛下，且立在此，容臣入报报判官速来。言讫，使来者到厅拜了，启判官：奉大王处，太宗是生魂到，领判官推勘，见在门外，未敢引。判官闻言，惊忙起立……"

《说书小史》列人。

《敦煌古籍叙录》著录，题作《唐太宗人冥记》，题注："斯二六三○，狩野录残文载沙州文录补遗，王庆菽校录本载敦煌变文集。"

正文记云："此唐人小说断片亦狩野博士所录英伦博物馆本，记太宗人冥事，又记判官姓名为崔子玉。狩野士曾于《艺文杂志》中考此断片，引《太平广记》（一百四十六）所引《朝野佥载》记太宗人冥事，谓唐初有此传说。"

《中国小说史》列为唐代"说话人"所用的底本五种之一。

《敦煌文学》列为敦煌话本小说，于第五章（敦煌话本小说）第二节（敦煌话本小说的思想内容）中指出：

"敦煌藏书《唐太宗人冥记》（后人拟题）残缺不全，脱落较多，难于卒读。从仅存的段落来看，情节生动，文字通俗，接近口语，问答叙述，且多为说话人口气，实为话本小说。"

《话本小说概论》列人唐代话本之"其他"类，云："其他如《唐太宗人冥记》……，虽然其中大部分是宗教的宣传品，但它们采用的都是当时民间短篇小说的形式，对宋话本有直接的影响。"

《敦煌变文集》上集收人。"校记"中指出："（1）本卷编号为斯二六三○，标题原缺，依王国维、鲁迅以来所拟之标题。按唐太宗人冥，生魂被勘事，见张《朝野佥载》卷六。（2）本卷原甚残阙，每行各缺二三字。又原卷似分为多页，为伦敦博物馆整理时误黏，故秩序倒置，文义不明。现在开首一段，是原来放在中间的，今置移在首。"

《中国文学发展史》指示："这故事虽说怪诞不经，然也反映出封建士大夫死后还在贪求富贵的腐朽思想。"

这故事在民间必然流传很广，到了明朝吴承恩写《西游记》时，把它加以改造，第十回的《魏丞相遗书托冥吏》，第十一回的《游地府太宗还魂》，就是以这个故事为题材的。从唐话本到明代的《西游记》，可以说是源远流长的。

【考评】唐太宗入冥被勘事，唐初即有传说。以后继续流传。见于多种文史诗文。《敦煌古籍叙录》录《朝野金载》及《府君神异录》二书之记载。唐张《朝野金载》：

"唐太宗极康豫。太史令李淳风见上，流泪无言。上问之，对曰：'陛下夕当晏驾。'太宗曰：'人生有命，亦何忧也。'留淳风宿。太宗至夜半，上奄然入定，见一人云：'陛下暂合来，还即去也。'帝问：'君是何人？'对曰：'臣是生人判冥事。'太宗入见，判官问六月四日事，即令还。向见者又迎送引导出。淳风即观玄象，不许哭泣，须臾乃寤。至曙，求昨所见者，令所司与一官，遂注蜀道一丞。"

《敦煌文学》指出，敦煌话本在《朝野金载》基础上，进一步发展故事的内容，使之人物具体化，情节小说化。后至明代，《西游记》更发展了这一故事，使情节更丰富，结构更严谨。由第十回《魏丞相遗书托冥吏》、第十一回《游地府太宗还魂》和第十二回《唐王秉诚修大会》，组成一个完整的故事。木皮鼓词中亦有句："玄武门谋杀建成和元吉，全不念一母同胞兄弟仁。"

《隋唐演义》第七十七回：建成昔日如知此，同气三人可保全。

按《唐太宗入冥记》全文前后均缺，中间亦错落甚多，然仍能明其大体故事，谓唐太宗入冥，判官崔子玉为钱为官，买放太宗，十年天子，再归阳道。主要篇幅为唐太宗与崔子玉就还阳事讨价还价。其中颇有讽刺味道。如写崔子玉先给太宗还阳时间五年，太宗赐以钱物，崔子玉心想，若再给五年，定给官职，于是又添五年，但太宗不解其意，仍赐钱物，崔子玉最后只好明说，太宗顿悟，便说："卿要何官职？卿何不早道！"于是便决定："×（疑为'赐'——引者注）卿蒲剡刺史（按崔为蒲州人氏）兼河北廿四州采访使。官至御使大夫。赐××（紫金）鱼袋，仍赐蒲州县库钱二万贯，与卿资家。"这段对发生在阴间的"君""臣"之间的交易的生动描写，实在是对于阳间的现实的尖刻讽刺。其中判官对于唐太宗为何杀兄弟建成、元吉事的描写也具讽刺意味。

崔子玉认为这是最易答的问题，所以出此题，以便太宗答出，便赐他以官，但太宗却一见问题便"闷闷不已"，并回答说："此问头交朕争答不得!"这里颇具隐而不揭却讥讽的手法。而最后崔子玉代答曰"大圣灭族××",虽因后二字不明,但亦已露讽刺锋芒。这些实为本篇成功之笔。但全篇词语不甚顺畅利落,不能视为上乘之作。

(十) 燕子赋(两篇)

【集注】《中国俗文学史》载录:"《燕子赋》,也是绝妙的好辞。我们如果喜欢伊索的寓言,喜欢《列那狐的故事》,我们便会同样的喜欢这两篇《燕子赋》。这两篇性质是相同的,故事也相同,描写的方法却两样了;一篇写得很机警,写得神采奕奕,另一篇却是颇为驽下之作。但我们读着他们,一边却不禁会浮现出《列那狐的故事》的若干幕的图画来。《燕子赋》产生的背景,和《列那狐的故事》,其讽刺的意味当然也相同。对于黑暗的中世纪的社会,在这里,我们可以略微得到消息。人民们不敢公然地对帝王、对卿相、对地方官吏、对土豪劣绅报仇或指供,便只好隐隐约约在寓言里咒骂着了。"

"《燕子赋》写的是燕雀争巢事。燕巢为雀所占,同他理会,反被殴伤,于是向凤凰处去起诉。"

《敦煌文学》将本目归入"敦煌俗赋"类,评述指出:"《燕子赋》是一篇罕见的幽默的俗赋,其中黄雀、燕子、凤凰及鸽、鹫、鸿等鸟类在作者笔下都富有鲜明的性格,从而深刻地表现出鸟国黄雀强夺燕巢的诉讼纠纷,相当真实而曲折地反映出唐代官场的黑暗,表现出人民对当时社会的不满和抗议。"

《燕子赋》作者借黄雀占燕巢的一般公案,以幽默诙谐、嬉笑怒骂的艺术手法,深刻讽刺欺侮弱小、徇私枉法的人情事态,语言锋利简洁,情节起伏多变,风格清新明快,是一篇妙趣横溢又寓意深长的民间俗赋。

关于本目两个写本的优劣,除《中国俗文学史》所论者外,《敦煌文学》还指出:

"《燕子赋》有两种敦煌写本,卷尾均题有《燕子赋》一首;都是以燕雀争巢、凤凰判处为内容。其一通篇都是五言叙写,情节简略,类似五言长篇叙事诗……其二全篇以四言为主,兼有杂言,形式活泼,叙事生动并穿插一些有趣的细节描写,比较前篇更有故事性,更具有敦煌俗赋的某些特点。"

《敦煌变文集》上集收入本目两个写本，题均作《燕子赋》。一号写本之"校记"指出："凡写本七种"，编号为原卷伯二六五三，甲卷伯二四九一，乙卷三六六六，丙卷伯三七五七，丁卷斯六二六七，戊卷斯二一四，己卷斯五五四，又，戊卷末："癸未年十二月廿一日永安寺学士郎杜友遂书记之耳。"

【考评】"癸未"似为五代后唐同光元年（923）。又，关于本目写作年代，《敦煌文学》指出："其一通篇都是五言叙写……卷首云：此歌身自合，天下更无过。雀儿和燕子，合作开元歌。证明这篇《燕子赋》是唐代开元间的作品。"

此处所指即《中国俗文学史》中评为"驽下之作"的那篇。此篇如产生于唐开元年间（713—740），那么，四言体那篇，为郑振铎交口称赞者，则可能是在此基础上进一步加工之作。这加工的过程就是在民间流传之过程。即在民间流传中为人民群众和艺人所加工改造，使之提高了。据前引戊卷"校级"，第二篇（基本四言体者）写于癸未（似为五代唐同光元年，即公元925年），那么，它的产生年代当在此时之前，前篇产生之后，即在唐开元至五代后唐同光元年之间，故疑为唐代作品。

此外，还有根据数事：（1）题称"争奇"或曰"相争"《燕子赋》或曰《燕雀相争》，与《梅杏相争》（附目）同。（2）《韩朋赋》《晏子赋》首云："昔有贤士""昔者（有？）齐晏子使于梁国为使"，与句道兴《搜神记》首云："昔有贤士""昔有××""昔有樊寮至孝""昔有扁鹊好善良医""昔有侯霍在田营作"等近似。（3）郑振铎在《中国俗文学史》中说："韩凭（韩朋原应作韩凭）妻的故事，在古代流传甚广，也是孟姜女型的故事之一"，又说"《新妇文》是后来流行甚广的快嘴李翠莲（见《清平山堂话本》）的故事之最早的一个本子"。其实，不论"赋"与"文"，都与李可及儒释道（唐阙史）等、"罗烨嘲戏寄语"（《醉梦谈录》宋目二）等一脉相承，血肉相关，介于唐代弄参军与说话之间，即后世相声与说书之间的同一民间格式、文体。据此，疑本目为唐代说话人的写本。

（十一） 南花经

【集注】《中国文学发展史》引日本僧园仁在其所著《入唐求法巡礼行记》的记载：

"……会昌元年。又敕于左右街七寺开俗讲，左街四处。……右街三处：会昌寺令内供奉三教讲论赐紫引驾起居大德文淑法师讲《法花经》，城中俗讲，此法师为第一。……又敕开讲道教。左街令敕新从剑南道召太清宫内供奉矩令费于玄真观讲《南花》等经。"

《敦煌变文集·引言》亦据日本僧人园仁的记载指出：

"据日本僧人园仁《入唐求法巡礼行记》记载，九世纪上半期长安有名的俗讲法师，左街为海岸、体虚、齐高、光影四人，右街为文淑及其他二人。其中文淑尤为著名，为京国第一人。这些人可以称为俗讲大师，他们所讲的话本今俱不传。""园仁还记载了道教的俗讲，并提到讲《南华》等经的道士矩令费。至于道教俗讲的话本，还没有见到。"

根据园仁记载可知《南花经》为唐代道佛两家俗讲的重要之经，惜底本今均不传。

唐五代目

（一） 叶净能诗

【集注】《古小说简目》著录："残。/撰人不详。/原题敦煌写卷S6836。收入《敦煌变文集》。"

《中国小说史》列为唐代话本之一。

《敦煌文学》列为唐代话本："《叶净能话》敦煌写本保存得比较完

整，只是开头残缺，是一篇情节离奇曲折的话本小说。”

《话本小说概论》列入唐代话本"其他"类，题作《叶净能传》。注称："原卷作《叶净能诗》，全卷并无诗句，'诗'当为'传'，因为这两字草书形近而误。但也有以'诗'为'话'字之误的。"

《敦煌变文集》上集收入。"校记"："原编号为斯六八三六。无前题，依后题补。"

净能故事传播较广，在《龙城录》《异闻录》《唐逸史》《明皇杂录》诸书均有记载，但人名不同，繁简亦有别。《敦煌变文集》中本篇的"校记"第一八指出：叶净能与唐明皇游月宫是流传最广的故事之一，然在唐代已传说不一。《龙城录》《异闻录》谓为申天师，《唐逸史》谓为罗公远，《集异记》谓为叶法喜（按喜当作善）。《明皇杂录》又作叶法静，后来就都集中到叶净能身上。元代王伯成的《天宝遗事诸宫调》是专门描写游月宫的故事。遗文王则今犹保存于《雍熙乐府》卷四；卷七有《伯成自序》一则。

【考评】此篇写净能道士法术无边，帮常州无锣县令张令将妻子从岳神那里抢回，使她死而复生，又在长安帮康太清除去女儿的"野狐之病"，以后为唐玄宗请入宫内，他又大施法术，变出道士为玄宗取乐，又为奎宗取得龙肉吃，更"将皇帝及左右随驾等"，腾云驾雾自长安飞到剑南看灯，最后领着玄宗上月宫游览。但后来他竟作法奸淫大内一美貌殊绝的宫人，使有孕，为玄宗发觉，欲杀之。玄宗与高力士商定埋伏五百人，在殿前斩净能，谁知净能作法隐身殿柱中，能闻其声不见其人，亦不能伤害他。净能最后化为紫烟，一溜烟地走了。从此不归。玄宗懊悔不矣，"流泪而大哭"。最后是《叶净能诗》一首，叙叶净能事，诗殊不佳。《敦煌文学》对此篇评价甚高，认为："作者充分运用浪漫主义的艺术表现方法，描绘出一幅天上仙境的奇幻美景，在一定程度上体现了人民美妙理想和愿望。""这篇作品的特点是广泛吸取社会上流传的民间故事、特别是唐代流传最广的故事之一的'唐明皇游月宫'而创作的。"作者认为这篇"是现传敦煌话本中较有特色的一篇作品"。

（二）八相押座文

【集注】《说书小史》列入"唐人谈唱佛经之底本"之一，题作《八相成道变文》）。

《中国俗文学史》载录："关于散文部分，变文的作者大体使用着比较生硬而幼稚的白话文，像八相变文。关于释迦佛的过去'生'的故事，即所谓'佛本生经'的故事的变文，今所知的并不多。但想来一定是不会少的，有许多的佛教故事，大半是和释迦过去'生'的生活有关系的。今日最完全的'佛本生'的故事，凡有五百数十则之多。"

刘大杰《中国文学发展史》载录："按释家八相成道，盖指：一、从兜率天下；二、托胎；三、出身；四、出家；五、降魔；六、成道；七、转法轮；八、入涅槃。此大乘起信论之说也。此卷从此演绎，卷中曾提及'秦言'尤可证其就鸠摩罗什之书也。"

《话本小说概论》在第一章第四节第二段（通俗文学）之四（讲经文）注（3）指出："唐代的'讲经文'开头常有'押座文'。如……《太子成道经》有《八相押座文》。所谓押座，乃静摄座下听众之意……"又在同段注（2）中指出："又《太子成道经》中有云：'五百高明齐得记，还与亲友示衣珠。受学无学亦同愁，上中下品皆蒙记'。分明是讲经人对在俗听众的致辞，叫他不仅好生记着经中的真谛，归去以后还要向亲友宣传讲解。"又同段注（4）指出："'解座文'今无单行本，'讲经文'结尾也常用之。如《太子成道经》末云：'适来和尚说其真，修行弟子莫因巡。各自念佛归舍去，来迟莫遗阿婆嗔。'……皆作散场口气，分明是解座之意。"

《敦煌变文集》收入。"校记"指出："《太子成道经一卷》标题原有，见伯二九九九号，在篇末，其内容词句和结构完全相同的，共有八卷。按此故事乃根据《佛本行集经》演绎。""本文原藏北京图书馆，编号为玄字二十四号。纸背全是空白，只有'八相变'三字当时原有标题，故以命题。……按此故事亦为根据《佛本行集经》加以演绎。"

鲁迅在《中国小说史略》第五篇《六朝之鬼神志怪书（上）》中，曾论述佛经中有关释迦牟尼的故事，对于中国文学的影响，指出："梁吴均作《续齐谐记》一卷，今尚存，然亦非原本。……均夙有诗名，文体清拔，……故其为小说，亦卓然可观，唐宋文人多引为典据，阳羡鹅笼之记，尤其奇诡者也。"

下面摘引了阳羡、许彦于绥安山行中遇一书生所发生的故事，生能缩身寄鹅笼中，又能从中吐出铜奁子、女子，女子口中又能吐出男

子，……然后指出："然此类思想，盖非中国所固有，段成式已谓出于天竺，《酉阳杂俎》云，'释氏《譬喻经》云，昔梵志作术，吐出一壶，中有女子，与屏处作家室。梵志少息，女复作术，吐出一壶，中有男子，复与共卧。梵志觉，次第互吞之，拄杖而去。余以吴均尝览此事，讶其说以为至怪也。'所云释氏经者，即《旧杂譬喻经》，吴时康僧会译，今尚存；而此一事，则复有他经为本，如《观佛三昧海经》（卷一）说观佛苦行时白毫毛相云，'天见毛内有百亿光，其光微妙，不可具宣。于其光中，现化菩萨，皆修苦行，如此不异。菩萨不小，毛亦不大。'当又为梵志吐壶相之渊源矣。魏晋以来，渐译释典，天竺故事亦流传世间，文人喜其颖，于有意无意中用之，遂蜕化为国有，如晋人荀氏作《灵鬼志》，亦记道人入笼子中事，尚云来自外国，至吴均记，乃为中国之书生。"

【考评】这种由印度传来的关于释迦牟尼的故事之所以能在民间广为流传，当得力于讲经，如本目所列四篇变文及押座文，定当发挥了很大的作用。

又，鲁迅在《在现代中国的孔夫子》一文中，还曾说到释迦牟尼曾经在中国被抬到很高的高度："孔夫子……不会噜苏了。种种的权势者便用种种的白粉给他来化妆，一直抬到吓人的高度。但比起后来输入的释迦牟尼，却实在可怜得很。"自然，释迦牟尼的这种被抬得极高，也与这种活动中对他的神话般故事的宣扬有关。

此外，还有不少记载，都反映了释氏故事的广泛影响。

李卓吾《杂述二十分识》："若在参禅学道之辈，我有二十分胆，十分才，五分识，不敢比于释迦老子明矣。若出词为经，落笔惊人，我有二十分识，二十分才，二十分胆，"又，李卓吾《尺牍与明因》："释迦佛出家时，净饭王是其亲爷，亦自不理，况他人哉！"

《仙佛奇踪》中有释迦牟尼佛。

裴孝源《贞观公私画史》中有：立释迦像，释迦十弟子图。

龚自珍诗："过百由旬烟水长，释迦老子怨津梁。"

《警世通言》卷四十八回引释迦牟尼。

百回本《水浒传》第四十五回："朝看释迦经，暮念华严听。"

《西游记》第七回："碧藕金丹奉释迦，如来万寿若恒沙。"

《十二楼归正楼》第三回："你那一边只有观音阁罗汉堂，没有如来释迦的座位，成个什么体统?"

《孽海花》第三十八回引释迦之"度尽众生"。

《古今小说》卷十三亦引释迦故事。

以上资料反映了释迦故事在民间流传和文学艺术作品中引用广泛。

本目诸篇，除《八相押座文》为开场白式的总叙，其余皆讲释迦修行事，以《八相押座文》为最详尽，其余残缺不全。

（三）破魔变文

【集注】《中国俗文学史》列举为"押座文"一例："《破魔变文押座文》（P2187）"。

《敦煌文学》列举为变文中文图配合品种之一例："《破魔变文》的插图，精美细致，相当于后代的插图小说。"

《敦煌文集》收入。题作《破魔变文》。"校记"："凡存两本，原编号如下：甲卷：伯二一八七，首尾完全无缺。前题作'降魔变神押座文'，后题作'破魔变一卷'，因与另一'降魔变'区别，故雨后题。前题'押座文'，则未指开端之押座文也。乙卷：斯三四九一，此卷前段载'功德意生天缘'，后段载'破魔变文'，两变文前均用同一押座文，故押座文在一卷上抄写两遍。按甲卷写于公元九四四年，两变文结尾云：'继统旌幢左大梁'，则当作于九〇七至九二二年之间。"

【考评】本目卷末注有："天福九年甲辰祀黄钟之月冀生十叶冷凝呵笔而写记。"偏左接写："居净土寺释门法律沙门顾荣写。"《敦煌变文集·引言》中指出：

"巴黎藏伯字二一八七《破魔变文》，北京藏云字二四号《八相变文》，末尾都有一段献词，可以看出即是话本作者的自述。"

本变文在开篇一段叙述之后，接着是一段唱词：

> 一世似风灯虚没没，百年如春梦苦忙忙，
> 心头托手细参详，世事从来不久长。
> 遮莫金银盈库藏，死时争岂与君将?
> 红颜渐渐鸡皮皱，绿鬓看看鹤发仓（苍），
> 更有向前相识者，从头老病总无常。

春夏秋冬四序摧（催），致令人世有轮回。

千山白雪分明在，万树红花暗欲开。

燕来燕去时复促，花荣花谢竞推排，

闻健直须疾觉悟，当来必定免轮回。

欲问若有如此事，经题名目唱将来。

此段唱词，宣传人生无常，人世轮回思想，本是佛经宣讲的原意，无足取，不过这唱词格调倒清新平实，足称后世唱本的源头。

（四）降魔变文

【集注】《敦煌古籍叙录》著录。题作《降魔变文》，题注："罗振玉藏卷，斯四三九八、五五一一，伯四五二四、四六一五，田绍良校录本载敦煌变文汇录，王重民校录本载敦煌变文集，正文节录陈寅恪《须达起精舍因缘曲跋》。"（载《国学论丛》一卷第四号）对本目考订甚精确。文称："上虞罗氏所藏敦煌石室唐写本佛曲第一种（见《敦煌零拾》四之一）首尾俱残阙不完。雪堂参事文谓不知演何经，予祥释其内容，盖演《须达起精舍因缘》中舍利弗降六师一节也。……而舍利弗之以神通显者，则降伏六师，见于《贤愚经须达起精舍缘品》……"

"今取此佛典与《贤愚经》原文较，已足见演经者之匠心，及文学艺术渐进之痕迹。而今世通行之《西游记》小记，载唐三藏车迟国斗法事，固以舍利弗降伏六师事同。

"又所述三藏弟子孙行者猪八戒等，各矜智能诸事与舍利弗目犍连较力事，或亦不无类似之处。因附记之，以供治小说考证者采览焉。"

《中国俗文学史》对本目艺术上的成就，评价甚高。

"对于骈偶文的使用更为圆熟纯练，已臻流丽生动的至境。

"描写舍利弗和六师斗法的大段文字，乃是全篇最活跃的地方。写斗法的小说，像《西游记》之写孙悟空、二郎神斗法，以及《封神传》和《三宝太监西洋记》的许多次的斗法，似都没有这一段文字写得有趣，写得活泼而高超。"

《敦煌变文汇录》指出："降魔交押座文，下接《破魔变文》。"

《中国文学发展史》指出："《降魔变文》，前面有一段前言，实际也就是序文。如'委彼事状，述在下文'，这是说得很明显的。"又称赞本目插图："形象生动"。

《敦煌文学》列入，归为讲唱佛经故事品种的第二种，即直接讲唱佛经神变故事者。指出："《降魔变文》出自《贤愚经》，是一篇较好的作品。"

《敦煌文学》与《话本小说概论》均指出，本目特点为图与文相配合。"《降魔变文》（伯字四五二四）一面画着劳度差斗圣的故事，一面写着与图相应的一段变文唱词。"（《话本小说概论》）"我们在《破魔变文》（伯四五二四）卷子背面发现有画图，形象生动，且每段图画都和变文内容相应。"（《敦煌文学》）《破魔变文》的插画精美细致，相当于后代的插图小说。

《敦煌变文集》上集收入，题作《降魔变文一卷》。"校记"："题依原卷。甲卷前题作《降魔变一卷》，无'文'字，当是简称。乙卷，罗振玉旧藏，印入《敦煌零拾》中。未见原卷。罗氏移录，多以意改字，风印本较照焚胜毒，未必可靠，如'九牛小子'印本转'牧牛小子'，虽较通顺，但原卷未必如此。故采用罗印本处极少。读者可自取参阅。"

"校记"更指出："按此故事出《贤愚经》卷第十的《须达起精舍缘品》第四十一。"

关于本目的写作年代，《中国俗文学史》指出："其著作的时期，当约略的和《身喂卧虎经变文》同时。"《中国文学史》明确指出："其为作于玄宗的时代无疑。"

【考评】《降魔变文》想象丰富瑰丽，构思奇特超凡，《敦煌文学》指出："特别是描写佛弟子舍利弗与六师斗法，写得极为精彩：'六师闻语，忽然化出宝山，高数由旬，钦岑碧玉，崔嵬白银，顶侵天汉，丛竹芳薪。东西日月，南北参辰。亦有松树参天，藤萝万段。顶上隐士可居，更有诸仙游观，驾鹤乘龙，仙歌缭乱。四众谁不惊嗟？见者成皆称叹。'"

须臾之间，舍利弗变化出金刚，作何形状？该文写道："其金刚乃头圆象天，天圆只堪为盖，足方万里，大地才足为钻。眉郁翠如青山之两崇，口墩墩犹江海之广阔，手执宝杵，杵上火焰冲天。一拟邪山，登时粉碎。山花萎悴飘零，竹木莫知所在。"

这场斗法变化万千，奇象异景，别有洞天。舍利弗先后变成金刚、

狮子和鸟王，战败六师幻化的宝山、水牛和毒龙。作者以惊人的想象、奇特的构思、绚丽的文字，描绘出千汇万状的场景，是那样的惊心动魄。

即使从此处摘引的片段，亦可看见这段变文的特点与成就。前引陈寅恪先生指出的，通过与它的蓝本《贤愚经》的比较，足见其发展，亦见演绎者之匠心，特别是"文学艺术渐进之痕迹"陈寅恪这一见解很好，亦很重要。他指出了由经文向文学艺术作品发展的足迹，以及民间流传中所作的艺术加工。

陈寅恪在附记中的见解也很值得重视。他认为《西游记》中唐三藏车迟国斗法事，与舍利降伏六师故事相同。三藏弟子孙悟空、猪八戒各矜自身智能的故事，同舍利弗、目犍连比赛各自能力的故事，有相似之处。这里点出了《西游记》与《降魔变文》以至于印度传入的佛教文化的渊源关系，说明《西游记》受到了外来文化的影响。

（五）难陁出家缘起

【集注】《敦煌变文集》下集收入，题作《难陁出家缘起》。"校记"二："此卷编号为伯二三二四。前后无题，考云《释家谱》的'释迦从弟孙陁罗难出家缘起'，和《佛本行集经》卷五十七的：'难出家因缘品，首尾完备'，因依《佛本行经》补题为：《难陁出家缘起》。"

（六）祇园因由记

【集注】《敦煌变文集》下集收入。"校记"："本卷有要本，今以编号伯二三四四一卷为原卷，校以伯三七八四卷（今称为甲卷）。标题原卷原缺，据甲卷尾题补。按此故事源出《贤愚经》卷第十'须达起精品第四十一'。"

（七）长兴四年中兴殿应圣节讲经文
（仁王般若经抄）

【集注】《敦煌变文集》下集收入，题作《长兴四年中兴殿应圣节讲经文》。文末有"仁王般若经抄"。"校记"一:"原编号为伯三八〇八号。"

（八）金刚般若波罗蜜经

【集注】《敦煌变文集》下集收入,题作《金刚般若波罗蜜经讲经文》。"校记":"本卷编号为伯二一三三,标题原缺,今据内容所演绎之经拟题。"

文后记云:"解释已竟,从此外任觅送路而走,七劝任用者也。"及"贞明六年正月×日,食堂后面书抄清密,故记之尔。"

据此讲经文乃根据姚秦三藏鸠摩罗什译:《金刚般若波罗蜜多经》。

【考评】《敦煌变文集·引言》中指出:"刻本中有公元后八六八年刻的《金刚经》,首尾完整,是世界上现存最早的木刻本书。"故知本目产生于唐代。

唐诗人高适诗《同马太守听九思法师讲〈金刚经〉》其中有句:"鸣钟山虎伏,说法天龙会。了义同建瓴,梵法若吹籁。"又:"招提何清净,良牧驻轻盖。露冕众香中,临人觉苑内。"

高适、王维乃同辈诗人,此诗当亦作于盛唐之际。又,《金刚经》全称《金刚般若波罗蜜多经》,鸠摩罗什译,约五千五百字,除二偈句,全部散文体;而高适诗"了义同建瓴,梵法若吹籁",似指散文与韵文兼有的变文体。而本目的整体结构正是先引绎文(文中注明"经"),然后是简短的散文叙说,接着变大段的唱词。

（九）阿弥陀经

【集注】《中国俗文学史》载录,指出:"像《维摩诘经变文》,每段三首,必引'经'文一小段,然后尽情加以演说与夸饰,将之化成光彩绚烂的锦绣文字。还有《阿弥陀经变文》,也是如此的。不过其结构更为幼稚。(或许是初期之作品吧。)其散文部分便是'经文',其下即接着歌唱的韵文。"

《敦煌变文汇录》:"此卷体倒,与其他均异。盖诸经俗文,多不载原文,而此卷不独将原文分段录出,且附科判,然后逐段演为俗文,惜只存数行耳。敦煌掇琐拟名为佛国种种奇妙焉。"

《敦煌变文集》下集收入。题作《佛说阿弥陀经讲经文》。"校记"："(1) 本卷编号为斯六五五一，今据文内讲说《佛说阿弥陀经》，因此拟题，按此文所根据之经文见鸠摩罗什译：《佛说阿弥陀经》。""(2) 向达云这一本讲经文是一位在于阗的和尚所写。其所以称于阗国王为圣天可汗大迥鹘国。因为于阗在九世纪以后便为西方的迥鹘族所占领，故称大迥鹘国。敦煌曹氏时代石窟壁画题名中于阗国王亦称圣天可汗，即可以证明。"

【集注】鲁迅在《古小说钩沉·详异记》中载诵《法华经》效力故事：

"前齐永明中，杨屯高坐寺释慧进者，少雄勇游侠，年四十，忽悟非常，因出家，蔬食布衣，誓诵法华，用心劳苦，执卷便病。乃发愿造百部，以悔先障。始聚得一千六百文，贼来索物，进示经钱，贼惭而退，尔后遂成百部，故病亦愈。诵经既广，情愿又满，回此诵业，愿生安养，空中告曰：'法愿已足，必得往生。'无病而卒，八十余矣。（广记一百九）"

同一故事亦见同书《冥祥记》，只个别字有异，余皆同。鲁迅注明：出自《法苑殊林》九十五。

《敦煌文学》列入敦煌变文讲唱佛经故事之第一类，印"先引述一段经文，然后边讲边唱敷衍铺陈"地讲经的一类。

《敦煌变文集》收入。"校记"："原卷编号为伯二三○五。此讲经文所据经文，出于'添品妙法莲华经'卷四的'见宝塔品'（大正《大藏经》第九册第一六九页。）因据拟补篇题。"

【考评】《法华经》也是流传颇广的讲经变文之一。《汉唐佛教思想论集》说："当时《法华经》与《涅槃经》得到广泛流行，主要是那些佛经中提出人人都成佛的口号。人人都有佛性，在佛教大乘经典中，如《维摩诘经》《法华经》都已透露了这类思想。"

关于《法华经》的记载还有：《古代艺术品目录》：宋（一二○○）《妙法莲华经版画刻本》。首"释迦牟尼说法图"扉画，题"嘉禾沈滋

240

彭定安文集

雪泥集

习"。《公私画史》：《法华变相（展子虔）》，龚自珍：《妙法莲华经问答》。

小说宝卷中的反映有：《目莲宝卷》卷中："静听法华皆梵语，谁知此处有西天"（《京本通俗小说·菩萨蛮》）。"须知妙法华，大乘俱念足。"

《醒世恒言》卷三十九入话引。

《石点头》卷三："归家日诵法华经，苦恼众生今有此。"

《西游记》引。

百回本《水浒传》第六回："一个尽世不看梁武忏，一个半生懒念法华经。"

《忠义水浒传》第二十四回："朝看法华经，暮念法华咒。"同书第五十七回："风浩荡，月朦胧，法华开处显英雄。"

《西湖二集》卷十四、卷二十引。

《老残游记》第九回："菩提叶老法华新，南北同传一点灯。"

《金瓶梅》第二十七回引。

《雨窗欹枕集·花灯轿莲女成佛记》：入话诗是宋仁宗赞大乘妙法莲花经。

《警世通言》卷十七引。

《古今小说》卷三十七引。

（十一）维摩诘经变文

【集注】《说书小史》列举本目及其他讲经变文，定为"唐人谈唱佛经之底本"：

"……今所知之《佛本行集经变文》、《八相成道变文》、《维摩诘经变文》、《有相夫人升天曲》、《目莲缘起》等，皆敦煌石室之佛曲也。大率唱白兼施，籍音韵之悠扬。说成佛之至理。

"以余臆测之，或却当时僧众演说，佐以吟唱，再经润饰增益，而成佛曲。证以宋代之说话有谈经者，谓演说佛书，说参请者谓宾主参禅悟道等事。……又有说诨经者。（吴自牧《梦粱录》二十）

"说经诨经，长啸和尚以下十七人。（周密《武林旧事》卷六·诸色伎艺人）宋人说经且有和尚为之，宋代上距唐不远，或沿唐时之风俗习惯而来。信如是。敦煌之佛曲，未始非唐人谈唱佛经之底本，一如宋代说书之话本矣。"

《中国俗文学史》对《维摩诘经变文》颇多论述。作者郑振铎首先指出："《维摩诘经变文》为今所知的'变文'里的最弘伟的著作……这部伟大的变文，恐怕总有三十卷以上的篇幅了，这可算是唐代最伟大的名著了，也可以是往古未有的一部伟大弘丽的叙事诗了。"作者称赞本篇"宏伟的体制，描状的活跃，辞采的骏丽，想象的丰富"，认为这些都令人震撼。文章指出："印度经典素以描状烦琐著称，但我们的作者帮从《维摩诘经》上更引申、更扩大、更加渲染而成为这部《维摩诘经变文》。较原文增大了至少三十倍以上，这不能不说是自印度文学输入以来的一个最大的奇迹了。"

接着，文章概括本篇的写法是："全依《维摩诘经》为起讫的。在这卷每节的讲述之前，必先引经文一则，然后根据这则经文加以烘染，加以描写。十九个字或二三十个字的经文，会被作者敷衍成三五千字的长篇大幅。像《维摩诘经变文》第二十节的首节……'经文'只有十四个字，但我们的作者却把它烘染到散文六百十三字，韵语六十五句。这魄力还不够伟大么？这想象力还不够惊人么？"

《敦煌古籍叙录》著录。题作《维摩诘经讲经文》，题注："文殊问疾，罗振玉藏原卷有贞松堂藏西陲秘籍丛影印本，王庆菽校录本载《敦煌变文集》。"正文引陈寅恪《敦煌本维摩诘经问疾品演义书后》（载《清华学刊》第三十七卷九、十期合刊）："此种由佛经演变之文学，贞松先生特标以'佛曲'之目，然《古杭梦余录》、《武林旧事》等书中，本有'说经'旧名，既演说经义之谓。《敦煌零拾》之三种佛曲，皆、属此体，似不如迳称之为演义或较适当也。"

《话本小说概论》列入唐代通俗文学第三种：变文。在论及"变文"之三种形式时指出："在这三种中，韵散相间，诗文结合，逐段铺叙，说说唱唱，是变文最基本的特点。也是我们民族的传统文学形式之一。"并举本目为例："它的歌唱，偶尔还有送声留存，如《维摩诘经押座文》在每断四句末尾注'佛子'作为送声。这是南朝变歌遗留下来的痕迹。……这种送声，在话本中，已演变为每段后的诗句或散场诗了。"

《敦煌文学》列为敦煌变文讲唱佛经故事之第一类，即"先引述一段经文，然后边讲边唱，敷衍铺陈"的一种。并指出："《维摩诘经讲经文》是唐代一个宏伟巨著，有三十卷左右。今天能见到的还有十五卷以上，完全是演绎《维摩诘经》。在讲唱每节之前，先引经文一则，然后根据经文加以渲染，常常是一二十字的经文，被铺陈为三五千字的长篇大幅；用不同的人物、不同的语言来描写相同的场景，想象十分丰富，写法也很高明，令人耳目一新，它是这类作品中著名的叙事诗。"

另，范文澜《中国通史简编》第三编第七章亦记叙本篇，"维摩诘经原只两卷，变成变文，多至数十万字，比原文增加三四十倍，这其中必然要加入俗讲僧自己想象出来的话。"

罗振玉《敦煌零拾》由此考讲经的历史说："佛曲三种，皆中唐以后写本，其中二种演维摩诘经。考《古杭梦游录》载，俗语有四家；《武林旧事》载诸伎艺亦有说话，今观此残卷，是此风肇于唐而盛于宋两京、元明以后始不复见矣。"

此外，鲁迅在《准风月谈·说教》中曾谈及晋以来，《维摩诘经》之流行："晋以来的名流，每一个人总有三种小玩意。一是论语和孝经，二是老子，三是维摩诘经，不但用作谈资，并且常常作一点注解。"又《集外集·〈奔流〉编校后记》："再后几年，则恰如Ibsen色板名成身退，向大众伸出和睦的手来一样，先前欣赏那汲Ibsen之流的剧本《终身大事》的英年，也多拜倒于《天女散花》、《黛玉葬花》的台下了。"

范文澜《中国通史简编》第三编第七章也谈及维摩变文并论述了它对话本小说的影响："佛教特长之一是善于扯无边的大谎，这其中含有丰富的想象力。两卷本的维摩诘经可以敷衍成为数十万言的维摩变文，驾空腾说，蔓延而有头绪，这套技术在传统的中国文学中是较为缺乏的。这给后来创造话本和白话小说等多种新文体以根本启示，应该承认佛教的俗讲变文对中国文学发展的贡献。"

任继愈《汉唐佛教思想论集·京师寺记》中详细介绍了唐代寺庙中讲维摩诘经的情况：

"当时首都南京新建成一座庙。和尚们借机会捐一笔钱。当时官僚贵族们在捐款的簿子上认捐的数目没有超过十万的。捐款簿子送到顾恺之时，顾写上他将捐款百万，顾是个有名的穷画家，别人以为他在吹牛，劝他勾掉他认捐钱数，免得到时拿不出。顾只要求和尚们给准备一面墙壁，画一幅关于维摩诘的故事的壁画，并告诉寺里的和尚们，凡是来参观壁画的，第一天向每人收钱十万，第二天收五万，第三天任意捐助，壁画开放后，前来参观的拥挤不堪，不一会就收得钱百万。"

这个故事固然说明顾恺之画得好，也说明维摩诘这个人物是南北朝门阀士族地主阶级认为最值得学习的理想人格。所以从后来发现的壁画和文学著作中涉及维摩诘的很多。甚至到了唐朝的诗人王维，字摩诘，显然也是受了维摩诘的影响。

《维摩诘经》中所描绘的一个中心人物即维摩诘居士。这个居士有个大的田园财产，有妻子儿女，又有神通，又有学问，连佛也要让他三分，佛的弟子们的知识、理论与这个不出家居士相比，也只有感到自惭形秽。以致当维摩诘居士生病，佛派他的得力弟子去问候，那些弟子们，一个一个地都推脱不敢去。

这样一个广泛流传的维摩诘的故事，自然会在各种文学戏曲作品中得到反映吟咏。唐代白居易有诗《内道场永谦上人就郡见访善说维摩诘经临别请诗因以此赠》：

> 五夏登坛内殿师，水为心地玉为仪。
>
> 正传金粟如来偈，何用钱唐太守诗。
>
> 苦海出来应有路，灵山别后可无期。
>
> 他生莫忘今朝会，虚白亭中法乐时。

《酉阳杂俎》续集《寺塔记》载：佛殿内槽东壁维摩变。《公私画史》载有：维摩变相图（袁茜、张墨各一），维摩诘像（张徭）。唐《锦裙记》载：金陵瓦官寺，顾长康绘维摩诘天女。《隋唐嘉话》有言：晋谢灵运须美，临刑，施为南海祇洹寺维摩诘须。

《中国俗文学史》中，对于本篇的文学成就及其对中国文学发展的影响，亦有论及。指出："明末湖州闵刊的朱墨本，文学名著里也有维摩诘经三卷。这可见这部经典是如何的为各时代的学者和文人们所重视。维摩诘经变文的作者把握了这样的一部不朽的大著而作为他自己创作的根据，逞其才华，逞其想象力的奔驰，也就成就了一部不朽的大著。在文学的成就上看来，我们本土的创作，受佛经的影响的许多创作，恐将以这部'变文'为最大的了。""最妙的是，维摩诘经变文的'持世菩萨'卷，作者颇能于对偶之中，显露其华艳绝代的才华。"

【考评】由于这种流传的广泛和影响的深远，在我国后世文学作品中，对于这则佛经故事，亦多所反映。如《西游记》曾引《维摩诘经》。《儒林外史》第二十八回："平地风波，天女下维摩之室；空堂宴集，鸡群来皎鹤之翔。"《老残游记》二集第五章：维摩诘说法的时候，有天女散花。《二刻拍案惊奇》小引："虽现稗官身为说法，恐维摩居士知贡举，又不免驳放耳。"同书卷三十七："列位曾见维摩经上的说话么？那维摩居士，止方丈之室，乃有诸天皆在室内，又容得十万八千狮子坐。难道是地方着得去？无非是法相神通。"（注：全名为《维摩诘所说经》，有三种：秦鸠摩罗什译本；吴友谦译本；唐玄奘藏译本。三译中流行最盛者为鸠摩罗什译的今经三卷。）

前引陈寅恪文曾言，拿《维摩诘经讲经文》与《维摩诘经》原文互勘，"亦可推见演义小说文体原始之形式，及其嬗变之流别。故为中国文学史绝佳之资料。"（见《敦煌古籍叙录》第366页）陈寅恪考证，"据玄奘之记载，可知维摩诘故事在印度当时必一极流行之故事也。"并认为：维摩诘以一在家居士，其神通道力而远远超过诸菩萨，甚至佛（释迦牟尼）的大弟子弥勒佛受佛派遣前去问疾，竟不敢行；舍利弗是佛弟子中智慧第一之人，也被维摩诘宅神之天女以智辩窘之。所以陈寅恪认为：《维摩诘经》之作者"必为一在家居士，对于出家僧侣，可谓尽其玩弄游戏之能事。实佛藏中所罕见之书也。"（同上，第367页）

这样一个来自印度，出于居士之手而对僧侣尽其玩弄游戏之能事的讲经文，在俗讲僧甚至说书艺人的手中得到发展、改造，出现了很为生动的描写。诚如《敦煌文学》中所形容。"想象力十分丰富，写法也很高明，令人耳目一新。"（《敦煌文学》第74页）如关于魔女作祟一段的描写亦是如此。其中许多描写，特别是语言，与讲经的其他部分截然不同。从内容到语言，都是颇类民间说唱文学的。

"经云：时魔波旬从万二千天女状。帝释鼓乐弦歌，来诣我所。

"是时也波旬设计，多排彩女嫔妃，欲恼圣人。剩烈（盛装）奢化（华）艳质，希奇魔女一万二千，最异珍珠，千般结果。出尘菩萨，不易恼他，持世上人如何得退。莫不剩（盛）装美貌，无非多着婵娟。……其魔女者，一个个如花菡萏，一人人似玉无殊。身柔软兮新下巫山，貌娉婷兮才离仙洞。尽带桃花之脸，皆分柳叶之眉。徐行时若风飐芙蓉，缓步处似水摇莲。朱唇旖旎，能赤能红；雪齿齐平，能白能净。轻罗拭体，吐异种之馨香；薄缎挂身，曳殊常之翠彩。排于坐右，立在宫中。青天之五色云舒，碧沼之千般花发。罕有罕有，奇哉奇哉。……竟作奢华美貌，各伸窈窕仪容。擎鲜花者共花色无殊。捧珍珠者共珍珠不异。琵琶弦上，韵合春莺，箫笛管中，声吟鸣凤。……"

这段对于美女的描写冲破了佛家的藩篱，显出民间文学的风姿。

在词文部分，也有许多是民间唱词的风格，不仅语言如此，而且内容和叙事方式亦是如此。如"休教烦恼久缠萦，休把贪嗔起战争，休遣信根沉爱网，休令迷性长愚情，休于世上求荣贵，休向人民觅利名，休得百般愚见解，菩提心里自然成。"这种用连续重复句式的叙唱，明显是吸收民间文学营养的表现。又，在此段唱词之后，起头有句：

"经曰：'我闻'，此唱分两段，先问答'我'义，后'我闻'合择（释）。"

这是俗讲僧为了指导讲唱而插入的说明。它表明这段讲经文确是讲唱的底本。

（十二）弥勒上生经

【集注】《敦煌变文汇编》著录，注明藏巴黎。

《敦煌变文集》收入，题作《佛说观弥勒菩萨上生兜率天经讲经文》。"校记"原卷编号为三〇九三。首尾残缺，依内容补题名。按此篇讲经文所依据经本为宋

沮渠京声所译。

【考评】本卷平平，然开首（前缺）释"菩萨"，颇可一阅："菩下去提，萨下去埵，故名菩萨。"

（十三）无常经讲经文

【集注】《敦煌变文集》收入。题作《无常经讲经文》。"校记"："本卷编号为伯二三〇五，标题原缺，启功云：据文内引及《无常经》云：'上生非想处'等句，内容上均阐述无常之义，故拟定今题。"

【考评】本篇全文除个别处有散文说明外，全为韵文，内容确是从各方面叙述人生无常、世道轮回之义。

（十四）父母恩重经讲经文

【集注】《中国俗文学史》列举此篇，指出："《父母恩重经变文》今亦藏于北平图书馆。（何字第十二号）内容也是训人劝善的；残阙甚多，毫不足观。"同时这指出："这一类的变文，向来编目，皆和经典混在一处，不易分别，如果我们仔细地在巴黎、伦敦二地去搜寻，一定还可以得到不少的。"

《敦煌变文汇编》著录："藏北京图书馆，编号何字十二号。首尾俱无，拟目如此。"

【考评】《父母恩重经讲经文》现有两篇，郑氏推测在巴黎国家图书馆亦发现一本，现收入《敦煌变文集》，本书中本目的"校记"指出："原卷编号为伯字二四一八无标题，兹以意拟补。北京图书馆藏何字十二号一卷，亦为敷衍《父母恩重经》故事，但与巴黎本不同，当又是一种，故另为著录。本卷卷末有'诱俗第六'的卷尾标题，可见变文形式，一篇中又分作若干部分，每一部分各有小题。"

据此，可知郑振铎、周绍良所见均为北京图书馆藏本，它与巴黎藏本不同。前者诚为周绍良所说："首尾俱无"，而巴黎本则是全本，文末注明："《诱俗》第六"，"天成二年八月七日书"。

从巴黎本看，不能得出"毫不足观"的结论。本篇故事全讲父母养育子女之恩，宣扬孝道。但在叙述父母养育子女之艰辛过程中，却平实朴素，很有生活气息，显然是在民间流传过程中，为俗讲僧、艺人或群众所加。这里虽然前提是宣传父母的"大恩大德"和孝道，但具体的描述中，却也渗透着亲子之情和天然的伦理关系，具有一定的健康因素。如在记叙母亲育儿之苦，爱儿之情的一段，先是概述："孩子始从生下，直至三年，饮母（胸）前白乳。渐渐离于怀抱，自作童儿，转系母心百般忧念，念临河滂井，常忧漂溺之虞，弃狗检刀，每虑齿伤之苦，云……"然后，唱道：

> 孩儿渐长成童子，慈母忧心不舍离。
>
> 近火专忧红焰烧，临河恐坠清波死。
>
> 捉蝴蝶，趁猖子，弄土拥泥向街里；

盖为娇痴正是时，直缘髋小方如此。

渐离怀抱作婴孩，匍匐初行傍砌阶；

语似娇莺初啭舌，笑如春树野花开。

浑家爱惜心无足，眷属娇怜意莫裁；

门外忽闻啼哭也，慈母奔波早到来。

婴孩渐长作童儿，两颊桃花色整辉。

五五相随骑竹马，三三结伴趁狷儿。

贪逐蝴蝶抛家远，为钓青苔忘却取（归）；

慈母引头千度觅，心心只怕被人欺。

这段唱词纯是民间俗唱风格，而叙写刻画母亲爱儿的细节与心情，很有生活气息，亦富情趣，这已突破宣扬孝道的藩篱了。

还有一点值得注意，篇中夹有曾子的言论。"曾子曰：'百行之先，无以加于孝矣。夫孝者，是天之经，地之义。……'"这种儒家的说教，当然不会是佛家僧徒之所为，这应该是在流传中"俗人"所加。

（十五）大目乾连冥间救母变文

【集注】《中国俗文学史》考订本目指出："《大目乾连冥间救母变文》（巴黎国家图书馆藏，P1319）作《大目犍连变文》（伦敦不列颠博物馆藏）……"

"今所见的《目连变文》不止一本，除伦敦巴黎所藏的二本外，巴黎国家图书馆又有《大目连缘起》一卷（P2193）惜未得见。北平图书馆所藏，又有三卷：

（1）《大目犍连变文》（霜字八十九号）；

（2）《大目犍连变文》（丽字八十五号）；

（3）《大目连交文》（成字九十六号）。

第三种似是另一作者所写，其故事与描写，较上列各本俱不甚同，第一及第二种则全同伦敦及巴黎本。在其间，伦敦本最为首尾完全。"

又，考其写作年代，称："末有：贞明七年辛巳岁（按即公元九二一年）四月十六日净土寺学郎薛安俊写。"

又有："'张宝达文书'数字。当是薛安俊为张保达所写的一卷。作者不详。或者便是张祜所谓：'上穷碧落下黄泉'的《目连变》吧。那末，其著作的年代，至迟当在公元八百二十年左右了。离此写本的抄录时代，已有一百年了。"《说书小史》将《目连缘起》列为唐人说唱佛经之底本。

《中国文学发展史》指出："这篇变文的全题，是《大目乾连冥间救母变文并图一卷并序》，这表明完整的变文应该附有图画。表演者一面说唱故事，一面对照画卷，这样可以增加听众的兴趣。可是目连救母的图画现在已经失去了。"

《话本小说概论》列入《目连变文》。

《敦煌文学》列为讲唱佛经故事的变文之第二种，即"直接讲唱佛经神变故事"者。并指出："这篇变文叙述佛弟子目连历尽千辛万苦救母出地狱的故事。目连的母亲青提夫人，由于不信佛，被堕入地狱。这时得证善果的目连便借佛力，遍历地狱，访求其母。最后在如来帮助下，其母才得脱离苦海。变文在对佛法的颂扬中结束。作品描写地狱的凄惨、刑罚的残酷、狱卒的冷酷无情以及如来的佛力万能，都是现实社会的曲折反映，在一定程度上表现出对现实的批判意义。"

《敦煌变文集》收入，《大目乾连冥间救母变文》之"校记"指出："按此故事乃根据西晋月氏三藏竺法护译：《佛说盂兰盆经》加以演绎。其内容词句和结构完全相同的，共有九卷。"

【考评】目连故事以后流传很广，历代各种形式的文艺作品均有反映。

《斩鬼传》第一回："目连母斜依狱口盼孩儿，贾充妻呆坐奈何等汉子。"

明郑之珍《目连救母劝善戏文》上中下三卷一百三十出古本《戏曲丛刊·郑氏藏明刊本》。

胡士莹编《弹词宝卷书目》（古典文学出版社出版）《目连救母出离地狱升天宝卷》条：《目连救母出离地狱升天宝卷》元末明初金碧抄本，已残，有图，以金碧二色绘成。

今坊间流传目连宝卷，与此本全异。（郑）《目连三世宝卷》异化堂刊本。（郑）此刊本格式甚古，似在传奇《目连救母》之前。

《目连宝卷》旧刊本。（胡）西湖玛瑙经房刊本。（胡）

《目连救母宝卷》一名《黄巢宝卷》。惜阴书局石印。此本与前一种

文字不同。（胡）

从宝卷目可看出流传之广。直至近代，尤有《目连救母》戏。鲁迅在《朝花夕拾·后记》中说："做目连戏和迎神赛会虽说是祷祈同时也等于娱乐，扮演出来的应该是阴差，而普通状态太无趣——无所谓扮演——不如奇特些好，于是就将'那一个无常'的衣装给他穿上了，——自然原也没有知道得清楚。"

鲁迅在《门外文谈》中，还曾谈及目连救母戏："还有戏剧，例如《朝花夕拾》所引《目连救母》里的无常鬼的自传，说是因为同情一个鬼魂，暂时还阳半日，不料被阎罗责罚，从此不再宽纵了——

"'那怕你，钢墙铁壁！

"'那怕你，皇亲国戚！……'

"何等有人情，又何等知过，何等守法，又何等果决，我们的文学家做得出来么？

"这是真的农民和手工业工人的作品，由他们闲中扮演。借目连的巡行来贯穿许多故事，除《小尼姑下山》外，和刻本的《目连救母记》是完全的不同的。其中有一段《武松打虎》，……我想：比起希腊的伊索，俄国的梭罗古勃的寓言来，这是毫无逊色的。"

《目连缘起》、《大目乾连冥间救母变文并图一卷并序》和《目连变文》三者，实有亲缘关系：叙事由之缘起，以《目连缘起》为最全备，后二者则较简略，但前者在叙缘起之后，叙青提夫人在阿鼻地狱及目连救母事则简略，而后者则颇详。《缘起》结末二句为："今日为君宣此事，明朝早来听真经。"明白说出只讲缘起，后面还要讲真经，请君明日早来。那么，后二者便是接着讲真经的了。

《目连缘起》叙目连事，侃侃道来，叙事清晰，交代必须交代之要点，均与后来之说唱文学相类，可能为后世说唱、话本小说的渊源之一。兹节、录《目连缘起》开篇数段：

"昔有目连慈母，号曰青提夫人，住在西方，家中甚富，钱物无数，牛马成群，在世悭贪，多饶杀害。自从夫主亡后，而乃霜居。唯有一儿，小名罗卜，慈母虽然不善，儿子非常道心，拯恤孤贫，敬重三宝，行檀布施，日设僧斋，转读大乘，不离昼夜。偶因一日，欲往经营，先至堂前，白于慈母：'儿拟外州，经营求财，侍奉尊亲。家内所有钱财，今拟分为三分：一分儿今将去，一分侍奉尊亲，一分留在家中，将施贫乏之者。'娘闻此语，深惬本情，许往外州，经营求利。"

以后叙目连走后，其母多行不义，终至堕入阿鼻地狱，目连归后得知，即历经艰辛救母出地狱。

（十六）地狱

【集注】《中国俗文学史》载录："在唐代，有所谓'变相'的，即将佛经的故事，绘在佛舍壁上的东西。张彦远《历代名画记》记之甚详。吴道子便是一位最善绘'地狱变'（'变相'也简称为'变'）的大画家。"'说经''唱经'的一流，完全是宗教性的东西，故不能有很高明的成就。"

"《地狱变文》今藏于北平图书馆（依字五十三号），向达先生的《敦煌丛钞》（《北平图书馆馆刊》）曾刊其全文，只是一个残卷，并没有什么重要的价值。"

《敦煌变文汇编》著录："编号依五三号，收入北京图书馆馆刊第六卷二号。"许国霖辑《敦煌杂录》作《譬喻经变文》。

《敦煌劫余录》亦加著录。

《敦煌变文集》收入。题作《地狱变文》。原文前后皆缺。"校记"："原本无题，依故事内容拟补。厚卷编号为北说依字三十三号。"

【考评】《太平广记》卷二一二，景公寺老僧玄纵云："吴生（道子）画此地狱变，成之后，都人咸观，皆惧罪修善，两市屠沽，鱼肉不售。"据此及郑振铎文，可知本目产生的最晚年代，亦可见这故事流传民间之情况及其影响。考唐人按经变图，有地狱变文一种，此述地狱故事，则其或系地狱变文也欤？当出《譬喻经》，故《敦煌杂录》拟名《譬喻经变文》。

通观此卷残篇，诚如郑振铎所言：价值不大。

（十七）频婆娑罗王后宫采女功德意供养塔生天因缘变

【集注】《敦煌变文汇编》著录："藏伦敦。这篇东西中间，夹写一段破魔变文。我疑心破魔变文是讲频婆娑罗王后宫采女功德意供养塔生天因缘变文中的一段材料，所以才会写在一起。根据（P2187）号卷子研究的结果，此篇东西中，自'年来年去暗更移'句，至'经题名目唱将来'句，为破魔变押座文，即巴黎本（P2187）之降魔变押座文'我佛当日为度众生'句后起，即为破魔变文。"

《敦煌变文集》收入，题作《频婆娑罗王后宫采女功德意供养塔生天因缘变》。"校记"甚详："依甲卷原题，题后紧接押座文，押座文讫，又出简题'功德意供养塔生天缘'。

"甲卷斯三四九一未抄完，印接抄'破魔变文'。盖两变文共同使用同一押座文，故押座文在一卷上抄写两次。此押座文又见伯二一八七。

"乙卷伯三〇五一此为变文末段。

"丙卷伯二一八七原文'破魔变文'，亦有同一押座文。

"按此故事出于《撰集百缘起》卷文《功德意供养塔生缘》（《大正大藏经》第四卷，二二九—二三〇页。）……"（下文缺。因年代久远，旧稿散乱，已无法找到了。甚憾。2018年12月16日）

（十八）欢喜国王缘

【集注】《中国俗文学史》载录："还有一卷《有相夫人升天变文》（题拟）见《敦煌零拾》（《佛曲三种之一》）为上虞罗氏所藏，残阙极多，但其隽美，乃远在《丑女变》之上。《有相夫人》（陈寅恪先生题作《有相夫人生天因缘曲跋》）写的是，有相夫人为其夫所宠爱，生活得意，诸事满足。但有一天，忽知自己的生命已尽，没有几天在世可活。便忧愁不已。举宫惶惶，不知所措。她去见她父母，也无计可留。这里写她对于人世间生活的留恋，极为可喜。但后来，她父母命她求救于一女仙。那女仙却指示她以天上的快乐，解脱她对于现实生活的恋念。她回宫后，便若换了一个人，心里脱然无累，毫不以'死'为惧了。这一卷变文，虽是宣传佛道，却令我得到了一卷最亲近可爱的抒情诗似的绝妙好辞。我们所最注意的，并不是后半的佛道的宣传，却是前半的有相夫人对于'生'的留恋。读了这，大似读希腊悲剧 *Antigone* 和 *Ajax* 二篇，那二篇写 Antigone 和 Ajax 二人在临死之前，对于'生'的留恋，也是异常的撼动人心。"

同时，该书指出："在'变文'里，像这样漂亮的成就是很少的。"

评价很高。

《敦煌古籍叙录》著录，题作《欢喜国王缘》。题注："原卷裂成两段：上段藏上海市文物保管委员会，下段伯三三五七启动校录本载《敦煌变文集》。

"正文摘引陈寅恪《有相夫人生天因缘曲跋》。(《国学论丛》) 一卷二号，一九二八年)

"上虞罗氏藏敦煌石室写本《佛曲三种》(见《敦煌零拾》卷四)，其第三种，贞松先生谓不知演何经。寅恪按，魏吉迦夜昙曜共译之《杂宝藏经》卷十，《优陀羡王缘》有相夫人生天事，适应此合，石室比丘尼之名亦相同。惟国王名称异，或别有所本，未可知也。又义净译《根本说一切有部毗奈耶》卷四十五《入王宫门学处》第八十二之二仙道王及月光夫人事变，亦与此同。梵文 Divyavadana 第三十七 Rudrayava 品 (见一九〇七年《通报》rpof. Sylvinlevi 论文)，西藏文甘珠尔律部第九卷，均载此事。予曾见柏林人类学博物馆吐鲁番壁画中，有欢喜王观有相夫人跳舞图。可知有相夫人生天因缘，为西北当日民间盛行之故事，歌曲画图，莫不于斯取材。今观佛曲体裁，殆童受《喻鬘论》，即所谓马鸣《大庄严经论》之支流，近世弹词一体，或由是演绎而成。此亦治文化史者，不可不知者也。"

《敦煌变文集》收入，题作《欢喜国王缘》。"校记"指出：

"原卷：分裂二段，前段自'谨案'起至'国主乍闻心痛切'止；上虞罗氏旧藏，曾印入《敦煌零拾》，今藏上海市文物保管委员会；后段自'朝臣知了泪摧摧'至尾，在法国，编号伯三三七五。前题据尾题补。甲卷：卷首残，自'若论中'起，前三行每行下半缺七字，以下至卷末，有名款，无篇题，藏上海市文物管理委员会。"

【考评】本卷后尾写明："《欢喜国王缘》一本写记""乙卯年七月六日三界寺僧戒净写耳"。可知《欢喜国王缘》为原有题，故以不另拟题为宜。

变文在写到有相夫人得知七日身便亡之后，几段描写，甚精彩：

> 从此夫人别大王，归家来见亲父娘，
>
> 六宫送处皆垂泪，三殿辞时哭断肠，
>
> 这度双鸾愁失伴，后应孤影必潜伤，

殷勤既出椒房后，数日看时只待亡。

夫人既去，王乃难留。便使嫔妃，相随至舍。莫不晨参暮省，送药送茶，赐之以七宝百珍，赏之以绫罗锦彩。夫人至舍，父母欢忻。问及因由，一家惆怅。（云云）

> 有相辞王出，归家别父娘，
> 万人皆失色，百壁尽悲伤。
> 父母初闻说，悲啼哭断肠。
> 只缘薄福德，不久见身亡。
> 及其闻说泪沾巾，莫怪今朝劝善贫（频），
> 父母初逢端正貌，争忍交为化作尘。
> 便唤医师寻妙药，即求方术拟案（安）魂，
> 人人皆道天年尽，无计留她这个人。

这段描写，生动活泼，语言清丽，确为佳篇，不过，郑氏所言，似有溢美之嫌。

（十九）丑女缘起

按：郑振铎在《中国俗文学史》中指出：

"'缘起'也许便是'入话'之类的东西吧。但也许竟是'变文'的别一称谓。以'缘起'为名的变文凡三见：一、《丑女缘起》（P.3248）；

"二、《大目录缘起》（P.2193）；

"三、《善财入法界缘起钞卷四》（P.?）（原文即缺页码，所以打了问号——著者注）。

"在这三卷里，只有第一卷，我们是读到的，中有'上来所谓丑变'之语，可见其名称仍当是'丑女变文'。在这里，把'缘起'作为'变文'的别名，当不会十分的错误。"

【集注】《敦煌变文汇编》著录："藏法国巴黎国家图书馆，刘复氏载入《敦煌掇琐》，入小说卷，盖误。据刘氏云：'此本写手报告。原本未写毕，约存三个五百余页。'""丑女故事，佛经中凡三见。《百缘经》中第七十九缘，名波斯匿王丑女缘。《杂宝藏》中有丑女赖提缘。

而此缘起文中提及'佛以他心通，遥知鑫刚丑女'等语，惟《贤愚经》中《波斯匿王女金刚品》，其女名金刚，可知此故事实依《贤愚经》演绎而来。《艺文》第三卷第二期傅芸子著有《丑女缘起与金刚品》一文。《俗文学》第十斯关德栋等有《丑女缘起》故事的根据一文。"

《中国俗文学史》载录：

"《丑女缘起》（巴黎国家图书馆藏，P.3248）为佛的故事之一。写的是释迦佛在世之日，度脱丑女一事。""这卷《丑女缘起》虽残阙一部分，但故事已毕，新阙的并不怎么重要。"

《敦煌变文集》收入。"校纪"中指出："此是乙卷前提，甲卷后题作《金刚丑女因缘》，丙卷作《丑女金刚缘》。凡有五个写本，……按此故事在佛经中颇流行。《百缘经》有《波斯匿王丑女缘》，《杂宝藏经》有《丑女赖提缘》，《贤愚经》亦有《波斯匿王女金刚品》。"

《敦煌古籍叙录》著录，题名《丑女缘起》。题注："伯三〇八四三五九、斯二一一四、四五一一，刘复录本载敦煌掇琐，周绍良录本载敦煌变文汇录，王重民校录本载敦煌变文集。"

正文摘录关德栋《丑女缘起故事的根据》（载《俗文学》第九期，一九四七年十二月十九日上海《中央日报》）一文，对本目故事源流，考订甚详。文章说：

"在《敦煌掇琐》里面，第一个给我们介绍了一篇比较完整的'缘起'——《丑女缘起》。'缘起'是一种韵散相兼的'变文'的引文，所以在其内容方面也与'变文'一样，多采取佛经里的故事，不同的却是偏重于简短的或有趣味的而已。'变文'里还有一些写佛经以外故事的东西，到'缘起'里却没有了，由这一点看，我们也可以说'变文'是'缘起'而衍出。

"《丑女缘起》是取材于一个简短而有趣的佛经故事，主要内容是说：释迦牟尼在世之日，度脱波斯匿王丑女金刚一事，这个故事的来源曾见于三部经典里面（都是初期所译经）。

"一、《撰集面缘经》第八《波斯匿王丑女缘》，吴月支优婆赛支谦译（支谦的译经时期约为公元二二二年至二五三年）。

"二、《杂宝藏经》卷二《波斯匿王丑女赖提缘》，元魏西域三藏吉迦夜共昙曜译（约于公元四六〇年）。

"三、《贤愚经》卷二《波斯匿王女金刚品》、元魏凉州尘门慧觉等于高昌译（与慧觉同译此经则有昙学威德等，时为公元四四五年）。"

关文对缘起与三种经文做了考证，指出："总之，'缘起'与'经文'的对读，可知缘起是以《贤愚经》为根据而演述的故事。"

关文还引《缘起》中新妇见王郎时，因相貌丑陋异常而吓倒王郎一节：

"彩女嫔妃左右拥，前头掌肩闹芬芳。金钗与玉钏，满头妆，锦绣罗衣馥鼻香。王郎才见公主面，开来魂魄胆飞扬。于是王郎既被吓倒，左右宫人扶起，以水洒面。"

作者认为："这是敷衍故事着重趣味的地方，佛经本没有的。"

【考评】本篇中除这一段之外，还有接下去一段，写到两个阿姨劝说王郎：

"王郎不用怪笑，只缘新妇幼少，妹子虽不端严，手头裁缝最巧。官职王郎莫愁，从此富贵到老，些些丑陋不嫌，新妇正当年少。"

这段描写，原是写王宫阿姨为公主掩丑向王郎说出的一番劝勉之言。但是，却无半点富贵气，皇家味，倒是充满民间烟火味，为什么妹子虽不好看，"手头裁缝最巧"之类，却是录百姓的事由，足见是在流传中，艺人所加工的。连同关文所引一段，却不仅是佛经所无，艺人所加，为的是着重趣味，更重要的是，这些进本的"珠玑"，使得故事得到一定程度的改造，得到提高，也更接近人民了。

后面，写到婚后生活，王郎叮嘱"娘子"（其实就是公主！）"小娘子莫颠莫强，不要出头出恼（脑），总（疑是纵之误——引者）王郎心里不嫌，前世业遇须要。"接着"妻语夫曰"：

"王郎心里莫野，出去早些归舍，莫抛我一去不来，交我共谁人语话。争肯出门出户，如今时徒转差，门人过往人多，恐怕惊他驴（×）。"（原注：以上五行据乙卷补。）

这段夫妻对话，也同样渗透着平民百姓的生活气息，那个公主被写得满身"小家子气"，哪像个深宫蛰居、千金之体的公主！然而这正是这个佛经故事的可取处。

（二十）娑婆世界

【集注】《敦煌变文汇录》著录："此卷不知何氏所藏，原是载于仓石武四部《写在〈目莲变文〉介绍之后》一文中。据称为独守野君山博士于十年前抄录者。该文似为一'缘起'之尾部。"

《敦煌变文集》收入，题作《不知名变文》。"校纪"：

"本卷编号为伯三一二八，标题原缺不知演绎何经，姑拟今题。王重民云：疑是押座文的另一种形式。"

【考评】本篇开首有句："娑婆世界，高下不平，富贵贫穷，各性本异。"以此拟现题。全文除三处有简短叙白外，全为韵文，最后四句为：

"欲得千年长富贵，无过念佛往西方，合掌阶前领取偈，明日闻钟早听来。"

似是散场前的结语，可能是王重民所言，是押座文的另一种形式。

（二十一）三身押座文

【集注】《中国文学发展史》列入押座文："另有一种押座文，是在讲经以前所唱的。如《八相押座文》、《三身押座文》……。"

《敦煌变文集》收入，"校纪"指出："原卷编号为斯二四四。"

【考评】本卷全文数十行唱词，全讲佛法，俱无足观。

（二十二）温室经讲唱押座文

【集注】《中国俗文学史》载录：

"或者'变文'在当时说不定也被称为'唱文'。

"或者称之曰：'讲唱文'这个名称，只见一例，即从伦敦博物院所藏的一卷。

"《温室经讲唱押座文》恐怕所'讲唱押座文'，只是当时写在或作在随手拈来的一个名称吧。"

《敦煌变文集》收入，"校纪"："凡西写本，校如下：

"原卷斯二四四，

甲卷伯三二一。"

【考评】本篇仅数十句唱词，全唱佛事，平庸无足观。

（二十三）故园鉴大师二十四孝

【集注】《敦煌变文汇录》著录："今可考见者计七十八种，但董康《书舶庸谭》卷四页十三，四月十三日条有'录敦煌故园鉴大师二十四孝押座文，刻本首尾完善，字体朴拙，为五代时镌本无疑，胪举故事，仅及其半，若目莲救母，如来异父，与今本亦有异同'云云，本亦名列入目，徒以原文不知刊于何处，来源若何？故附记于此，以俟后证。"

《敦煌变文集》收入，题作《故园鉴大师二十四孝押座文》。下注明："左街僧录园鉴大师赐紫云辩述"。"校记"：

"（一）凡存三卷，原编号及校次如下：原卷，斯七、刻本，甲卷伯三三六一、乙卷斯三七二八，只缺末一句。

"（二）此行（按指前引'左街僧录园鉴大师赐紫云辩述'）原本无，据甲、乙两卷补。斯四四七二有左街僧录云辩'与缘人遗书'，知云辩卒于广顺元年（九五一年）。启云：'云辩与杨凝式同时'，曾居洛，与妓如作诗嘲讽，事见宗《张齐贤洛阳缙绅旧闻记》。又伯三八八六卷一'美瓜沙僧南款诗'有'右街千福寺内道场应制大德园鉴'的五言诗。在广顺前约早五百年，当是另一园鉴，此押座文刻于云辩死后，已是五代末或宋初了。"

【考评】据前述二资料，可知本目产生于五代后周广顺元年以前（公元951年以前），刻本则在后为五代末或宋初。

（二十四）左街僧录大师押座文

《敦煌变文集》收入，题作《左街僧录大师押座文》。"校记"："此卷编号为斯三七二八"。

（二十五）善哉调御大觉世尊押座文

【集注】《敦煌变文集》收入，题作《押座文》。"校记"："此卷原编号为伯三〇四四。"

【考评】此处题按本篇首句拟定，以区别于其他押座文。本篇仅十三句。末句为"经题名目唱将来"，可能只是一个"开场诗"之类的东西。

（二十六）佛世难遇押座文

【集注】《敦煌变文集》收入，题作《押座文》。"校记"："此卷编号为斯四四七四，标题缺，据文体拟题。"

【考评】此处题按本篇首句拟定。全文仅二十句，末句亦为"经题名字唱将来"，题与前篇同，亦为开场诗。

（二十七）四兽因缘

【集注】《敦煌变文集》收入。"校记"甚可注意：

"（一）本卷原有编号为伯二一八七。

"（二）（略）。

"（三）王重民云：唐僧统和尚，敦煌文，有传。

"（四）按此文前之所云，可见本文是僧统和尚讲经。"

【考评】据原文及"校记"，可知本篇是唐时敦煌人僧统和尚经，其文或为个人之作，意在抒情，似为"入话"。

所谓"四兽因缘"，盖说迦尸国"人则安乐，五稼丰稔，四序调和，无诸灾疫"，王说是"我之福"，夫人说是"妾之福"，太子则说是"寡人之福"，"三个各争不定"，问修道仙人，则说："彼是山林之中，迦毗罗鸟、兔、猕猴、象等四兽，结为兄弟，行恩布义，互相尊敬，感此事也。"而如来佛又告知大众："彼时鸟者，即我身是；兔是舍利；猕猴即是大目乾连，白象即今阿难陁是。"

这故事，确是宣传修行成佛之作。

（二十八）郉斪书（郉斪新妇文）

按：郑振铎《中国俗文学史》第五章，在唐代的民间歌赋中，列举了《郉斪新妇文》《晏子赋》《韩朋赋》《燕子赋》《茶酒论》等篇。又刘大杰《中国文学发展史》中指出："敦煌文献中还有一些通俗的赋和杂文，如《孔子项讬相问书》《韩朋赋》《晏子赋》《茶酒论》《下女（夫）词》《㤞斸书》等篇。其中有些作品，可能属于讲唱范围。"两书所列诸篇，为一类，故同列一处。

【集注】《敦煌变文集》收入，题作《㤞斸书一卷》。"校记"："按《㤞斸书》一卷，共有三卷，标题原有，原卷作'㤞斸一首'，乙卷作'㤞斸书一卷'，今从乙卷取题。以伯二五六四号为原卷，而以伯二六三三号作为甲卷，斯四一二九号作为乙卷比勘。"

【考评】本篇题据内容拟定。盖本卷写㤞斸新妇"欺几踏婿，骂詈高声，翁婆共语，殊总不听，入厨恶发，翻粥扑羹，轰盆打×，毡釜打铛"，"本性㤞斸，打煞也不改"。写得生动有趣，反映了民间生活。

又，"校记"（四二）称："周一良云：'唱帝唱帝'当是'揭谛揭谛'，是《多心经》咒之第一句。"《㤞斸书》与《下女夫词》同类，即"校记"所称之"咒愿文"。

（二十九）身喂饿虎经（佛本生之一）

【集注】《中国俗文学史》载录："《身喂饿虎经变文》（残卷）……这一卷是我在北平所获得的。就写本的纸色和字体看来，乃是中唐的一个写本。这是叙述释迦的本生故事之一。释迦在过去的一'生'里，为一个王子。有一天和好几个兄弟，一同经过一山。路上遇见一只饿虎，病不能觅食。诸兄弟皆不顾而去。释迦却舍身走近虎边，要给他吃去。但这饿虎连开口的精力都没有，释迦于是以竹枝自刺其身，将血滴入虎口，那虎方才渐渐地有生气起来，把这舍身的圣人吃了去。虽然是残卷，但大部分是保存着的。"

【考评】本篇是郑振铎藏书。此故事在著名的敦煌壁画中有画幅表现。

（三十）佛本行集经

【集注】《敦煌变文汇集》著录："藏北平图书馆，编号潜字八十号，见这一类的劫余录著录。收于北平图书馆刊第六卷第六号。"

《中国俗文学史》载录，指出："《佛本行集经变文》。（北平图书馆

藏，潜字八十号）

"这一卷残阙过甚；所叙的事，和《八相成道变文》大致相同，但也略有残异之处，像泥神礼拜之事在这里便没有叙到。"

【考评】《敦煌杂录》本文附录有"长兴伍年甲午岁八月十九日莲台寺僧洪福写记诸耳。僧惠念读育知人不取"。查五代唐本长兴仅四年（930—934），所谓"伍年甲午"，应为闵帝应顺元年（934）。

（三十一）大目录缘起

据郑振铎《中国俗文学史》著录。
"二、《大目录缘起》（P.2193）。"

（三十二）善财入法界缘起

据郑振铎《中国俗文学史》著录。
"三、《善财入法界缘起钞卷四》。"

（三十三）伍子胥变文

【集注】《古小说简目》著录，拟题为《伍子胥》："残。撰人不译。题原缺，或拟题为《伍子胥变文》，然文体似非变文。敦煌写卷P.3213，S.6331，S.328，P.2794。收入《敦煌变文集》。"

《说书小史》列入唐目，题为《伍子胥故事》，并摘引片段。

《中国小说史》列为唐代话本，称："有一篇《伍子胥》，原题已失，全篇主要用散文，但中间插入少量培诗，作为人物的语言或铺叙各种情景。这种体裁不同于变文而更接近早期的话本，因此，应该把它列为唐代话本之一。"

《敦煌古籍叙录》著录，题为《伍子胥变文》。题注："伯二七九四、三二一三、斯六三三一、三二八、刘复校录伯二七九四卷载敦煌掇琐、周良校录二七九四、斯三二八两卷载敦煌变文汇编、王重民四卷合校本载敦煌变文集。"

《敦煌古籍叙录》引刘修业《谐函数伍子胥变文之研究》（载《图书

副刊》第一百八十四期，一九三七年六月五日《大公报》）一文，对此篇故事发展考证甚详。关于其源流，文中说："在这卷上所存故事，仅为子胥在逃程中遇到渔夫，他的姊姊和他的太太，以及投奔吴国止。

"一种变文的产生，自然是综合史传及民间各种传说的演变叙述出来，这篇《伍子胥变文》，自然不能逃此例外。它大概作于唐末，因为文辞较为尔雅，稍带一些文士们所撰的传奇风味，所以推测或较敦煌所出别篇变文早些，这可以代表唐以前关于伍子胥故事的总汇。

"考唐代以前史籍，关于伍子胥的记载，《左传公羊传》都未及渔父浣纱女二事，《史记》之《伍子胥列传》虽讲到渔父，却还没有浣纱女，仅'乞食于中途'而已。至《吴越春秋》与《越绝书》等，始详记文，可见关于伍子胥传说的放大，是在汉代末年方才开始的。若就诸书著作的年代之先后，便可看出这故事一次一次的扩大起来，是非常有意思的。"

据《敦煌古籍叙录》所引刘修业文之引述考订，《吕氏春秋·安死篇》只述伍员过江，请渔父帮助，赠金不受，后伍员"使人求之江上"，亦不得，并没有说到渔父覆舟自沉的事。《史记·伍子胥本传》也没有说，到《吴越春秋》和《越绝书》就有自沉之说了。可见到东汉末，故事已有开拓。关于浣纱女的记载，在《史记·伍子胥本传》中亦无，在《吴越春秋》和《越绝书》中就有了。《太平御览》述之更详。

"伍员奔吴，过溧阳濑溪，见一女子击漂于水中，旁有壶浆，乃就乞饭。饭毕，谓女子曰：'掩夫人壶口'！女子知其意，自投濑溪而死。"

【考评】在这故事中，时间、地点、情节都有了，且表现了浣纱女的高贵形象。元吴昌龄有《浣纱女抱石投江》一本（见《录鬼簿》），虽剧本已佚亡，但从题名亦可见情节进一步开拓了。子胥在亡途中，遇见其姊与妻，与妻以药名诗相问答，情节则更为丰富了。元李寿卿为《说专书伍员吹箫》，是集伍员故事大成之作品。

在历代诗词及小说中，亦多反映，咏歌。屈原《悲回风》："浮江淮而入海兮，从子胥而自适。"《惜往日》："吴信谗而弗味兮，子胥死而后忧。"《涉江》："忠不必用兮，贤不必以，伍子逢殃兮，比干菹醢。"宋玉《九辩》："窃美申包胥之气盛兮，恐时世之不固。"唐孟浩然《与杭州薛司户登樟亭楼作》："山藏伯禹穴，城压伍胥涛。"白居易《杂兴三首·其三》："伍员谏已死，浮尸去不回。"文天祥《扬州地分官》："看取摘星楼咫尺，可怜城下哭包胥。"

现代亦常有人在诗中咏子胥事。如鲁迅《阻郁达夫移家杭州》："钱王登假仍如在，伍相随波不可寻。"陈毅《野营》："长夜无灯凝望眼，包胥心事发初华。"杨超就义诗："满天风雨满天愁，革命何须怕断头？留得子胥豪气在，三年归报楚王仇！"

在小说中，历来也有不少咏此故事的。如《警世通言》卷二十二："伍相吹箫于吴门，韩王寄食于漂母。"卷二十三："怒气雄声出海门，舟人云是子胥魂。"卷四十："伍员烈士，鞭尸犹恨楚平王。"百回本《水浒传》第十三回："胜如伍相梨花马，赛过秦王白玉驹。"《隋唐演义》第四十七回："子胥乘白马，天上涌潮来。"宋史奇书《十粒金丹》第二十回："伍子胥借兵灭楚鞭尺骨，楚平王因何事故逼忠臣。"

从以上关于伍子胥故事的发展演变过程中可以看出，这则故事的情节一直在开拓、演变，在这过程中，情节不断丰富，故事不断发展，特别是增加了渔父、浣纱女等故事，表现了人民群众的动人形象，也寄托了人民对于伍员的支持和对于正义、真理战胜邪恶的愿望与理想。

《伍子胥变文》为《敦煌变文集》卷一开首第一篇，全文二十八页，为《敦煌变文集》中篇幅较长的篇章之一。全文未完，下缺，中间断行缺字亦甚多。研究话本小说的诸家著作，多数不列此篇，即不肯定它为唐代话本，通观全文，孜其源流，确从史书中衍出，叙述也多是文言，颇有史书列传的味道，但是，有数段叙事风格不同，又颇夹着口语气息，而且其内容，其供述方法，很像民间口头文学，不同于史书之纪事。特别是写浣纱女与伍子胥的对话、渔父与伍子胥的谈论及伍子胥与其妻见而用药名隐语叙谈心曲，以及叙述之后接着一段诗文，韵白结合，而且诗文不雅，虽然有的像是诗句，多数都是唱词模样，与后世唱本风格相似。据这些表现，可以推定《伍子胥变文》是在演变过程中，用文言记叙的史书故事向用口语说唱的话本小说过渡性作品，因此文白相和、韵散结合，虽显不伦不类，但正显出了话本的浓重风格，其基本格调已是话本性质的了。故可定为唐代话本。

全篇有几处描写，是话本手法，也是本篇最精彩处。如子胥路遇浣纱女一段：

　　"子胥行至颍水旁，渴乏饥荒难进路。

遥闻空里打纱声，屈节斜身便即住。

虑恐此处人相掩，捻脚攒形而膜（映）树。

量久稳审不须惊，渐向树间偷眼觑。

津傍更亦没男夫，唯见轻盈打纱女，

水底将头百过窥，波上玉腕千回举。

即欲向前从乞食，心意怀疑生遊（犹）豫，

进退不敢辄谘量，踟蹰即欲低头去。"

这段文字，完全是唱词风格。

又如子胥遇其妻一段，先用唱词风的一段韵文叙其事："贵人多望错相认，不省从来识娘子；今欲进发往江东，幸愿存情相指示。"接着叙子胥与妻用药名对话：

"其妻遂作药名〔诗〕问曰：'妾是仵茄之妇细辛，早仕于梁，就礼未及当归，便妾闲居独活，蒿茛姜芥，泽泻无怜，仰叹槟榔，何时远志。近闻楚王无道，遂发豺狐（柴胡）之心，诛妾家破芒消，屈身苜蓿。葳蕤怯弱，石胆难当，夫怕逃人，茱萸得脱。潜形菌草，匿影藜芦，状似被趁野干，遂使狂夫莨菪。……'"

以后子胥相和，亦以药名为隐语。这种描写方法，完全是民间口头文学的手法，足证这些情节的描写都是在人民中间传播时加进去的，从而也就改造了故事，创造了人物。这种情形，证明了话本小说是在人民群众中产生发展起来的。

（三十四）汉将王陵变

【集注】《敦煌古籍叙录》著录，题作《王陵变文》，注："伯三六二七（甲）、三八六七、六二七（乙）、斯五四三七。又北京大学图书馆藏本，周绍良校录本载敦煌变文汇编（一九五五年八月增订本，全），王重民校录本载敦煌变文集。"

正文改订故事来源称："按项羽捉陵母以招王陵事，最早见于《史记·陈丞相世家》。班固作《汉书》始为王陵立传。《列女传续传》，夫母入节义传中（卷八），盖市本之史《史记》。""魏晋六朝以来，杂传之书著作如林，今亦无有存在，莫由考索。五代以后，终南宋之世，余则搜集未周，其事或有存者。元钟嗣或《录鬼簿》，载《陵母伏剑》一本，顾仲卿撰，似即承此变文而演为戏曲者；异原书文佚，莫由知之。又王静安先生《曲录》，著录元王伯成刘灭项一本，与此变文书题相合，疑陵母伏剑事，或在其中。"王先生称无名氏《九宫大成谱》有此本数阙，"余未见其书，亦未知有元佐证！再后当属《西汉演义》矣。《西汉演义》一书，余仅获阅剑啸批译本，其卷五有'知汉兴陵母伏剑'回，情节大致与变文相同，而人物则复有异，其不同者殆为本于顾仲清从陵母伏剑欤？抑人物之变换，因地域而有不同欤？然其大较，则《变文顾曲西汉演义》，固当为一线相承者也。"

《话本小说概论》将其列为"唐代'俗讲'的底本"之一，并指出本目特点："变文还有一个特点，就是它和图画相相合。《汉将王陵变》中有'从此一铺（原注：唐代俗称佛像一贴画为一铺），便是变初'的话。"

《敦煌文学》将其列为利用历史故事和民间故事写成的变文之一。指出："《汉将王陵变》从形式结构到思想内容，均有一定的代表性，是敦煌变文中少见的题文完整的作品。"

同时，探其故事渊源并给予较高评价："《汉书·张陈王周传》卷四十记载王陵这段故事很简略：'王陵，沛人也。'……陵乃以兵属汉。项羽取陵母置军中，陵使至，则东乡坐陵母，欲以招陵。陵母既私送使者，泣曰：'原为老妾语陵，善事汉王。汉王长，毋以老妾故持二，妾以死送使者。'遂伏剑而死。项王怒，亨陵墓。民间艺人根据这段短短的记载，铺写成六七千字有说有唱的长篇变文，集中表现汉将王陵、灌婴夜袭楚军的勇敢无畏的英雄行为，揭露项羽胁迫陵母招降王陵的丑恶行为，突出反映陵母大义凛然的品质。变文的语言通俗易懂，叙事详略分明，很富有故事性，大大超出史传的局限。"

《敦煌变文集》收入，"校记"："此变文现存五个小册子，实为三个写本。"

【考评】本目前不缺，后有文："《汉八年楚灭汉兴王陵变》一铺，天福四年八月十六日孔目官阎物成写记。"据此，知此变文完整无缺。这篇变文写楚汉相争之时，楚军力量雄厚，汉军累战累败，王陵请偷袭楚营，与灌婴星夜偷袭楚营，创项羽军。项羽便将陵母俘来，要她修书劝儿子归顺，陵母自刎而死。汉高祖刘邦画其真容，赠为一国太夫人。

故事首尾完整，叙事有条不紊。开头叙事全为话本格局：

"忆昔刘项起义争雄，三尺白刃，博（拨）乱中原。东思禹帝，西定强秦。鞍不离马背，甲不离将身。大陈（阵）七十二陈，小陈三十三陈，陈陈皆输他西楚霸王。唯有汉高皇帝大殿而坐，诏其张良，附近殿前。张良闻诏，趋至殿前，拜舞礼中（终），叫呼万岁。汉帝谓张良曰：'三军将士，受其楚痛之声，与寡人宣其口敕。号令三军，怨寡人者，任居上殿，摽寡人首，送与西楚霸王。'三军闻语，哽噎悲啼，皆负戈甲，去汉王三十步地远下营去。夜至一更已尽，左先锋兵马使兼御史大夫王陵，右先锋兵马使兼御史大夫灌婴，二将商量，拟往楚家斫营。'……"

这篇王陵故事，由史书上一段简要记事，发展为完整的、波澜起伏的故事，在流传过程中，民间艺人确是进行了有效的艺术加工，不仅增添了故事情节，使之更丰富，而且不少细节描写也添加得体，有利于人物性格的刻画。如王陵闻母被俘为人质后的表现，陵母向项王索"大哥（阿）剑"，佯称要割下一缕青丝，以取信王陵，然而却拔剑自刎于项羽面前，这些细节都想象得符合生活也于人物性格的发展有利。这篇变文反映了从历史记事向历史故事、历史小说发展的过渡性作品的状况。

（三十五）捉季布传文一卷

【集注】《敦煌古籍叙录》著录，题作《捉季布传文》。校注：
"写本号码详后。王重民校录本载敦煌变文集内。（刘复及其他校录本亦详后。）"

正文考本篇渊源及发展甚详，对本篇之价值评价亦精当。其考订称：

"敦煌所出'史传变文'，以余现在所知，已有十种，而以《提季布传文篇》一篇，传抄为最多，且最为完整。今分藏于英法两京图书馆中，一九一二年，狩野直喜博士游欧，从斯坦因抄回残卷一，存二百四十句，千六百八十字，罗振玉为即入《敦煌零拾》中。十三四年间，刘半农先生留学巴黎，又抄回残卷三，共存三百四十七句，二千四百二十三字，刊入《敦煌掇琐》中。二十年，小岛祐马氏在巴黎又发现三一九七号残卷子，存三百九十六句，三千七百七十二字，载于氏所著《敦煌遗书所见录》中（《支那学》六卷二号），以补列氏所阙。余来巴黎，又展现三六九七号卷子，不但为诸家所未见，且首尾完具，以校诸卷，而诸卷前后之次第分明；以读传文，而传文之异同差均可定。固定卷为一卷，可缮写，……"

次考本目故事本源甚详：

"汉高祖提季布事，俱载《史记·季布传》中（《史记》卷一百，刘传卷四十）。

"班固又因史公之文，撰入《汉书》（列传在《汉书》卷三十七，列传第七）。此以'传文'二字名篇，盖谓本《汉书》列传原文而演义之也。《汉书·季布传》云：'季布'楚人也，为气任侠，有名于楚。项籍使将兵，数窘汉王。及项籍灭，高祖购求布千金，敢有舍匿，罪及三族。布匿濮阳周氏。周氏曰：'汉求将军急，迹且至臣家，将军能听臣，臣敢进计；即不能，愿先自刭。'布许之。乃髡钳布，衣褐衣，置广柳车中，并与其家童数十人，之鲁朱家所卖之，朱家心知其季布也。"

（三十六）王昭君变文

【集注】《敦煌掇琐》收入。

《中国俗文学史》载录，指出："……亦为民间极流行的故事之一。这故事，在魏晋之朝间，似即亦流传甚广。《西京杂记》里载此事。《明纪曲》的作者，在六朝时也不止一人。在元杂剧有马致远的《孤雁汉宫秋》，明人传奇有《青塚记》及《王昭君出塞和戎记》，又有杂剧《昭君出塞》（陈与郊作）。清人小说有《双凤奇缘》。但从《西京杂记》和《明妃曲》变到《汉宫秋》，这其间的连锁，却要在这一部《王昭君变文》（题拟）里得之。"

"这变文当为二卷，故本文里有：'上卷立铺毕，此入下卷'的话。"又考变文，主生年代说："变文里说起'可惜明妃，奄从风烛。八百余年，坟今上（尚）在。'则这部变文的作者，当是唐代中叶的人物。（肃宗时代左右）从汉元帝（公元前四十八—前三十三年）到唐肃宗、代宗（公元七五六—七七九年）恰好是八百余年；至迟是不会在懿宗（公元八六〇—八七三年）之后的：因为在懿宗之后，便要说是九百余年了。"

《敦煌变文汇录》著录：

"此则为唐人变文中之昭君故事；恰可由此观察成代明妃故事之变化。此变文中，尤可重视者，厥为描写三代社会殉葬之情形，为现世文字中直接描写此事之惟一材料。虽汉唐之去已远，然事实传闻，尤可考见一斑焉。"

《中国文学发展史》载录，指出：

"《王昭君变文》叙述昭君出塞的故事。此事见《汉节·匈奴传》，《西京杂记》也有记载。""变文虽取材于《汉书》和《西京杂记》，但在内容上有所取舍，并且发展了故事情节，突出了王昭君爱国思想的主题，显示出民间说唱作品的特色。到了元朝，马致远把这个故事写成杂剧，那就是大家知道的《汉宫秋》。"

《中国文学发展史》中指出："这一悲剧性的故事，广在民间流传，晋代以来，一直成为诗歌乐曲的题材。到了中唐，就出现了'说唱昭君故事'的诗篇。"如：

"长翻蜀纸卷明君，转角含商破碧云。"（李贺《许公子郑姬歌》）

"欲说昭君敛翠蛾，清声委曲怨于歌。谁家年少春风里，抛与金钱唱好多。"（王建《观蛮妓》）

"妖姬未着石榴裙，自道家连绵水喷。檀口解知千载事，清词堪叹九秋文。翠眉颦处楚边月，画卷开时塞外云。说尽绮罗当日恨，昭君传意向文君。"（吉师老《看蜀女转昭君变》）

《中国文学发展史》接着指出："后一首不用说，就是前两首，也很可能者是指'转昭君变'而言。并且表明，其中有说有唱，并有插图。同时也说明昭君故事在当时社会上流传很广，成为李贺、王建、吉师老诸人歌咏的题材。因为悲剧故事的主人是妇女，说唱的人也都是妇女。而这些妇女都具有沦落之感，所以演唱起来，更能真切动人。故吉师老的诗，以'说尽绮罗当日恨，昭君传意向文君'作结。

"敦煌写本中的《昭君变文》分为二卷：上卷前缺，只存昭君北行，到达匈奴一段，因出于唐代艺人之手，其中多有突厥、吐蕃一类名词。上卷完毕时，有'上卷立铺毕，此入下卷'。这与后来章回小说的'欲知后事如何，且听下回分解'相似。下卷叙述昭君到匈奴后，立为皇后，但她总是怀念祖国，郁郁不乐，生病而死。最后以汉使北来悼念作结，文中对于塞北的自然风景和社会风俗有许多生动的描写。但作者着重突出昭君怀念祖国的感情，反映出封建社会妇女的悲惨境遇。"

《敦煌古籍叙录》著录，题作《王昭君变文》。题注："伯二五五三，刘复敦煌掇琐校刻本，由敦煌遗书排印本，启功校录本载敦煌变文集。"

正文部分，引容肇祖《唐写本明妃传残卷跋》（作于一九二八年）（《民俗周刊》第二十七、二十八合刊）考订本目故事渊源及发展甚详。容文首先说明本目存藏情况及其性质：

"唐写本《明妃传》残卷，存法国巴黎国家图书馆，见伯希和日本羽田亨所编印的《敦煌遗书》中。上卷前有缺损，而下卷完好。这篇文章的体制，和弹词及鼓词一类的作品相近，大约弹词及鼓词是由演变而出的。……这篇《明妃传》中间杂用五七的韵文及通俗的散文构成，当是唐代的平民文学作品。"

然后，作者考证了昭君故事发展的历史："说到王昭君的故事。《汉书·元帝纪》说：'竟宁元年（公元前三十三年）春正月，匈奴呼韩邪单于来朝。诏曰：匈奴郅支单于背叛礼义，既伏其辜，呼韩邪单于不忘恩德，向慕礼义。复修朝贺之礼，愿保塞，传之无穷，边陲长无兵革之事，其改元为竟宁，赐单于待诏掖庭王嫱字昭君为阏氏。'《匈奴传》说，'单于自言愿婿汉氏以自亲，元帝以后宫良家子王嫱字昭君赐单于。单于欢喜，上书，愿保塞上谷以西至敦煌。……王昭君号宁胡阏氏，生一男……呼韩邪死，雕陶莫皋（呼韩邪子，大阏氏所出）立，为复株累若鞮单于。……复株累单于复妻王昭君，生二女，长女云为须卜居次，小女为当于居次。（李奇注：居次女者之号，若汉言公主。）'《易林》说道：'交和结好，昭君是福。'（《萃》之益）又说：'昭君死国，诸夏蒙德。异类既同，宗我王室。'（《萃》之临）《西京杂记》说得更详细些，说道：'元帝后宫既多，不得常见，乃使画工图形，按图召幸之。诸宫人皆赂画工，多者十万，少者亦不减五万。独王嫱不肯，遂不得见。匈奴入朝，求美人为阏氏，于是上按图以昭君行。及去，召见，貌为后宫第一，善应对，举止闲雅。帝悔之，而名籍已定。帝重信于外国，故不复更人，乃穷案其事，画工皆弃市。籍其家资皆巨万。画工有杜陵、毛延寿，为人形，丑好老少，必得其真。安陵陈敞，新丰刘白，龚宽并工为牛马飞鸟众势，人形好丑，不逮延寿。下杜阳望亦善画，尤善布色，樊育亦善布色，同日弃市，京师画工于是差稀。'这段故事，便是后来许多王昭君故事的张本。"

容文接着引范晔《汉书·南匈奴传》、《琴操·怨旷思惟歌》、刘义庆《世说新语》等书中有昭君的记载，说：

"从上引的各书看，可知王昭君的传说盖有两个特异之点，一说以为昭君怨恨请行，他说以为画工误国致去。这篇《明妃传》是民间的传说，虽然起首缺去的行数甚多，不能知道昭君因何嫁匈奴"，但篇中有"良由画匠，捉妾陵持（'持'当作'迟'）。遂使望断黄沙，悲连紫塞，长辞赤县，永别神州"这些描写，说明本目'是以画工毁画的一说'的。"

文章评论本目说："这文是悲剧样子，结构甚佳，就是昭君故事在唐代民间的传说，和《汉书》范氏《后汉书》及《琴操》所说不同，再嫁生子的事完全没有了。"

最后，文章考证了本篇产生的时代，认为根据文中有说："故知生有地，死有处，可惜明妃，奄从风烛。八百余年，坟今上（当作'尚'）在"，可推定此篇产生于唐代宗大历二年（767）到唐宣宗大中十一年（857）之间。

《话本小说概论》列举了本目，说："又如'昭君和番'故事，也是既有人物命运又有政治意义的传奇故事。""至于昭君故事，更是早已有之的，和尚不过套用而已。所以主要是市民和市民的'说话'影响了俗讲，使一部分俗讲有了适应市民意识的内容。"

【考评】一曲昭君变文，在历史故事的简略基础上，加工提高，开拓发展，成为一篇曲折动人的故事，表现爱国主义精神。刻画了昭君这个人物，确是佳作。散文部分，叙事流丽简洁，韵文部分更有佳词丽句。如"远指白云呼且住，听奴一曲别乡关"之后，——大段"乡关"曲，确是优美动人：

"妾家宫宛（苑）住奏（秦）川，南望长安路几千，不应玉塞朝云断，直为金河夜蒙连。烟脂山上愁今日，红粉楼前念昔年，八水三川如掌内，大道青楼若服（眼）前。风光日色何处度，春色何时度九泉？可噬轮台寒食后，光景微微上（尚）不传。衣香路远风吹尽，朱履途遥蹑镫（穿），假使边庭突厥宠，终归不及汉王怜。心惊恐怕牛羊吼，头痛生曾（憎）乳酪膻，一朝愿妾为红鹤，万里高飞入紫烟。初来不信胡关险，久住方知虏塞×。祁雍更能何处在，只应弩那白云边。"

这一大段描写，写塞外风光，抒昭君情怀，天高地旷，去国怀乡，情景交融，真切动人。韵文颇吸取了汉唐乐府诗的营养，然而又全然是唱词风格，确是成功之笔，对后世说唱文学，是有一定影响的。

《中国文学发展史》中，对于唐代诗中关于昭君故事的反映，作了概略的介绍，事实上，不仅诗歌，以后在戏剧方面，也反映很多，唐在诗歌上的反映，兹列举其概略如下：

李白《王昭君》：
一上玉关道，天涯去不归。
汉月还从东海出，明妃西嫁无来日。

白居易《王昭君》：
满面胡沙满鬓风，眉销残黛脸销红。

孟浩然《凉州词》：
胡地迢迢三万里，那堪马上送明君。

常建《昭君墓》：
共恨丹青人，坟上哭明月。

梁献《王昭君》：
一闻阳鸟至，思绝汉宫春。

王安石《明妃曲》：
汉恩自浅胡恩深，人生乐在相知心。

莫止《昭君曲》：
千年青冢在，犹是汉家春。

刘献庭《王昭君》：
敢惜妾身归异国，汉家长策在和蕃。

文天祥《二月晦》：

塞上明妃马，江头渔父船。

又，《和中斋韵（过吉作）》：

俯眉北去明妃泪，啼血南飞望帝魂。

记事、戏曲中之记载与反映有：

《西湖拾遗》卷十六："文姬远嫁昭君塞，小青又续风流债。"

《昭君传序》："乃知二难会称于女子者固奇，两美兼收于一君者尤奇，故名曰〈双凤奇缘〉是为序。"

《情史》：《昭君》。

《西京杂记》：《王嫱》。

《二刻拍案惊奇》卷三十八话引。

《西游记》第五十四回："说什么昭君美貌，果然赛过西施。"

《斩鬼传》第三回："蹙蹙眉尖，真是捧心西子，怏怏愁态，还如出塞王嫱。"

《古今欢喜奇观》第二回："娃馆西施绝艳，昭阳飞燕娇奇……妃子马嵬埋玉，昭君青塚含啼。"

戏曲方面的作品有：

宋僧居月《琴书类集》：《王昭君——明妃制曲》。

马致远《汉宫秋》。

张时起《昭君出塞》。

关汉卿《哭昭君》。

关于昭君遗址的记载：

《杨太真外传》："王昭君生于峡州，今有昭君村。"

《绿珠传》："绿珠能吹笛，又善舞明君。（明君，昭君也。避晋文帝讳，改昭为明。）……归州有昭君滩、昭君村、昭君场。"

《子弟书总目》：《昭君出塞》《双凤奇缘》。

（三十七）前汉刘家太子变

【集注】《敦煌变文汇录》著录，注明："藏巴黎、伦敦"。

《敦煌变文集》收入，题作《前汉刘家太子传》。"校记"：

"凡存四写本，其原编号为原卷伯三六四五、甲卷斯五五四七、乙卷伯四六九二、丙卷伯四四五一。""按西王母故事和后面三个故事，都与刘家太子故事没有关系。因原卷有之，亦照原文遗录。"

【考评】本篇写前汉太子在汉帝死后遇难出逃，得人民保护的故事，只为其生平之一段，未是言传，故题仍照原文末所写"刘家太子变"，但按其所述故事发生时期，加"前汉"以明朝代。

本篇叙太子出逃后，至南阳郡，郡中张老，曾受恩，其子得梦，得接太子归家，匿而救之。又写童子打布鼓，"若打一下，诸坊布鼓自鸣；若打两下，江河沸腾；若打三下，天地昏暗"。吕"于是打其三声，天地昏暗，都无所见。太子遂潜身走出城外，"后又逢耕夫，耕夫将他埋在地下，"口中衔七粒粳米，日食一粒，以济残命。兼衔竹筒，出于土外，与出气息"。这些情节，带有浓重的民间传说风味，也透露了浪漫主义气息，说明本篇是据史实的由头，在民间流传中生发开拓而成的。

后面关于王母故事等，恐是抄写者合并抄录，连缀在一起，也可能是艺人讲唱时连缀在一起的。

（三十八）晏子赋

【集注】《敦煌变文集》收入，题作《晏子赋》。题记："凡存六卷，原编号及校次如下：原卷伯二五六四；乙卷伯三七一六（全）；丙卷伯三八二一；丁卷斯六三三二，裂为两断片，残缺过了；戊卷伯二六四七，文字简略，不入校。"

《中国俗文学史》对本篇评价甚高："对于这样的作品，我们是很珍惜的，后世也有之，其气韵却常常恶劣得多，远没有写得这样轻巧超脱、这样机警可喜的。"

《敦煌文学》列入"敦煌俗赋"，对此目评价甚高。

"敦煌俗赋《晏子赋》以机警对答著称，全赋写得短小精悍，轻巧凝达。该赋描述齐国晏婴出使梁国的故事。"

【考评】本篇显是依据历史故事，但在民间流传中有所演绎。正因如此，故情节颇富民间口头文学风味。如一开始叙晏子见梁王，为所辱，但对答高超，很为机警，反使梁王受讥嘲。最后梁王与晏子间的问答，也很机智，而类似民间文学中之对应。"王问乃问晏子：'汝知天地之纲纪，阴阳之本性，何者为公？何者为母？何者为左？何者为右？何者为夫？何者为妇？何者为表？何者为里？风从何处出？雨从何处来？霜从何处下？露从何处生？天地相去几千万里？何者是君子？何者是小人？'晏子对王曰：'九九八十一，天地之纲纪；八九七十二，阴阳之本性。天为公，地为母，日为夫，月为妇，南为表，北为里，东为左，西为右，风出高山，雨出江海，霜出青天，露出百草。天地相去，万万九千九百九十九里。富贵是君子，贫者是小人。'"

这些问答，并不合于事理，但合于情，显示机警，颇有情趣。郑氏之语，可谓的评。

（三十九）孔子项讬相问书

【集注】《中国小说史》列入唐代话本，指出："此外，《孔子项讬相问书》也很像话本。"未完全肯定。

《敦煌文学》列入唐代话本，认为是"近于话本小说的作品"。

其他诸家著作，均不著录。

《敦煌变文集》收入。题依文后题：《〈孔子项讬相问书〉一卷》。"校记"指出："所据凡十一卷，编号及校次为：原卷伯三八八三、甲卷伯三八三三、乙卷伯三二五五、丙卷伯三七五四、丁卷伯三八八二、戊卷斯五五四〇、己卷斯五六七四、庚卷斯五五三〇、辛卷斯一三九二、壬卷斯三九五、癸卷斯二九四一，其中乙卷至庚卷六卷皆残，癸卷仅存开端十九行。"

"校记"还指出："在敦煌所有俗文中，传本最多，流传亦最广。更从其他有关资料观之，不但流传最广，亦最长。明本《历朝故事统宗》卷九有《小儿论》一篇，文字尚十同八九。明本《东国杂字》也有这一故事。又解放前，北京打磨厂宝文堂同记书铺，还有铅印《新编小儿难孔子》在出售，与敦煌本犹十同七八，兹并作为附录。"

文末附录《小儿篇》和《新编小儿难孔子》二文。

【考评】《列子·汤问》中有一则故事，叙孔子遇两小儿论太阳远近，一说近，一说远，皆有理，孔子不能答。此目故事，可能由《汤问》中故事引起，却并未取其内容，而另构一连串故事。据《敦煌变文集》校记所考，此目在所有敦煌俗文中，传本最多，流传最广、亦最长，可知其在民间之流传情况，甚至在现代也有流传，且文同七八。因此便可添加"流传最久"一条了。这些，即可证其为话本之一种。从本文看，叙事部分文言雅词，但韵文部分却是唱词风格，如"金钱银钱总不用，'婆婆项讬在何方？'""夫子当时文（闻）此语，心中欢喜倍胜常""二人登时却觅胜，谁知项讬在先亡"等，都是曲型唱词而非诗歌词赋体。项讬与孔子相问之事，如从"何山无石"至"何人无字"的十六个问题和十六个答对，"鹅鸭何以能浮"等三个问答及"天高几行、地厚几丈"的八个天文地理问答，都带民间风味，令人想起《小放牛》的问答。这些问题都是日常所见之事物，难答却易明，点出即透，与其说是考学问，不如说是机智，问答之间，妙趣横生。另外，孔子被难倒，输给了项讬，竟怒而杀了这个聪明的小儿，这种想象，这种艺术构思，也绝非仁厚生所能为，而表现了人民在流传中的创造，表达了他们的爱憎。这些都是具有深厚的民间文学风味的。据以上诸事实，我们可以肯定本目亦是唐话本之一种，只不过由于其渊源经历，也同《伍子胥变文》一样，带有过渡的性质，但基本品格是已经确定了的。

在本篇的几次答问中，有些段落，立意隽永，词语流畅，很富情趣，也表现了民间口头文学的浓郁气息。兹录数节：

"夫子问小儿曰：'汝知何山无石？何水无鱼？何门无关？何车无轮？何牛无犊？何马无驹？何刀无环？何火无烟？何人无妇？何女无夫？何日不足？何日有余？何雄无雌？何树无枝？何城无使？何人无字？'小儿答曰：'土山无石。井水无鱼。空门无关。举车无轮。泥牛无犊。木马无驹。斫刀无环。萤火无烟。仙人无妇。玉女无夫。冬日不足。夏日有余。孤雄无雌。枯树无枝。空城无使。小儿无字。'"

后面又写小儿难倒孔夫子：

"小儿却问夫子曰：'鹅鸭何以能浮？鸿鹤何以能鸣？松柏何以冬夏常青？'夫子对曰：'鹅鸭能浮者缘脚足方，鸿鹤能鸣者缘咽项长，松柏冬夏常青〔者〕缘心中强。'小儿答曰：'不然也！虾蟆能鸣，岂犹咽项长？龟鳖能浮，岂犹脚足方？胡竹冬夏常青，岂犹心中强？'……"

这些对答，立意新颖，富有生活情趣，具有浓重的民间文学的气息。它们不仅是此目的精彩片段，而且是足以证明本目为唐代话本的好例子。

（四十）苏武李陵执别词

【集注】《敦煌变文汇录》著录，注明藏巴黎。

《敦煌变文集》收入，题作《兼武李陵执别词》。"校记"："此卷编号伯三五九五。"

【考评】李陵苏武故事见诸《史记》。此处所叙，乃在史实基础上，有所加工。其同情李之态度，则与《史记》同。叙苏李执别时，描写塞外景状，情景交融，颇为成功：

"于是泣涕相送：渐过峻溪（浚稽）。见峻岭千重，洪崖万刃（仞）。东连渤海，西接雁门。春草不荣，夏仍降雪，猿啼似哭，鹤叫如歌。野树枯生，寒花乱坠，白云散漫，黄叶飞微。幽涧冰生，鸿鸣逐旅。时闻羌笛，听且愁人。晓渡胡川，覆纵连黜。时降（逢）务（牧）羊客，不见采樵人。苏大使忿见单于，李将军羞看汉节。或悲或恨，再笑再吟。知千万之珍重，况恋河而阻隔，是罚（时）三人相对下泣。酌别酒于路旁，按离琴而（于）膝上。"

这些生动的语言，也带着民间艺术的特色。

（四十一）孟姜女变文

【集注】《敦煌文学》列为"离开讲经范围，以……民间传说……为根据而创作的变文。"指出："这类变文有着深厚的人民性。"

作者还指出：

"残存的《孟姜女变文》为了加强繁重的徭役给人民造成深重苦难的悲剧气氛，也是运用浪漫主义手法，描写孟姜女在坚贞爱情的推动下，千里寻夫，哭倒长城，并以尸骨有灵、'滴血验骨'方式来表现人民的悲愤：'咬指取血从头试，若是儿夫血入骨，不是杞梁血相离……三进三退，或悲或恨，鸟兽齐鸣，山林俱振……点血即消，登时渗尽，筋脉骨节，三百余分，不少一支。'这样丰富的艺术想象，即是对封建社会徭役征调的强烈控诉，更能激起人们对现实社会的不满和反抗。"

《敦煌变文集》收入，拟题为《孟姜女变文》。

【考评】本目原文前缺，下亦缺，仅中间残存，篇幅甚短，起自孟姜女到长城送寒衣，得知丈夫已死，"魂销命尽塞垣亡"，止于滴血验骨，认出夫骨，"祭之已了，角束夫骨，自将背负……"。似离故事已不远。篇中"妇人决列（烈）感山河，大哭即得长城倒""大哭咽喉声已闭，双眼长流泪难止；黄天忽而逆人情，贱妾同向长城死"等句，颇有气势，感情激越，表现了民间文学的特色。

（四十二）舜子至孝变文

【集注】《中国俗文学史》列入，指出："《舜子至孝变文》一卷，藏巴黎国家图书馆（P.2721），前面残缺一部分，后面完全，并有原题《百岁诗》。作者不详，写本的年代是天福十五年己酉。"

"舜的故事，史记里已有之；后又见于刘向的孝子传（见《黄氏速书考》）。变文把这故事扩大了，添上了不少的枝叶。成为民间故事之一。大约原来这故事便是很古老的故事之一，原来是从发展前景出来的原本。"

《敦煌变文汇录》著录：

"藏巴黎。刘复收入《敦煌掇琐》。此虽属三代传记，但到变文义中，已染上浓重佛教色彩。盖变文之用，为释家铺教设道之器，故除采取经中因缘故事外，兼及习俗所传，故文中一再提及'上界帝释'云云，此种通俗文字，亦多有可笑处，如文中有'先念论语教经，后读毛诗礼记'者，盖亦'宋版康熙字典'之说。此篇变文体例，与其他各卷迥异，亦可注意者也。"

《敦煌文学》载录，指出：

"《舜子至孝变文》首卷残缺，后面部分完整可读。卷末题有《舜子至孝变文》一卷。舜的故事，《史记》已有记载，又见刘向的《孝子传》。敦煌变文的作者把这个故事扩大开来，添上了不少枝叶，成为一篇宣扬舜子至孝的变文。该文通过瞽叟外出，后母定计陷害舜子，使舜屡遭毒材、火焚、淘井下石等三种灾难，最后孝感父母，瞽叟眼明，'母亦聪慧，弟复能言'，'尧让帝位于舜'。通篇宣扬舜子'孝顺父母感天天'的封建观念，变成封建社会倡导的劝孝文。"

《敦煌变文集》收入，题作《舜子变》。"校记"："现存两卷：甲卷斯四六五四，乙卷伯二七二一。"文末注："天福十五年岁当己酉朱明蕤

之日萁生拾肆叶写丝记。"

【考评】天福十五年为庚戌，己酉是天福十四年，原文有误，天福十四年为公元949年。

（四十三）下女夫词

【集注】《敦煌变文集》收入。题作《下女（夫）词一本》。"校记"："所据凡七卷，其编号的原卷伯三三五〇，甲卷斯三八七七，乙卷斯五九四九，丙卷斯五五一五，丁卷伯三八九三，戊卷伯三九〇九，己卷伯二九七六。"

【考评】本篇写儿女问答，但他们各虚拟一人（长安君子和"下女"）略具故事性，亦多口语，其诗亦为顺口溜之类，如"合发诗"："本是楚王宫，今夜得相逢，头上盘龙结（髻），面上贴花红。"又如："疏头诗"："月里娑罗树，枝高难可攀，暂借雅疏子，算发却归还。"这种诗句，全无诗味，词语不雅，亦不讲究音律，口语俚词，颇类说唱中之唱词。

似亦可疑为"押座文"之类的作品。

（四十四）秋吟

【集注】《敦煌变文集》收入，题作《秋吟一本》。"校记"："此卷编号伯三六一八。题目原有。全文接写于梵音佛赞卷尾。"

【考评】本目脱、疑、衍、误之题目原有，即写秋天之吟。文中有"风高月冷，露结霜凝，秋天写一色之清（青）屏，××坠数般碧彻。""鸿雁上（尚）吟离塞韵，××犹叫层寒声"等句，确是写秋景秋情之作、个人所作，意在抒情，似为"人话"。

（四十五）百鸟名

【集注】《敦煌变文集》收入，题为原题《百鸟名》。"校记"："原卷首尾完备，且有前后题及书写年月。存两卷，其编号如下：原卷斯三八三五，甲卷斯五七五二，在同卷上拟写两次。第一写本写法尚佳；第二写本太恶劣，目不完全。"

【考评】文末写明"《百鸟名》一卷"，并注书写年月："庚寅年十二月日押牙索不子自手××"。庚寅似为五代后唐长兴元年，即公元930年。

本篇原题《百鸟名》下注："君臣仪仗"。正文果叙多种鸟雀，多为宰相、将军等，颇有情趣，如开卷写"是时二月向尽，才始三春。百鸟林中而弄翼，鱼玩水而跃鳞，花照勾（灼）色辉鲜，花初发而笑日，叶含芳而起津。"然后唱叙百鸟"雨集云奔，排备仪仗"：

> 白鹤身为宰相，山鹧鸪直谏忠臣，
> 翠碧鸟为纨坛侍御，鹞子为游奕将军，
> 苍鹰作六军神策，孔雀王专知禁门，
> 护泽鸟偏知别当，细医子通事舍人，
> ……
> 印尾鸟为无才技，专心遏舞乡村。
> 白练带，色如银，久在山门作别群。

接着还点了"薰胡鸟、鹘鸼师、鸿鸟子、鹪鹩儿、赤嘴鸭、碧生（玉）鸡"等。又唱诸鸟的习性活动："涛河鸟，脚趔趄，寻常傍水觅鱼吃，""巧女子，可怜喜，树梢头，养男女，衔茅花，拾柳絮，窠里金针谁解取？陇有道，出鹦鹉，教得分明解人语。"

这些鸟雀俗名的出现，对它们习性的有趣的描写和封予官职，均与佛法无关，亦无故事可言，显然是开场唱一段，以压座静场，引起候听下文的兴趣。盖为押座文之类也，与"入话"同。其为作品，或为个人之作，意在遣兴。

（四十六）茶酒论

【集注】《中国俗文学史》将本目归入"唐代的民间歌赋"，指出："《茶酒论》一篇，可附于本章叙述之；这也是赋之一体。这篇题作'乡贡进士王敷撰'，其生平未能考知。像这样的游戏文章，唐人并不忌讳去写。"

《敦煌文学》则将本目归入"敦煌文学的其他文体"，指出："全文风为问答评诘，且都用韵，这是类似赋体的杂文。……这篇《茶酒论》文字诙谐有趣，形式古朴质直，明显地受前代诽谐文的影响。通过寓意深长的茶酒驳议，说明一个浅显的道理，任何人都不要以一孔之见，一技之长，到处炫耀，恣意夸张，更不要斗奇争巧，计较短长。"

《敦煌变文集》收入，题作《茶酒论一卷开序》，下属"乡贡进士王敷撰"，文后写明《茶酒论》一卷，后注："开宝三年壬申岁正月十四日知院弟子阎海真自手书记"。"校记"称"题及撰人，皆依原卷，此论现存六写本，计有原卷伯二七一八，甲卷伯三九一〇，乙卷伯二九七二，丙卷伯二八七五，丁卷斯五七七四，戊卷斯四〇六。"

【考评】本篇撰人为进士，写此作。其答辩之中，铺陈事实，略有展开，显是赋体痕迹，归为民间赋体之作，是应该的。其序中有以口语白话入篇者，如"暨问茶之与酒，两个谁有功勋？阿谁即合卑小，阿谁即合称尊？"又，答辩中，首句有"诸人莫闹，听说些些""阿你不闻道"等，这都表现民间文学的风味。显是《茶酒论》在民间流传时，为艺人们讲说时所加。由此亦可知，这样有趣简称答辩文，略具故事性，颇能引人，或为俗讲僧或艺人用为"押座文"之类。所以它能在《敦煌文学》中出现。

（四十七）后土夫人变

【集注】《话本小说概论》列举本目，指出："……市民和市民的'说话'影响了俗讲，使一部分俗讲有了适应市民意识的内容。甚至还有像《后土夫人变》那样据说是调整武后的变文……"

【考评】关于《后土夫人变》，北宋陈师道（后山，1053—1110）在《后山诗话》中曾指出："唐人记后土事，以议武后尔。"又《茅亭客话》卷四《李聋僧》条记载："行坐念后土夫人变。"由此可见北宋时流行后土夫人变文，则其产生年代则可能在五代时。

后土夫人的故事，来源于《太平广记》二九八卷《韦安道》条。这故事叙述了韦安道遇后土夫人并为所爱，描写了人神恋爱的神奇故事。整个故事，写了后土夫人对韦安道的爱恋和真情及他们的美满婚姻最后被封建势力破坏，表现了后土夫人的温淑端庄和勇于斗争的精神，最后虽有武后出现，屈居于后土夫人之下，并受命帮助韦安道，赐金钱与官职，确是以浪漫主义手法，表现了人民的美好愿望，并将武则天的帝王之尊、无上权力置于虚幻的后土夫人的权威之下。但调侃武则天的气氛却不浓，更没有讽刺武后淫乱的痕迹。有人认为："作者以现实主义和浪漫主义相结合的手法，塑造了一个地位极高，而又敢于打破封建传统、追求婚姻自由的女性形象。她的淑丽端庄，处事泰然和她那尊贵的地位，是那样的协调一致、恰如其分，充分表现了作者艺术家的才能和匠心，这在唐人小说中是光彩耀人的珍品。"

"清代有人认为本篇是通过后土夫人自己找丈夫，屈身下嫁，讽刺了武则天的淫乱。寻绎作者的原意，这也许是可能的，后土夫人的形象也确实有影响女皇的意思。但这决不能就成为作品的中心思想，更不能代替社会效果。"（《太平广记选·韦安道》赵炯注文，齐鲁书社1980年版）

这些见解是可取的。清人之所见，或者是反映了他们的道学面孔，何以自找丈夫、屈身下嫁，便是"淫乱"呢？从作品的描写中，却并非关涉淫乱的秽笔。

这篇故事，情节较曲折，亦有跌宕，描写刻画也较丰富，已经突破唐人传奇的格局了，正是向话本小说发展的雏形，又为之提供了好材料、好基础。

（四十八）大水变

【集注】《话本小说概论》列举为"市民和市民的'说话'影响了俗讲"的一例。指出："甚至还有像……《大水辨》（或作《大水变》）那样的带有诽谤性的变文。"

同书注文指出："王定保《唐摭言》卷十：皇甫松，著《醉乡日月》三卷，自叙之矣。或曰：松，丞相奇章公表甥，然公不荐。因襄阳大水，遂为《大水辨》，极言诽谤，有'夜人真珠室，朝游玳瑁宫'之词。公有爱姬名真珠。"

（四十九）邓艾

本书予立目。

鲁迅《中国小说史略》引李商隐《骄儿诗》有句："或笑邓艾吃。"

唐《集异记》王积薪："……因名《邓艾开蜀势》，至今棋图有焉，而世人终莫得而解矣。"

"邓艾号伏鸾。"（《玉箱杂记》）

"邓艾为彰顺王。"（《蜀梼杌》）

《太平广记》卷二四五有《邓艾》条。

《诸葛亮故事》卷五《遗迹篇》引《通志》："夹江武侯祠原在九盘坂，距县三十里许，邓艾庙即今祠地，邑令陕西人董继舒欲撤庙，改祀武侯，投艾像于水：九盘里人夜梦艾云：'明日吾有水厄，尔可乘夜偷吾像。'来人从之。至月日，艾像失矣，董因改祀武侯。"

按：邓本三国人物，书史小说记载颇多，民间流传甚广，说话人或以其为中心，独成章段，姑予立目。

（五十）三国志

本书予立目。

《中国通俗小说书目》未录。宋元目中有《全相平话三国志》。然据孟元老《东京梦华录·京瓦伎艺》条所载，北宋汴京瓦肆中的说话科目计有："讲史、说三分、小说、五代史、说浑话。"

按"说三分"即说魏蜀吴三国鼎立故事。既然北宋时期讲史已相当发达，而且讲史科目中，三国故事已单独一科，足见其故事已流传较广，说话人讲述其故事亦有一段历史，趋于成熟，到北宋时期乃能写出话本。那么，在此之前，在唐代可能已流传一个时期，或有过渡性话本或简略纪要性的话本提要。鲁迅在《中国小说史略》中《宋之话本》云去："说话者，谓口说古今惊听之事，盖唐时亦已有之"，并举李商隐《骄儿诗》中有句"或谑张飞胡，或笑邓艾吃"为例，指出："似当时已有说三国故事者。"

（五十一）扁鹊

鲁迅《中国小说史略》中引段成式《酉阳杂俎》："予太和末，因弟生日观杂戏，有市人小说，呼扁鹊作'褊鹊'，字上声。"足见当时市人小说中，可能有专讲扁鹊故事者。

按扁鹊故事，多载古书。《汉书·艺文志》中有扁鹊内经九卷。《敦煌变文集》卷八载《搜神记一卷》（原署"句道兴撰"）①其中《行孝第一》中有扁鹊故事。

"昔皇（黄）帝时，有榆（俞）附者，善好良医，能廻丧车，起死人，榆附死后，更有良医。至六国之时，更有扁鹊。汉末，开肠，洗五脏，劈脑出虫，乃为魏武帝所杀。

"昔有扁鹊，善好良医，游行于国，闻虎（虢）君太子患，死已经八日，扁鹊遂请入见之，还出语人曰：'太子须（虽）死，犹故可活之。'虢君闻之，遂唤扁鹊，入活太子，遂还得活。虢君大悦，即赐金银宝璧与鹊，鹊辞而不受。虢君曰：'今活吾子，即事不违，乃不取受者，何也？'鹊曰：'太子命故未尽，非臣卒能活得。'遂不受之去也。"（《敦煌变文集》）下册，第867页）

历代关于扁鹊生平的有关记载亦不少。宋王棣《燕翼诒谋录》记载，诏封扁鹊故宅在任邱县郑州镇古郑州东门外。宋陶毂《清异录·药篇》载有扁鹊铭。段成式在《酉阳杂俎》中说在卢城之东有扁鹊家。宋范成大《揽辔录》则云："壬申过伏道，有扁鹊墓。"

笔记小说中，亦多记叙引用扁鹊事。《醉翁谈录》：梁意娘与李生诗曲引："镇日厌厌，休言扁鹊能调草；终宵悄悄，便做陈博怎生眠。"《警世通言》卷四十："真个是东晋之时，重生了春秋扁鹊。"

《金瓶梅》第六十一回："丧门吊客已临身，扁鹊卢医难下手。"《平妖传》第四回："虽卢医扁鹊，也只好道个可怜二字。"《水浒传》第六十五回："重生扁鹊应难比，万里传名安道全。"

（五十二）张飞

本书予立目。

张飞为三国人物，其故事已在民间流传甚广，小说戏文，多所描写，而说话人或可着重写张飞事，独成章段，故为立目。其撰如下。

---

① 原"校记"指出："本卷标题原自作者，句道兴亦原有。见于罗振玉《敦煌零拾》所载，但罗氏所校，有漏云和随意改换文字。现在要重新校订和加以断句。"

鲁迅《中国小说史略》及其他有关话本的论著多有引用李商隐《骄儿诗》者，其中有句云："或谑张飞胡。"

《清平山堂话本·简帖和尚》中有句："当阳桥上张飞勇，一喝曹公百万兵。"

《警世通言》卷十九："有如一个距水断桥张翼德，原水镇上王彦章。"

《二刻拍案惊奇》卷十四："霸王初入垓心内，张飞刚到霸陵桥。"

百回本《水浒传》第六回："一个咬牙必剥，浑如敬德战秦琼；一个睁眼圆辉，好似张飞迎吕布。"第十三回："那个是七国中袁达重生，这个是三分内张飞出事。"

《醒世姻缘传》第四回："焌黑张飞脸，绯红焦赞头。"

戏曲中关汉卿有《关张双赴西蜀梦》。

另，据《夷坚三志》壬卷七载，有张翼德篇；《蜀梼杌》载，张飞为灵王；《太平广记》卷三五三载，"张飞庙祝"。

据：秦岭之上，有张飞庙。沿途皆古柏，民间相传乃张飞行军所种。